2025

Berufliches Gymnasium

Original-Prüfungsaufgaben mit Lösungen

Baden-Württemberg

Biologie

STARK

© 2024 STARK Verlag GmbH, St.-Martin-Straße 82, 81541 München
18. ergänzte Auflage
www.stark-verlag.de

Inhalt

Vorwort
Stichwortverzeichnis

Hinweise und Tipps zur Abiturprüfung im Fach Biologie

1 Ablauf der schriftlichen Prüfung I
2 Die Anforderungsbereiche in den Prüfungsaufgaben II
3 Tipps zum Herangehen an die Abituraufgaben V
4 Hinweise zur Konzeption und Nutzung dieses Buches VII

Musterprüfungsaufgabe

Aufgabe I Anpassung der Zehnfußkrebse an Süßwasser 1
Aufgabe II Grünalgen geben Gas 8
Aufgabe III Brustkrebs-Früherkennung 15
Aufgabe IV Konkurrenzverhalten der Pantoffeltierchen - Möglichkeiten des Zusammenlebens von Organismen 22

Abiturprüfung 2015

Aufgabe I Genetik, Evolution 2015-1
Aufgabe II Steuerungs- und Regelungsvorgänge 2015-7
Aufgabe III Stoff- und Energiebereitstellung 2015-13

Abiturprüfung 2016

Aufgabe I Human- und Molekulargenetik, Gentechnologie, Evolution 2016-1
Aufgabe II Nervenphysiologie, Steuerungs- und Regelungsvorgänge, Hormone 2016-7
Aufgabe III Stoff- und Energiebereitstellung 2016-11

Abiturprüfung 2017

Aufgabe I Human- und Molekulargenetik, Gentechnologie 2017-1
Aufgabe II Nervenphysiologie, Steuerungs- und Regelungsvorgänge, Evolution 2017-7
Aufgabe III Stoff- und Energiebereitstellung, Evolution 2017-12

Abiturprüfung 2018

Aufgabe I Human- und Molekulargenetik, Gentechnologie, Evolution 2018-1
Aufgabe II Nervenphysiologie, Steuerungs- und Regelungsvorgänge 2018-8
Aufgabe III Stoff- und Energiebereitstellung, Evolution 2018-14

Abiturprüfung 2019

Aufgabe I Genetik 2019-1
Aufgabe II Steuerungs- und Regelungsvorgänge 2019-9
Aufgabe III Stoff- und Energiebereitstellung 2019-16

Abiturprüfung 2020

Aufgabe I Genetik 2020-1
Aufgabe II Steuerungs- und Regelungsvorgänge, Nervenphysiologie 2020-7
Aufgabe III Stoff- und Energiebereitstellung, Evolution 2020-15

Abiturprüfung 2021

Aufgabe I Human- und Molekulargenetik, Gentechnologie 2021-1
Aufgabe II Hormone, Stoff- und Energiebereitstellung 2021-7
Aufgabe III Stoff- und Energiebereitstellung, Ökologie, Evolution 2021-11

Abiturprüfung 2022

Aufgabe I Human- und Molekulargenetik, Stoff- und Energiebereitstellung 2022-1
Aufgabe II Nervenphysiologie, Steuerungs- und Regelungsvorgänge 2022-8
Aufgabe III Ökologie, Stoff- und Energiebereitstellung 2022-14

Abiturprüfung 2023

Aufgabe I Human- und Molekulargenetik, Stoff- und Energiebereitstellung 2023-1
Aufgabe II Nervenphysiologie, Steuerungs- und Regelungsvorgänge 2023-8
Aufgabe III Stoff- und Energiebereitstellung, Evolution 2023-17

Abiturprüfung 2024

Aufgaben .... **www.stark-verlag.de/mystark**

Sobald die Original-Prüfungsaufgaben 2024 freigegeben sind, können Sie sie als PDF auf der Plattform MySTARK herunterladen (Zugangscode siehe Umschlaginnenseite).

Autoren:

Andreas Binkele — Lösungen Musterprüfungsaufgabe und Lösungen Abiturprüfungen 2023 und 2024

Dr. Thomas Schonhardt — Lösungen Abiturprüfungen 2015 bis 2022

Vorwort

Liebe Schülerinnen und Schüler,

das vorliegende Buch bietet Ihnen die Möglichkeit, sich optimal auf die schriftliche Abiturprüfung im Fach Biologie im Beruflichen Gymnasium in Baden-Württemberg vorzubereiten.

Der Abschnitt „**Hinweise und Tipps zur Abiturprüfung im Fach Biologie**" gibt Ihnen eine Übersicht zum **Ablauf** und zu den **Anforderungen der schriftlichen Prüfung** sowie zur **Herangehensweise** bei der Bearbeitung der Prüfungsaufgaben.

Der Hauptteil dieses Buches enthält **Musterprüfungsaufgaben** zur veränderten Aufgabenstruktur ab 2024 und die **Original-Prüfungsaufgaben** aus dem **Abitur 2015 bis 2024**. Sobald die **Prüfung 2024** freigegeben ist, kann sie als PDF auf der Plattform MySTARK heruntergeladen werden. Zu allen Aufgaben bieten wir Ihnen **ausführliche, kommentierte Lösungsvorschläge**, z. T. **mit Tipps und Hinweisen zur Lösungsstrategie**, die eine effektive Vorbereitung auf die Prüfung ermöglichen.

Lernen Sie gerne am **PC** oder **Tablet**? Nutzen Sie die Plattform **MySTARK**, um mithilfe von **interaktiven Aufgaben** Ihr biologisches Fachwissen effektiv zu trainieren. Außerdem stehen Ihnen hier hilfreiche **Lernvideos** zu zentralen Themen zur Verfügung (Zugangscode siehe Umschlaginnenseite).

Sollten nach Erscheinen dieses Bandes noch wichtige Änderungen in der Abiturprüfung 2025 vom Kultusministerium bekanntgegeben werden, finden Sie aktuelle Informationen dazu ebenfalls auf der Plattform MySTARK.

Wir wünschen Ihnen viel Erfolg bei den Prüfungen!

Ihr
Stark Verlag

Stichwortverzeichnis 2015 – 2023

Abiotische Faktoren 25
Acetylcholin 15-7
– ~esterase 18-8
Achromatopsie 15-1
ACTH 15-9
Adenosin 22-9
Adrenalin 15-7 ff.
Agrobacterium tumefaciens 18-3; 20-5; 23-7
Aktionspotential 15-8; 16-7; 20-13; 22-8
Albinismus 19-3
Allgem. Anpassungssyndrom 15-11
Alzheimer 18-8
Aminosäuresequenz 13; 18-2; 19-2; 20-4; 22-1; 23-6
Analogie 18-16; 23-24
Antibiotika, Wirkung 16-3; 17-1; 21-6
Antibiotikaresistenz 16-3; 18-3
Atavismus 17-14; 18-16

Bakterien 22-2
Biomasse 15-13
biotische Faktoren 25
Blatt
– Anpassungen 16-12; 18-14
– Aufbau 15-14; 22-16
– Querschnitt 16-12; 18-14; 19-16; 22-16
Brückentier 17-14

C3-Pflanzen 22-15
C4-Pflanzen 22-15
cAMP 22-13
Chlorophyll 12; 15-15
Chromosom 19
Codogener Strang 15-1
Crossing-over 15-5

Darwin, Charles 5; 15-3; 16-3; 18-3; 20-18; 21-15; 23-22
Destruent 16-12; 17-12
Diabetes 18-10
DNA
– *Fingerprinting* 19-3
– Hybridisierung 15-4; 17-14; 20-6
– Reparatur 19-3; 22-1
Dopamin 22-9

Erbgang
– autosomal-dominant 19-1; 20-3; 21-4; 22-1
– autosomal-rezessiv 15-4; 18-1; 23-5
Erregungsleitung
– saltatorische 19-9; 23-12
Evolutionstheorie, synthetische 17-9

Farbensehen 15-3
Fight-or-Flight-Syndrom 15-11
Fossilien 17-13
Fotosynthese 15-16; 18-15; 19-16 ff.; 21-14; 22-16
– Außenfaktoren 15-15; 17-13; 19-17; 22-16
– ~rate 12; 17-13

Gärung
– alkoholische 15-16; 16-13; 18-16; 21-10; 22-3
– Energieausbeute 16-14
– Milchsäure~ 20-20; 21-15
Gehirn 18-8; 19-9; 20-12
Gelelektrophorese 15-2; 18-2; 21-5
Gentechnik, Humanproteine 19-4
Gentest 20 f.
Gentherapie 17-2
Glucocorticoide 17-7
Glucose 12; 22-3
– aerober Abbau 23-21 f.
– anaerober Abbau 23-21 f.
Glutamat 22-9
Glycolat 23-7
Glykolyse 16-14
Grünalge 12
Grundumsatz 21-10

Hefepilze 16-13 f.
Hemmhöfe 21-6
Herbizide 18-3; 19-18
Homologie 17-14; 18-16; 21-15 ; 23-24
Hormone 17-8; 18-9 f.; 19-11 f.; 20-13 f.; 21-9 f.; 22-11; 23-16
Hormon-Rezeptor-Komplex 17-7
Hydrogenase 12
Hypophyse 15-9; 19-12
Hypothalamus 19-12

Insulin 18-9
Ionenpumpen 16-7

Karyogramm 19
Klonierung 20-19; 21-5 f.
Koffein 22-10
Konjugation 20-5; 22-2
Konkurrenz 26
Konsument 17-12
Kosten-Nutzen-Analyse 6
Krebs 22-2
Kreuzungsschema 22-2

Lamarck, J.-B. 15-3; 16-3; 18-3; 20-18; 23-22
Laubblatt 21-14
Leistungsumsatz 21-10
Lichtkompensationspunkt 12; 18-14
Lichtreaktion 12
Lynch-Syndrom 22-1

Maligne Hyperthermie 16-1
Meiose 17-3
Melatonin 20-12; 22-10
Membranpotential, Messung 16-7
mRNA 13; 18-2; 23-6
Mutation
– Chromosomen~ 19; 19-5
– Gen~ 20-4; 22-2
– Keimbahn-~ 22-2
– somatische 22-2
Myasthenia gravis 23-13

NADH/H^+ 16-14
Nahrungskette 26; 16-12; 22-14
Nebennierenmark (NNM) 15-9
negative Rückkopplung 16-8; 18-10
Nervengift 22-8
Neuron
– Bau 19-9; 23-12
– Codierung der Reizstärke 19-10
– markhaltiges 19-9; 23-12
– markloses 16-7; 19-9

Ökosystem 20-18; 22-15
Optimumskurve 22-16

Pantoffeltierchen 25 f.
Parasitismus 27
Parasympathicus 16-8
PCR-Verfahren 19; 16-2; 19-3; 21-4; 23-6
PEP-Carboxylase 22-15
Plankton 22-17
Plasmid 17-2
Polyphänie 19-3
Population 25
Primer 19; 16-2
Produzent 17-12
Protoplastenfusion 17-3
Punktmutation 15-4; 20-4

Radiokarbonmethode 17-13; 23-23 f.
Regelkreis 16-8; 19-12; 21-8
Regenerative Brennstoffe 15-15
Reiz-Reaktionsschema 19-11
Releasinghormone 15-9
Ressourcen 17-13
Restriktionsenzyme 15-2; 17-2; 18-2
RGT-Regel 19-19
Rubisco 22-15
Rudiment 18-16
Ruhepotential 16-7; 22-8
Ryanodin1-Gen 16-1

Sauerstoffaufnahmekapazität 23-21
Schmerzempfindung 23-14
Second messenger siehe cAMP
Seewespe 22-8
Selektion 17-9
Selektionsfaktoren 5; 23-22
Spaltöffnungen 21-14
Stammbaumanalyse 20-3 f.; 21-4; 22-1; 23-5
STR-Abschnitt 20
Stress 15-9; 17-7; 20-12; 21-10
Symbiose 27
Sympathicus 15-10; 16-8
Synapse 18-8; 22-10; 23-12 f.
– Aufbau 15-7
– erregende 17-7; 19-10; 22-10; 23-14
– hemmende 19-10; 20-13; 23-14

Testosteron 19-11 f.
Thyroxin 16-8; 21-8; 23-15 f.
Tiktaalik 17-13
Ti-Plasmid 20-5
transgene Organismen 17-3; 19-4; 20-5; 21-5 f.
Trophiestufen 22-14

Vegetatives Nervensystem 15-7; 16-8; 17-7; 20-13

Wachstumskurve 25
Wasserstoffproduktion 14
Wollhandkrabbe 7

Zellatmung 15-16; 16-13; 17-12; 18-15; 21-15

Hinweise und Tipps zur Abiturprüfung im Fach Biologie

1 Ablauf der schriftlichen Prüfung

1.1 Allgemeines

Eine schriftliche Prüfung in Biologie (dreistündig) ist am EG, SGGS, WG und TG im grundlegenden Anforderungsprofil möglich.

Informationen zum Abitur ab 2024 finden Sie im Leitfaden **„Neue Oberstufe am Beruflichen Gymnasium“** des Ministeriums für Kultus, Jugend und Sport. Weitere Informationen sind im **„Leitfaden für die gymnasiale Oberstufe“** aufgeführt, der jedes Jahr neu herausgegeben wird.

1.2 Die schriftliche Abiturprüfung Biologie

Die Aufgaben werden zentral vom Ministerium für Kultus, Jugend und Sport in Baden-Württemberg erstellt.
Den Schülerinnen und Schülern werden vier Aufgaben aus den Themengebieten der Jahrgangsstufen 1 und 2 vorgelegt. Von diesen vier Aufgaben wählt der Prüfling drei zur Bearbeitung aus. Insgesamt können 90 Bewertungseinheiten (BE) erlangt werden, d. h. 30 BE je Aufgabe.
Die zur Verfügung stehende Bearbeitungszeit beträgt einschließlich der Auswahlzeit insgesamt 255 Minuten. Die Aufgaben sind so konzipiert, dass ca. 75 Minuten für die Bearbeitung einer Aufgabe ausreichen.
Die schriftliche Abiturprüfung in Biologie umfasst die Bildungsplaneinheiten (BPE) 4 bis 9 der Jahrgangsstufen 1 und 2. Die Inhalte und Kompetenzen der Eingangsklasse werden als Vorwissen vorausgesetzt. Die konkreten prüfungsrelevanten Stoffgebiete werden mit dem jährlichen Prüfungserlass bekanntgegeben.

Prüfungsrelevante Stoffgebiete für die schriftliche Abiturprüfung 2025:
- **BPE 4:** Genetik (ohne 4.3 „Antibiotika“)
- **BPE 5:** Evolution (ohne „Evolution als Veränderung der Genotyp- und Allelhäufigkeit im Genpool einer Population“)
- **BPE 6:** Dissimilation
- **BPE 7:** Assimilation
- **BPE 8:** Ökologie (ohne „Ökologische, ökonomische und soziale Aspekte der Nachhaltigkeit“ und „Lokale und globale Maßnahmen“)
- **BPE 9:** Nervensystem (ohne „Kniesehnenreflex“)

Ab dem Abitur 2024 wird es im Vergleich zu den Abituraufgaben der vorherigen Jahre Änderungen geben, wobei v. a. die folgenden zwei Punkte zu nennen sind:
- **Kompetenzorientierung:** Zur Bearbeitung der Aufgaben sind verschiedene Kompetenzen nötig, wie z. B. „Phänomene und Beobachtungen als Ausgangspunkte von Untersuchungen beschreiben“ oder „biologische Sachverhalte sowie Anwendungen der Bio-

logie sachgerecht beschreiben". In jeder Aufgabe sollen möglichst alle vier Kompetenzbereiche (Sach-, Erkenntnisgewinnungs-, Kommunikations- und Bewertungskompetenz) abgedeckt sein.

- **materialbasierte Aufgaben:** Nach einem Aufgabenblock folgen ca. zwei Seiten Material (Informationstexte, Tabellen, Abbildungen, Grafiken). Die Herausforderung für Sie als Prüfling ist es, die Aufgaben mithilfe der vorgelegten Materialien zu lösen. In der Aufgabenstellung wird dabei auf die zur Lösung relevanten Materialien verwiesen.

Wenn Sie Aufgaben aus früheren Abiturjahrgängen betrachten, werden Sie sehen, dass auch in diesen bereits Informationstexte, Grafiken, Abbildungen und Tabellen zu finden sind, sodass Sie auch mit diesen üben können. Für den Umgang mit dem Aufgabenformat ab dem Abitur 2024 ist es wichtig, den Inhalt der dargebotenen Materialien zu erfassen und diesen im Kontext der gestellten Aufgaben zu verarbeiten. Oft ist in den dargebotenen Materialien bereits ein wesentlicher Anteil der Lösungen zu finden.

1.3 Hinweise zum Bildungsplan

Neben dem schultypbezogenen verpflichtenden Profilfach (6-stündig) gibt es an den oben genannten Schularten den dreistündigen Biologiekurs aus dem Wahlbereich. Neben Chemie und Physik zählt Biologie zu den Naturwissenschaften, wobei eines dieser Fächer drei Jahre durchgängig zu belegen ist. Zudem ist vorgegeben, dass unter den Prüfungsfächern Mathematik oder eine Naturwissenschaft (Biologie, Chemie, Physik) sein muss.
Auf die konkreten Belegungsrichtlinien für die spezifischen Schultypen soll hier nicht weiter eingegangen werden. Wenden Sie sich bei Fragen dazu an die Oberstufenberaterin oder den Oberstufenberater Ihrer Schule.

2 Die Anforderungsbereiche in den Prüfungsaufgaben

Die Prüfungsaufgaben im Fach Biologie können drei **Anforderungsbereichen** zugeordnet werden, die bei der Bearbeitung ein unterschiedliches Maß an Selbstständigkeit und Abstraktionsvermögen erfordern. Alle drei Bereiche werden in Abfragen, Tests und Klausuren sowie den Abituraufgaben berücksichtigt. Bei diesen Anforderungsbereichen (AFB) handelt es sich um

- **AFB I:** umfasst das Wiedergeben von Sachverhalten und Kenntnissen im gelernten Zusammenhang sowie das Anwenden und Beschreiben geübter Arbeitstechniken und Verfahren.
- **AFB II:** umfasst das selbstständige Auswählen, Anordnen, Verarbeiten, Erklären und Darstellen bekannter Sachverhalte unter vorgegebenen Gesichtspunkten in einem durch Übung bekannten Zusammenhang und das selbstständige Übertragen und Anwenden des Gelernten auf vergleichbare neue Zusammenhänge und Sachverhalte.
- **AFB III:** umfasst das Verarbeiten komplexer Sachverhalte mit dem Ziel, zu selbstständigen Lösungen, Gestaltungen oder Deutungen, Folgerungen, Verallgemeinerungen, Begründungen und Wertungen zu gelangen. Dabei wählen Sie selbstständig geeignete Arbeitstechniken und Verfahren zur Bewältigung der Aufgabe, wenden sie auf eine neue Problemstellung an und reflektieren das eigene Vorgehen.

Nicht immer lassen sich die drei Anforderungsbereiche scharf gegeneinander abgrenzen. Auch kann die zur Beantwortung einer Prüfungsaufgabe erforderliche Leistung nicht in jedem Fall eindeutig einem bestimmten Bereich zugeordnet werden. Trotzdem ist es für Sie hilfreich, diese Anforderungsbereiche zu kennen, da Sie dadurch leichter nachvollziehen können, wie die Verteilung der Bewertungseinheiten und die unterschiedliche Gewichtung der (Teil-)Aufgaben zustande kommen. Vor jeder Prüfung sollten Sie sich Gedanken über die in Fragen immer wieder gebrauchten Formulierungen, die sogenannten

Operatoren („Schlüsselbegriffe", „Signalwörter") machen. Im Folgenden wird erläutert, welche Begriffe dies sind und welche Erwartungen damit verbunden sind.

Anforderungsbereich I:
Von **Reproduktion** spricht man, wenn erlerntes Wissen wiedergegeben oder eine erworbene Fertigkeit in einem bekannten Zusammenhang gezeigt werden soll. Dabei kann es sich um einen theoretischen Sachverhalt oder um ein im Praktikum eingeübtes Vorgehen handeln.
Schätzen Sie die Bedeutung des „nur" Gelernten nicht gering ein. Dieses Grundlagenwissen ist die Basis für die Lösung von Aufgaben, die den beiden im Folgenden dargestellten Anforderungsbereichen zuzuordnen sind. Die Formulierung einer (Teil-)Aufgabe mit dem Begriff „nennen" kann Ihnen zeigen, dass eine Aufzählung der Fakten ohne weitere Erläuterungen verlangt ist. Auch der Begriff „beschreiben" verlangt die Reproduktion des Erlernten, allerdings mit einer detaillierteren Darstellung von Zusammenhängen und Prinzipien.

Anforderungsbereich II:
Höhere Anforderungen als die der reinen Reproduktion stellt eine Prüfungsaufgabe, die **Reorganisation** bzw. eine **Transferleistung** von Ihnen verlangt. In der Regel geht damit auch eine höhere Bewertung einher. Eine Prüfungsaufgabe ist dieser zweiten Anforderungsebene zuzuordnen, wenn ein bekannter Sachverhalt in einen neuen Zusammenhang eingeordnet („reorganisiert") werden soll. Auch die selbstständige Übertragung („Verbalisierung") von Grafiken oder Versuchsaufbauten in die korrekte Fachsprache gehört zu diesem Anforderungsbereich. Begriffe wie „erklären" oder „erläutern" weisen auf Aufgabenstellungen hin, die von Ihnen dieses höhere Maß an Abstraktionsfähigkeit und Selbstständigkeit bei der Beantwortung der Frage verlangen.

Anforderungsbereich III:
Am anspruchsvollsten sind Fragen, die problemlösendes Denken verlangen. Häufig erfordern solche Aufgaben, dass Sie Kenntnisse aus mehreren Themengebieten abrufen, anwenden und abwandeln können. Oft gibt es verschiedene Lösungsmöglichkeiten. Kreativität ist bei der Auswahl der geeigneten Lösungswege verlangt, das „Abarbeiten" der Aufgabenstellung nach einem vorgefertigten Schema reicht nicht aus.
Prüfungsaufgaben, die Arbeitsanweisungen wie „bewerten", „analysieren" oder „interpretieren" enthalten, sind oft diesem anspruchsvollsten Teil einer Prüfung zuzuordnen. Problemlösendes Denken, Kreativität und die Verknüpfung und Anwendung bekannter Sachverhalte auf bislang unbekannte Situationen werden verlangt. Oft wird auch eine Abwägung von Argumenten, die Bewertung einer Situation, etwa in Fragen des Umweltschutzes oder die Darstellung eines begründeten, persönlichen Standpunktes erwartet.
Die folgende Tabelle fasst die Operatoren aller Anforderungsbereiche zusammen und gibt Ihnen zusätzlich Aufgabenbeispiele aus diesem Buch.

Operator	Erläuterung	AFB	Beispiele
ableiten	auf der Grundlage von Erkenntnissen oder Daten sachgerechte Schlüsse ziehen	II	23 Aufgabe III (3.2.2.2)
abschätzen	durch begründete Überlegungen Größenwerte angeben	II	
analysieren	wichtige Bestandteile, Eigenschaften oder Zusammenhänge auf eine bestimmte Fragestellung hin herausarbeiten	II, III	
aufstellen, formulieren	chemische Formeln, Gleichungen, Reaktionsgleichungen (Wort- oder Formelgleichungen) oder Reaktionsmechanismen entwickeln	I, II	

Hypothesen aufstellen	eine Vermutung über einen unbekannten Sachverhalt formulieren, die fachlich fundiert begründet wird	II, III	20 Aufgabe II (2.3.3)
angeben, nennen	Formeln, Regeln, Sachverhalte, Begriffe oder Daten ohne Erläuterung aufzählen bzw. wiedergeben	I	19 Aufgabe I (1.1.2)
auswerten	Beobachtungen, Daten, Einzelergebnisse oder Informationen in einen Zusammenhang stellen und daraus Schlussfolgerungen ziehen	II, III	16 Aufgabe III (3.2.3)
begründen	Gründe oder Argumente für eine Vorgehensweise oder einen Sachverhalt nachvollziehbar darstellen	II	19 Aufgabe I (1.1.4)
berechnen	die Berechnung ist ausgehend von einem Ansatz darzustellen	I, II	
beschreiben	Beobachtungen, Strukturen, Sachverhalte, Methoden, Verfahren oder Zusammenhänge strukturiert und unter Verwendung der Fachsprache formulieren	I, II	21 Aufgabe I (1.3.1)
beurteilen	das zu fällende Sachurteil ist mithilfe fachlicher Kriterien zu begründen	II, III	21 Aufgabe III (3.4.2)
bewerten	das zu fällende Werturteil ist unter Berücksichtigung gesellschaftlicher Werte und Normen zu begründen	II, III	19 Aufgabe I (1.5)
darstellen	Strukturen, Sachverhalte oder Zusammenhänge strukturiert und unter Verwendung der Fachsprache formulieren, auch mithilfe von Zeichnungen und Tabellen	I, II	20 Aufgabe III (3.2.1)
deuten, interpretieren	naturwissenschaftliche Ergebnisse, Beschreibungen und Annahmen vor dem Hintergrund einer Fragestellung oder Hypothese in einen nachvollziehbaren Zusammenhang bringen	II, III	19 Aufgabe I (1.3.2)
diskutieren	Argumente zu einer Aussage oder These einander gegenüberstellen und abwägen	II, III	17 Aufgabe III (3.2.3)
erklären	einen Sachverhalt nachvollziehbar und verständlich machen, indem man ihn auf Regeln und Gesetzmäßigkeiten zurückführt	II	20 Aufgabe I (1.2.2)
erläutern	einen Sachverhalt veranschaulichend darstellen und durch zusätzliche Informationen verständlich machen	II, III	23 Aufgabe I (1.4.1)
ermitteln	ein Ergebnis oder einen Zusammenhang rechnerisch, grafisch oder experimentell bestimmen	II	18 Aufgabe I (1.2.1)
herleiten	mithilfe bekannter Gesetzmäßigkeiten einen Zusammenhang zwischen chemischen bzw. physikalischen Größen herstellen	II, III	
ordnen	Begriffe oder Gegenstände auf der Grundlage bestimmter Merkmale systematisch einteilen	I, II	21 Aufgabe I (1.1.4.3)
planen	zu einem vorgegebenen Problem (auch experimentelle) Lösungswege entwickeln und dokumentieren	II	

skizzieren	Sachverhalte, Prozesse, Strukturen oder Ergebnisse übersichtlich grafisch darstellen	II	21 Aufgabe III (3.2.1)
untersuchen	Sachverhalte oder Phänomene mithilfe fachspezifischer Arbeitsweisen erschließen	II	
vergleichen	Gemeinsamkeiten und Unterschiede kriteriengeleitet herausarbeiten	II	23 Aufgabe II (2.3.3)
zeichnen	Objekte grafisch exakt darstellen	I, II	

3 Tipps zum Herangehen an die Abituraufgaben

3.1 Auswahlzeit

Die Auswahl der drei Aufgabenblöcke, in denen Sie voraussichtlich die meisten Punkte erreichen können, ist von großer Bedeutung. Ein späterer Wechsel, weil sich erst bei genauerer Betrachtung eine wichtige Teilfrage als zu schwierig herausstellt, ist sehr zeitraubend. Bearbeiten Sie nur drei der vier vorgelegten Prüfungsaufgaben, da nur drei der von Ihnen erarbeiteten Lösungen korrigiert und gewertet werden. Die Zeit, die Sie für die eventuelle Bearbeitung der vierten Aufgabe verwenden würden, wäre damit verloren.
Nehmen Sie sich die Zeit, jede Aufgabe genau zu prüfen. Sehen Sie sich in Ruhe an, was verlangt wird. Suchen Sie nach Reproduktionsfragen und Reorganisationsfragen, die Sie sicher beherrschen. Studieren Sie zudem aufmerksam die Materialien (Tabellen, Texte, Abbildungen). Lassen Sie sich nicht durch längere Texte, unbekannte Grafiken, Abbildungen und Tabellen abschrecken. Rufen Sie sich in Erinnerung, dass das Abituraufgabenformat ab dem Abitur 2024 materialbasiert und kompetenzorientiert ist. Dies bedeutet, dass unabhängig von Ihrem biologischen Fachwissen, abgeprüft wird, wie kompetent Sie mit den Materialien umgehen können. Wenn Sie einen Text vorgelegt bekommen, ist entscheidend, dass Sie sich die wichtigen Inhalte erschließen können. Oft erhalten Sie bereits Verrechnungspunkte, indem Sie diesen Inhalt wiedergeben. Ein weiteres Beispiel ist die Interpretation einer Grafik. Hier ist es von großer Bedeutung, dass Sie erkennen, was diese Grafik zeigt und Sie dies nachvollziehbar beschreiben können. Achten Sie dabei genau auf die Achsenbeschriftungen und Erläuterung direkt unter der Grafik. Unter Umständen ist möglich, dass einzelne Aufgaben ohne Fachwissen, d. h. rein durch die zutreffende Wiedergabe der in den Materialien vorgelegten Inhalte lösbar sind. Investieren Sie ausreichend Zeit für ein intensives Studium der Materialien, denn sie liefern wichtige Hinweise für die komplexeren Fragen.
Addieren Sie die nach Ihrer Einschätzung erreichbaren Bewertungseinheiten für jeden Aufgabenblock und vergleichen Sie die erreichte Punktzahl. Meist kann dann bereits die Entscheidung gefällt werden, welche Aufgabenblöcke gewählt werden sollten.
Und keine Sorge: Sie haben insgesamt genug Bearbeitungszeit! Wenn Sie für das Prüfen der Materialien und Aufgaben und deren sorgfältige Auswahl dreißig Minuten benötigen, ist diese Investition sinnvoll und kann Sie davor bewahren, nach der Hälfte der Prüfungszeit festzustellen, dass die Wahl eines anderen Aufgabenblocks doch besser gewesen wäre.

3.2 Bearbeitung der gewählten Aufgaben

Reinschrift, Konzept, Aufgabenblatt, Rechtschreibung
Bewertet wird nur, was in der Reinschrift steht. Alle Notizen, die Sie auf dem Aufgabenblatt oder dem Konzeptpapier (eigene Schmierzettel sind nicht erlaubt) hinterlassen, werden zwar eingesammelt, aber nicht gewertet. So wird vermieden, dass z. B. Unklarheiten

darüber entstehen, welche Antwort gelten soll: die richtige im Konzept oder die falsche in der Reinschrift.
Nur bei offensichtlichen Übertragungsfehlern in die Reinschrift wird der Entwurf gewertet. Dies gilt auch für den Fall, dass jemand aus Zeitgründen den letzten Teil der Antwort nur auf dem Konzept notiert hat. Die meisten Schülerinnen und Schüler benutzen deshalb die Konzeptblätter (grüne Farbe) nur als Schmierzettel und schreiben gleich in die Reinschrift. Dies führt jedoch manchmal auch dazu, dass die Reinschrift einem Schmierzettel gleicht. Schwerwiegende und gehäufte Verstöße gegen die sprachliche Richtigkeit oder gegen die äußere Form können zu einem Abzug von 1–2 Notenpunkten führen. Fertigen Sie also Stichwortlisten, grobe Gliederungen oder Skizzenentwürfe erst einmal auf dem Konzeptblatt an.

Fachsprache, Skizzen
Achten Sie darauf, dass Sie alle Fachbegriffe in Ihre Antworten einbauen, die zur vollständigen Beantwortung einer Aufgabenstellung notwendig sind. Kurze Definitionen der Fachbegriffe unterstreichen Ihre Fachkompetenz. Häufig kann man Formulierungshilfen aus den Materialien übernehmen. Schematische Skizzen müssen in der Regel mindestens eine halbe Seite groß sein. „Miniskizzen" mit unklarer Beschriftung und mehrfach mit Kugelschreiber oder Filzstift korrigierte Strukturen können zu Punktabzügen führen. Daher: Nutzen Sie für Ihren Text Tinte und bei Korrekturbedarf Tintenkiller und für Skizzen Bleistift, Radiergummi und ein Lineal.

Zeitmanagement, Vollständigkeit
Planen Sie grob mit 75 Minuten pro Aufgabenblock (ohne Auswahlzeit). Dann bleibt auch genügend Zeit für eine abschließende Kontrolle der Vollständigkeit und der Rechtschreibung. Nicht selten werden zurückgestellte Teilaufgaben vergessen. Deshalb auch der Hinweis auf dem Deckblatt: Für jede Aufgabe (I, II, III oder IV) beginnt man einen neuen vierseitigen Papierbogen und markiert ihn deutlich mit der Aufgabennummer. Damit entfällt die Suche nach Teilaufgaben, die als Nachtrag irgendwo zwischen anderen Aufgabenblöcken versteckt sind. Auf diesem Bogen kann man jederzeit eine Transfer-Frage nachtragen, die man erst bearbeiten will, wenn die leichteren Aufgaben erledigt sind. Haken Sie deshalb alle erledigten Teilfragen auf dem Aufgabenblatt deutlich sichtbar ab.

Aufgabenstruktur
Der Bildungsplan zeichnet sich durch eine Inhalts- und eine Kompetenzorientierung aus. Neben den fachlichen Kenntnissen werden als zentrale Kompetenzen die Sach-, Erkenntnisgewinnungs-, Kommunikations- und Bewertungskompetenz geprüft. Konkrete Beispiele für die einzelnen Kompetenzbereiche sind ...

- das Auswerten von Diagrammen, Tabellen und Experimenten (Erkenntnisgewinnungskompetenz),
- ausgewählte Informationen strukturieren und interpretieren und Schlussfolgerungen ableiten, zwischen Alltags- und Fachsprache unterscheiden (Kommunikationskompetenz),
- das Entwickeln von Hypothesen (Sachkompetenz),
- Sachverhalte aus unterschiedlichen Perspektiven betrachten (Bewertungskompetenz).

Durch die Prüfung sowohl von fachlichem Inhalt als auch den Fähig- und Fertigkeiten mit den Anforderungen der verschiedenen Kompetenzbereiche souverän umzugehen, soll das Verständnis für biologische Zusammenhänge und deren Bedeutung verstärkt dokumentiert werden. Großer Wert wird neben fachlichem Wissen und der Beherrschung der Fachsprache also auch auf die Fähigkeit gelegt, allgemeine Prinzipien in einem neuen Kontext wiederzuerkennen und anzuwenden.

Bewertung der Aufgaben
Die Bewertung in der Abiturprüfung erfolgt im Hinblick auf die von Ihnen erwartete Gesamtleistung. Dabei werden sowohl Fachwissen als auch fachliche Qualifikationen und

methodische Kompetenzen, d. h. die angemessene Anwendung von Arbeitsschritten und Lösungsstrategien überprüft. In die Bewertung wird der Umfang der Kenntnisse und Einsichten ebenso einbezogen wie die logische und überzeugende Argumentation und die Berücksichtigung der Vielfalt der Aspekte bei den einzelnen Aufgaben.
Bei der Beantwortung komplexer Aufgabenstellungen, die mehr oder weniger offen formuliert sind, können unterschiedliche Lösungswege beschritten werden, wenn sie inhaltlich und formal der Aufgabenstellung entsprechen und schlüssig zum richtigen Ergebnis führen.

4 Hinweise zur Konzeption und Nutzung dieses Buches

Dieses Buch enthält die zentral gestellten **Abiturprüfungen** der letzten Jahre sowie die vier vom Ministerium für Kultus, Jugend und Sport Baden-Württemberg herausgegebenen **Musterprüfungsaufgaben** für das Abitur 2024 mit ausführlichen Lösungen. Wie bereits beschrieben ändert sich die Aufgabenstruktur ab dem Abitur 2024, indem die Anwendung gelernter Kompetenzen deutlich mehr in den Vordergrund gestellt wird. Durch sorgfältiges Lesen und Erfassen der in den Materialien gegebenen Informationen wird Ihnen oftmals bereits ein Teil der Lösung offenbart. Die Kenntnis biologischer Sachverhalte und des lehrplanrelevanten Stoffs ist jedoch für das vollständige Lösen einer Aufgabe weiterhin unabdingbar. In diesem Sinne werden in diesem Buch auch die Aufgaben früherer Jahrgänge noch mit aufgeführt, da die Fachlichkeit auch in den Prüfungen ab 2024 nicht zu unterschätzen ist. Durch das Bearbeiten der Aufgaben bis zum Abitur 2023 können Sie prüfen, ob Sie den Stoff verstanden haben, ihn reproduzieren und auch im Zusammenhang anwenden können.

* Diejenigen Teilaufgaben der Prüfungen 2015 bis 2023, deren Inhalte ab dem Abitur 2024 nicht oder nur mehr eingeschränkt prüfungsrelevant sind, kennzeichnet ein **Sternchen** am Seitenrand.

Viele der ausführlichen Lösungsvorschläge sind zusätzlich mit **Hinweisen und Tipps** versehen, die z. B. auf mögliche alternative Herangehensweisen oder Lösungsansätze hinweisen. Die Hinweise und Tipps zur Lösung sind *kursiv* gedruckt und zusätzlich durch die Rauten am Seitenrand gekennzeichnet.

Ideal zur Überprüfung des biologischen Fachwissens und zum Aufdecken von Wissenslücken sind die **interaktiven Aufgaben** auf der Plattform MySTARK. Daneben finden Sie dort hilfreiche **Lernvideos**, die komplizierte Zusammenhänge einfach erklären (vgl. Umschlaginnenseite vorne im Buch).

Biologie (Baden-Württemberg): Musterprüfungsaufgabe ab Abitur 2024
Aufgabe 1: Anpassung der Zehnfußkrebse an Süßwasser

Decapoden oder Zehnfußkrebse sind die artenreichste Gruppe unter den Krebstieren. Dazu zählen Arten wie die Flusskrebse, die Krabben und die Hummer. Bei etwa 10 % der Decapoden-Arten ist im Laufe der Evolution eine Anpassung an ein Leben im Süßwasser oder an Land erfolgt.

		BE
1.1	Geben Sie eine Definition für den Begriff Selektionsfaktor an. Nennen Sie unter Berücksichtigung von M 1 drei Selektionsfaktoren, die auf Decapoden einwirken.	4
1.2	Stellen Sie auf Basis von DARWINS Evolutionstheorie eine Hypothese zu den verwandtschaftlichen Beziehungen der in M 2 dargestellten Arten auf.	8
1.3	Analysieren Sie das Fortpflanzungsverhalten einer Krabbenart mit vier Larvenstadien und das einer Krabbenart ohne Larvenstadien im Rahmen einer Kosten-Nutzen-Analyse (M 1, M 2, M 4).	6
1.4	Ordnen Sie die Arten 1, 2 und 3 aus M 3 den im Diagramm (M 3, Abb. 2) gezeigten Arten zu. Begründen Sie Ihre Zuordnung.	6
1.5	Bewerten Sie die in M 4 dargestellte Situation der Wollhandkrabbe im Ökosystem Rhein aus zwei unterschiedlichen Perspektiven. Planen Sie zwei Maßnahmen, um eine weitere Ausbreitung der Art in andere Gewässer zu verhindern und eine Möglichkeit, die Wirkung der durchgeführten Maßnahmen zu messen.	6
		30

Material 1: Selektionsfaktoren

Die meisten Decapoden-Krebsarten leben im Meer, was sicher auch den ursprünglichen Lebensraum für diese Gruppe darstellt. Für die Anpassung von Krabben an ein Leben an Land oder im Süßwasser sind erhebliche Anpassungen ihrer Physiologie, Fortpflanzung, Entwicklung sowie ihres Verhaltens nötig.

> Unter **Brackwasser** versteht man See- oder Meerwasser mit einem Salzgehalt von 0,1 % bis 1 %. Wasser mit einem geringeren Salzgehalt heißt **Süßwasser**.
> **Meerwasser** hat einen durchschnittlichen Salzgehalt von 3,5 %.

Untersuchungen an Arten mit Larven, die im Meer, im Brackwasser oder im Süßwasser leben, erlauben die Evolution der Krabben besser zu verstehen. Die Verfügbarkeit von Wasser ist auch für Arten notwendig, die mehrere Tage an Land bleiben können, sei es zur Häutung, Atmung oder Fortpflanzung. Verschiedene Krabbenarten zeigen in diesen Bereichen wichtige Anpassungen, z. B. lungenartige Ausbildungen der Kiemenkammer zur Atmung, die Fähigkeit zur Osmoregulation, d. h. die Fähigkeit, die Salzkonzentration in ihrem Körper auch im salzarmen Süßwasser aufrechtzuerhalten, sowie eine direktere Entwicklung vom Ei zur Krabbe.

Krabben mit Larven, die im Meer leben, produzieren sehr viele kleine Eier; Arten, die vom Meer unabhängiger sind, normalerweise wenige große Eier. Eine Erklärung für den Selektionsdruck zu großen und damit dotterreicheren Eiern ist der Nahrungsmangel im Süßwasser. Als Übergang von der Lebensweise im Meer zum Süßwasser gilt der Lebensraum Brackwasser als wahrscheinliche Zwischenstufe. Im Brackwasser herrscht kein hoher Räuberdruck und auch das Nahrungsangebot an Plankton ist für Krabbenlarven reichlich. Man nimmt an, dass die größeren Eier und die Abkürzung der Entwicklungsstadien hier dem geringeren Salzgehalt geschuldet sind.

Material 2: Lebenszyklus bei Krabben

Untersuchungen an verschiedenen Krabbenarten auf der Insel Jamaika zeigten verschiedene Lebens- und Fortpflanzungsstrategien, die in Abb. 1 dargestellt sind:

Äußerer Kreis: Arten mit Larvenentwicklung im Meer haben viele kleine Eier und viele Larvenstadien.

Mittlerer Kreis: Krabbenarten mit einer Larvenentwicklung im Süßwasser produzieren wenige große und dotterreiche Eier und haben wenige, meist nur zwei, Larvenstadien. Die ausgewachsenen Tiere leben im Süßwasser oder an Land.

Innerer Kreis: Krabbenarten, die keine Larvenphase besitzen, produzieren wenige sehr große Eier, aus denen direkt die Jungkrabben schlüpfen. Auch hier leben die ausgewachsenen Tiere im Süßwasser oder sogar in höhergelegenen Bergwäldern. Die Tiere zeigen oft eine intensive Pflege ihrer Brut nach dem Schlüpfen, bei der die Mutter ihre Nachkommen gegen Räuber verteidigt.

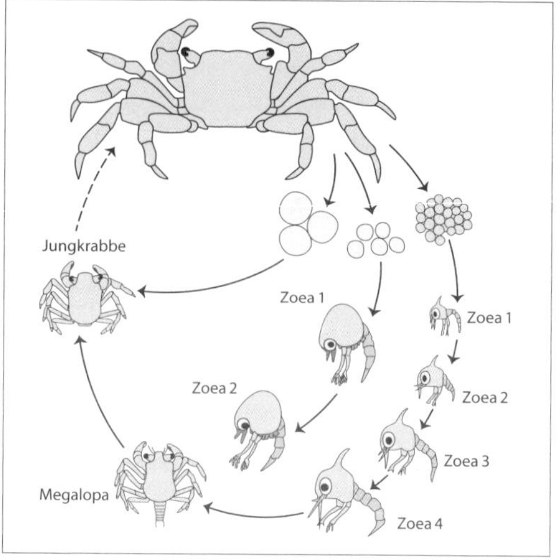

Abb. 1: Lebenszyklus bei Krabben
Quelle: Diesel, Rudolf; Schubart, Christoph D. (Wiley 2000). Die außergewöhnliche Evolutionsgeschichte jamaikanischer Felsenkrabben. In: Biologie in unserer Zeit, 3/2000 (30)

Material 3: Anpassung an den Salzgehalt bei drei Krabbenarten

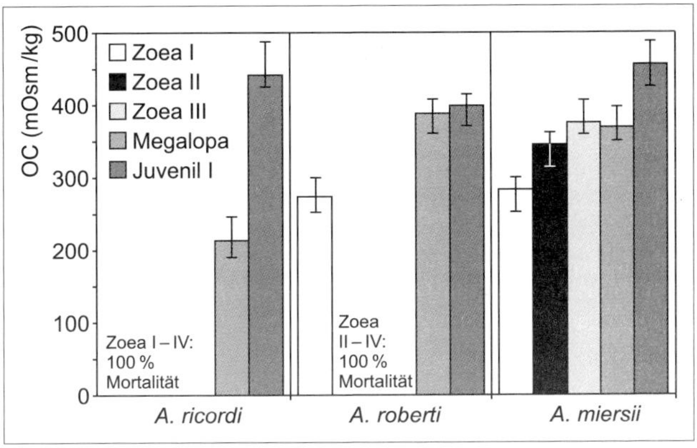

Abb. 2: Anpassung an den Salzgehalt bei drei Krabbenarten
Quelle: Anger, Klaus (Wiley 2014). Zehnfußkrebse – Pioniere der Evolution. In: Biologie in unserer Zeit, 1/2014 (44)

Bei einer Untersuchung von drei Arten der Krabbengattung Armases *(Armases ricordi, Armases roberti* und *Armases miersii)* konnte man feststellen, dass die verschiedenen Arten und ihre verschiedenen Entwicklungsstadien mit Brackwasser unterschiedlich gut zurechtkamen. Die Versuchsergebnisse sind in Abb. 2 dargestellt. Die Forscher untersuchten im Experiment, wie die verschiedenen Larven- und Erwachsenenstadien einen geringen Salzgehalt von 0,5 % aushielten. Bei einigen der Entwicklungsstadien starben die Versuchstiere im Experiment („100 % Mortalität" im Diagramm). Bei anderen Entwicklungsstadien wurde die Fähigkeit, sich an den geringen Salzgehalt anzupassen (die sogenannte Osmoregulation), gemessen und als osmoregulatorische Kapazität („OC") im Diagramm dargestellt. Höhere Werte bedeuten eine bessere Anpassung. Das Entwicklungsstadium „Juvenil I" in Abb. 2 entspricht „Jungkrabbe" in Abb. 1.
Eine der drei Arten (Art 1) lebt an Flussufern und legt dort ihre Eier ins Süßwasser, wo die Larven schlüpfen und mit der Flussströmung ins Meer gespült werden.
Eine andere der drei Arten (Art 2) lebt an Land, die Weibchen wandern aber zur Eiablage zurück ins Meer, wo die Larven schlüpfen.
Die letzte der drei Arten (Art 3) lebt an Felsstränden und ihre komplette Larvenentwicklung findet in Brackwasseransammlungen in Felsvertiefungen statt, die deutlich über dem Meeresspiegel liegen.

Material 4: Krabben fressen sich durch den Rhein

Die Welt ist vernetzt, und das nicht nur im kommunikativen Bereich. Wissenschaftler der Uni Rostock haben 2002 im Auftrag des Umweltbundesamtes ermittelt, dass es in der Natur etwa eintausend eingewanderte Tierarten (Neozoen) in Deutschland gibt, von denen einige als „ökologisch und ökonomisch bedenkliche Arten" eingestuft wurden. Manch ein Exot wird absichtlich draußen ausgesetzt, doch die meisten Tiere gelangen unabsichtlich durch den Transport von Gütern in unsere Region.
Die ostchinesische Wollhandkrabbe *(Eriocheir sinensis)* zum Beispiel nahm vermutlich ihren Anfang als Larve im Ballastwasser von Schiffen in europäischen Häfen. Um 1912 wurde sie in Norddeutschland entdeckt, von wo sie dann später auch ihren Siegeszug im Rhein, seinen Nebenflüssen und anderen größeren Flüssen antrat – sehr zum Leidwesen von Anglern und Fischern.
[…] Pressesprecher und Diplom-Biologe Peter Schütz vom Landesamt für Natur, Umwelt und Verbraucherschutz NRW (LANUV) bemerkt dazu: „Die Wollhandkrabbe ist seit vielen Jahren da und mittlerweile ein zum Rhein gehörendes Faunen-Element." Weshalb sie sich derart ausbreiten konnte, liegt an ihrer Lebensweise. „Sie ist ein Allesfresser", sagt Schütz. „Das können Schnecken, Jungfische, Wasserpflanzen oder vieles andere sein, und man kann nicht umhin zu sagen, sie ist ein neuer Beutegreifer in unseren heimischen Gewässern." Doch schon

haben einige betroffene Fischer aus der Belästigung ein gewinnbringendes Geschäft gemacht. Sie verkaufen Wollhandkrabben an chinesische Restaurants, wo sie als Delikatesse gelten.
Das Leben der Wollhandkrabben beginnt immer in salzhaltigem Wasser. Nachdem Männchen und Weibchen jahrelang im Süßwasser gelebt haben, machen sie sich eines Tages im Mai zu einer Wanderung auf. Im Brackwasser an der Nordseeküste findet dann eine Massenpaarung statt. Nach diesem Akt sterben die Männchen, während die begatteten Weibchen für die Eiablage noch salzhaltigeres Wasser aufsuchen. Danach sterben auch sie. Die Larven entwickeln sich im Salzwasser, doch die jungen Krabben wandern dann flussaufwärts. „Sie sehnen sich sozusagen nach niedrigem Salzgehalt", erklärt Schütz.
Die Wollhandkrabbe bedrohe keine heimische Krebsart. Sowohl Edelkrebse als auch Steinkrebse seien mehr auf klare Bäche gepolt. „Die Wollhandkrabbe ist eher so etwas wie ein Hausschwein, dem alles schmeckt, was es in nährstoffreichem, trübem Wasser mit viel organischem Material findet", beschreibt Schütz die etwas andere Lebensweise dieser Krabben, deren Männchen einen dichten Haarpelz unterhalb der vorderen Scheren haben.
Ob Neubürger die heimische Natur bereichern oder gar schädigen, darüber wird es noch lange kontroverse Diskussionen geben.

Quelle: Rheinische Post

Lösungen

1.1 *Beachten Sie zur Lösung dieser Aufgabe, dass neben der Definition nur die Nennung von drei Selektionsfaktoren verlangt ist. Zusätzlich zu den im Folgenden angegebenen Faktoren sind auch weitere denkbar. Mögliche Selektionsfaktoren, die auf Decapoden einwirken, finden Sie in Material 1.*

Definition:
Ein Selektionsfaktor ist ein Umweltfaktor, der einen Einfluss auf die reproduktive Fitness (bzw. auf den Fortpflanzungserfolg) eines Individuums hat.

Selektionsfaktoren:
- Salzgehalt des Wassers
- Wasserverfügbarkeit
- Nahrungsangebot
- Fressfeinde (Räuberdruck)

1.2 *Die im Folgenden aufgeführte Hypothese stellt eine mögliche Lösung der Aufgabe dar. Wenn in einer Aufgabe nach der Evolutionstheorie von* CHARLES DARWIN *gefragt ist, empfiehlt es sich für die Lösung die folgenden Aussagen in Bezug auf das in der Aufgabe verwendete Beispiel auszuführen:*
- *Es werden mehr Nachkommen produziert, als zum Erhalt einer Art notwendig sind (Überproduktion), die Individuenzahl in einer Population bleibt aber weitgehend konstant.*
- *Die Individuen innerhalb einer Population sind unterschiedlich, es besteht also eine Variabilität.*
- *Es ist ein ständiger Wettbewerb (Konkurrenz) der Individuen um begrenzte Ressourcen (wie Nahrung, Lebensraum, Fortpflanzungspartner) gegeben.*
- *Je besser ein Individuum an seine Umwelt angepasst ist, desto größer ist seine Chance auf erfolgreiche Reproduktion („survival of the fittest“).*
  → Die Weitergabe der vorteilhaften Eigenschaften führt zur langsamen Veränderung einer Art bzw. zur Entstehung neuer Arten.

Hypothese:
Die in Material 2 aufgeführten Krabbenarten unterscheiden sich u. a. in ihrem Lebensraum. Da in Material 1 das Meer als ursprünglicher Lebensraum genannt wird, kann davon ausgegangen werden, dass die Krabbenarten im Salzwasser mit vielen Larvenstadien die Ausgangsarten darstellen, aus denen sich die anderen Arten entwickelt haben. Laut DARWINS Evolutionstheorie werden mehr Nachkommen der ursprünglichen Krabbenarten produziert, als zum Erhalt dieser Arten nötig wären. Es liegt also eine Überproduktion vor. Die Individuen innerhalb einer Krabbenpopulation sind unterschiedlich, sodass eine Variabilität gegeben ist. Daher sind einige Individuen besser an einen geringen Salzgehalt angepasst als andere. Da nur begrenzte Ressourcen (z. B. Plankton als Nahrung) zur Verfügung stehen, findet ein ständiger Wettbewerb der Individuen um die begrenzten Ressourcen statt (Konkurrenz). Um dieser Konkurrenz zu entfliehen, können beispielsweise neue Lebensräume (Süßwasser) von Individuen, die gut daran angepasst sind, besiedelt werden. Diese haben nun einen Selektionsvorteil und eine gute Chance auf erfolgreiche Reproduktion („survival of the fittest“). Die Nachkommen dieser Krabben haben im Süßwasser Vorteile, überleben mit hoher Wahrscheinlichkeit und haben mehr Nachkommen. Über lange Zeiträume können sich so die Krabbenarten im Süßwasser und dann an Land entwickeln.

1.3 *Ganz allgemein wird mit einer Kosten-Nutzen-Analyse untersucht, wie sich ein Merkmal oder Verhalten auf den Fortpflanzungserfolg (reproduktive Fitness) und die Überlebensfähigkeit auswirkt. Sie ist die Energiebilanz zwischen aufgenommener und aufgewandter Energie. In dem Beispiel aus der Aufgabe muss also anhand der Materialien M 1, M 2 und M 4 untersucht werden, welchen Vorteil (Nutzen), aber auch welchen Nachteil (Kosten) die jeweiligen Krabbenarten durch ihre Lebensweise haben. Im Folgenden wurde als Darstellungsform eine Tabelle gewählt.*

	Kosten	**Nutzen**
Krabben mit vier Larvenstadien	– Salzwasser: Räuberdruck ist hoch, viele Nachkommen überleben nicht – Produktion von vielen Eiern	– Anpassung an geringen Salzgehalt nicht nötig – viele Nachkommen – großes Nahrungsangebot – Brutpflege nicht vorhanden
Krabben ohne Larvenstadium	– Anpassungen an geringen Salzgehalt im Wasser – aufwendige Brutpflege – nur wenige Nachkommen – Süßwasser: Nahrungsmangel → große dotterreiche Eier nötig	– geringerer Räuberdruck außerhalb Salzwasser – wenige Nachkommen haben höhere Überlebenschancen (Brutpflege außerhalb Salzwasser → geringerer Räuberdruck)

Alternativ ist die Lösung auch in Textform möglich:
Krabbenarten mit vier Larvenstadien leben im Meer, das keine Anpassung an einen geringen Salzgehalt von ihnen erfordert (Vorteil/Nutzen). Diese Krabben produzieren unter hohem Energieaufwand sehr viele Eier (Nachteil/Kosten). Dafür leben die Junglarven in einer Umwelt mit großem Nahrungsangebot (Vorteil/Nutzen), sind aber auch vielen Räubern ausgesetzt (Nachteil/Kosten), vor denen sie durch die Mutter nicht beschützt werden, weil aufgrund der großen Menge an Nachkommen keine Brutpflege erfolgt (Vorteil/Nutzen). Das Überleben der Art wird bei dieser Strategie durch die reine Menge an Nachwuchs gewährleistet. Bei sehr vielen Eiern und sehr vielen Larven werden viele gefressen, aber einige überleben und erhalten die Art.
Krabben ohne Larvenstadium haben eine andere Strategie. Bei dieser Lebensweise scheinen zunächst die Nachteile/Kosten zu überwiegen: Sie produzieren nur wenige, sehr dotterreiche Eier, was dem Nahrungsmangel im Süßwasser geschuldet ist. Sie investieren viel in die Brutpflege, bei der die Mutter ihren Nachwuchs beschützt, und haben nur wenige Nachkommen. Zudem müssen Krabben ohne Larvenstadien Energie für Anpassungen an einen geringen Salzgehalt im Wasser aufbringen. Trotz dieser Kosten/Nachteile hat sich diese Lebensstrategie entwickelt. Mögliche Vorteile könnten die Erschließung eines neuen Lebensraumes ohne konkurrierende Arten sowie ein insgesamt geringerer Räuberdruck im Süßwasser im Vergleich zum Meer sein. Die wenigen Nachkommen haben daher – auch mithilfe der Brutpflege durch die Mutter – bessere Überlebenschancen.

1.4 *Achten Sie genau auf die Fragestellung, damit Sie nicht übersehen, dass die Zuordnung auch begründet werden muss.*
Machen Sie sich bei der Interpretation eines Diagramms zunächst einmal klar, was das Diagramm genau zeigt. Welche Größen und Einheiten sind an der x- und der y-Achse aufgetragen? In Abbildung 2 steht an der y-Achse die Größe „OC (mOsm/kg)“. Lassen Sie sich hiervon nicht verunsichern. Dem Text des Materials 3 können Sie entnehmen, dass die „OC“ die Fähigkeit ist, sich an einen geringeren Salzgehalt anzupassen (das

wird auch als Osmoregulation bezeichnet). Je höher also der Balken im Diagramm, desto größer ist die Fähigkeit sich an einen geringen Salzgehalt anzupassen. In Material 3 erhalten Sie weitere Informationen zu den drei genannten Arten.

Art 3: *A. miersii*
In Abbildung 2 ist zu sehen, dass bei allen Entwicklungsstadien von *A. miersii* eine hohe Fähigkeit vorhanden ist, sich an einen geringeren Salzgehalt von 0,5 % anzupassen (hohe OC). Alle fünf Stadien zeigen gegenüber Brackwasser eine hohe Toleranz. Daher muss *A. miersii* der Art 3 zuzuordnen sein, da Brackwasser einen Salzgehalt von 0,1 bis 1 % hat (Material 1).

Art 2: *A. ricordi*
A. ricordi und *A. roberti* haben als Jungkrabben beide eine hohe Toleranz gegenüber geringem Salzgehalt. Die ersten drei Larvenstadien von *A. ricordi* tolerieren jedoch einen Salzgehalt von 0,5 % überhaupt nicht und sterben alle zu 100 % ab. *A. ricordi* muss daher Art 2 sein, deren Weibchen ihre Eier im Meer ablegt, weil die ersten drei Larvenstadien Brackwasser nicht tolerieren.

Art 1: *A. roberti*
Damit ist *A. roberti* der Art 1 zuzuordnen. Es fällt auf, dass das erste Larvenstadium eine vergleichsweise hohe Toleranz gegenüber einem Salzgehalt von 0,5 % hat, während die Larvenstadien zwei und drei überhaupt keine Toleranz zeigen und zu 100 % absterben. Die Weibchen legen ihre Eier im Süßwasser ab, von wo aus die schlüpfenden Larven ins Meer gespült werden. Dieses erste Larvenstadium zeigt daher noch eine gewisse Toleranz gegenüber einem geringeren Salzgehalt, während die Larvenstadien zwei und drei dagegen zu 100 % absterben. Das Megalopa- und das Jungkrabbenstadium gewinnen die Toleranz gegenüber einem geringen Salzgehalt zurück, da die heranwachsenden Tiere dann vom Meer zurück in die Flüsse wandern.

1.5 *Diese Aufgabe ist offen formuliert und gibt Ihnen daher Spielraum für eine mögliche Antwort. Es bietet sich hier an, bei den geforderten „zwei unterschiedlichen Perspektiven" eine ökologische und eine ökonomische zu wählen.*

Bewertung:

- **ökologische Perspektive:** Bringt man eine neue Art in ein Ökosystem ein, besteht immer die Gefahr, dass sich das ökologische Gleichgewicht verschiebt. So kann eine neue Art eine bereits vorkommende Art beispielsweise komplett verdrängen, indem sie als Nahrungskonkurrent oder Fressfeind auftritt. Beim Beispiel Wollhandkrabbe ist dies laut Material 4 allerdings nicht der Fall. Doch ist dem Text zu entnehmen, dass die Wollhandkrabbe ein „Allesfresser" ist, der auch Schnecken, Jungfische und Wasserpflanzen frisst. Sie ist damit ein neuer Beutegreifer in den heimischen Gewässern, damit stellt sie einen Nahrungskonkurrenten für heimische Arten dar und die langfristigen Folgen sind noch nicht absehbar.
- **ökonomische Perspektive:** Ökonomisch gesehen ist die Wollhandkrabbe für manche Fischer*innen offenbar ein Gewinn, da die gefangenen Exemplare an Restaurants verkauft werden.

Maßnahmen und ihre Messung:
Maßnahmen, um die Besiedelung weiterer Gewässer durch die Wollhandkrabbe zu verhindern, könnten z. B. Bejagung oder physikalische Barrieren sein. Um sich ein Bild vom Erfolg der Maßnahmen zu machen, sind Zählungen der gefangenen Exemplare unabdingbar.

Biologie (Baden-Württemberg): Musterprüfungsaufgabe ab Abitur 2024
Aufgabe 2: Grünalgen geben Gas

Die einzellige Grünalge *Chlamydomonas reinhardtii* kann durch eine besondere Form der Fotosynthese unter bestimmten Bedingungen Wasserstoff produzieren. Wissenschaftler experimentieren mit diesen Algen in der Hoffnung, die Wasserstoffausbeute deutlich zu erhöhen. Vielleicht fahren in Zukunft Autos mit Wasserstoff, der mithilfe von Grünalgen erzeugt wurde.

		BE
2.1	Benennen Sie die Komponenten 1 bis 6 der Abb. 1 (M 1). Erläutern Sie die Bedeutung der Komponente 5 für die Wasserstoffbildung.	8
2.2	Stellen Sie eine Hypothese auf, die die Auswirkung der Wasserstoffbildung auf die Glucosesynthese erklärt (M 1). Nennen Sie zwei Vorgänge, für die die Grünalge Glucose benötigt.	5
2.3	Interpretieren Sie die Versuchsergebnisse in M 2. Leiten Sie ab, warum die Grünalge *Chlamydomonas reinhardtii* Wasserstoff nur bei Schwachlicht produziert (M 1, M 2).	6
2.4	Ermitteln Sie die ersten vier Aminosäuren des Enzyms Hydrogenase (M 3). Erläutern Sie den Zusammenhang zwischen dem Einbau einer bestimmten DNA-Sequenz vor das eigentliche Hydrogenase-Gen und der erhöhten Syntheserate des Enzyms Hydrogenase (M 4).	6
2.5	Beurteilen Sie, ob die Forschungen zur Steigerung der Wasserstoffproduktion der Grünalge *Chlamydomonas reinhardtii* fortgesetzt werden sollten (M 1, M 4). Gehen Sie dabei auf ökonomische und ökologische Aspekte ein (insgesamt drei Aspekte).	5
		30

Material 1: Algen als Quelle für Autokraftstoff?

Wasserstoff gilt als saubere Kraftstoffalternative, da bei seiner Verbrennung in den Brennstoffzellen nur reines Wasser als Abfallprodukt entsteht. Das Problem ist aber, dass Wasserstoff bisher mit hohem Aufwand, teuer und meist nicht umweltverträglich erzeugt wird.
Im Jahre 1939 entdeckte der Pflanzenphysiologe HANS GAFFRON, dass die Grünalge *Chlamydomonas reinhardtii* in der Lage ist, durch eine besondere Form der Fotosynthese Wasserstoff zu bilden. Unter normalen Bedingungen betreibt die Alge Fotosynthese und produziert dabei Sauerstoff und Glucose. Steht der Alge jedoch nur Schwachlicht zur Verfügung, produziert sie molekularen Wasserstoff. Glucose kann unter diesen Bedingungen nicht synthetisiert werden.
Als Wasserstoffproduzent der Grünalge *Chlamydomonas reinhardtii* wurde später die Hydrogenase identifiziert. Dieses Enzym katalysiert die Reaktion von Protonen mit Elektronen, die beide im Verlauf der lichtabhängigen Reaktionen der Fotosynthese gebildet werden. Die Hydrogenase ist allerdings extrem sauerstoffempfindlich, d. h. sie wird durch Sauerstoff irreversibel gehemmt.

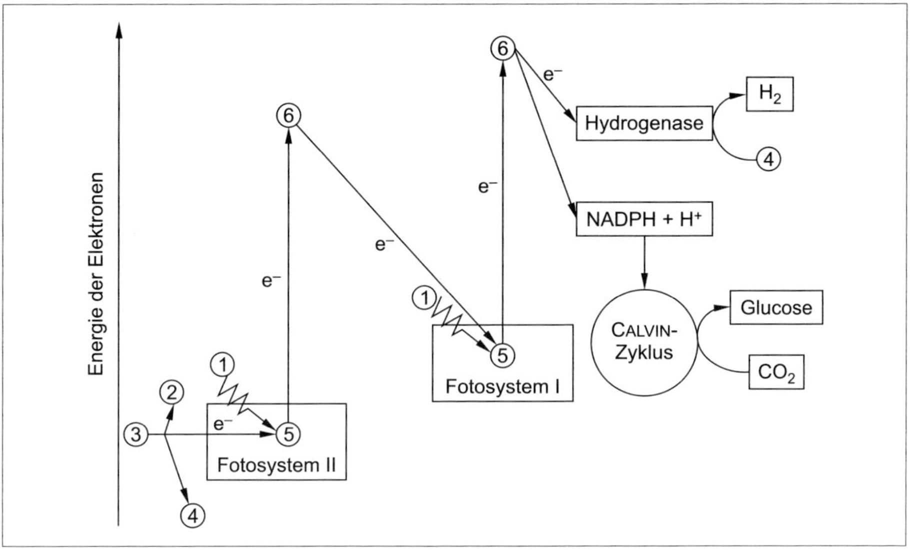

Abb. 1: Wasserstoffbildung durch eine veränderte Form der Fotosynthese
Text und Abb. in Anlehnung an: Prof. Dr. Christian, A., Dr. Mackensen-Friedrichs, I., Wendel, C. und Westendorf-Bröring, E., Stoffwechselphysiologie, Grüne Reihe, Materialien SII, Biologie, Braunschweig 2007. S. 73

Die Erkenntnisse GAFFRONS werden heutzutage im Labor genutzt, indem man Grünalgen in Bioreaktoren sauerstofffreien Bedingungen aussetzt. So produzieren diese bis zu zwei Wochen lang Wasserstoff, ohne dabei geschädigt zu werden.
Die Wasserstoffausbeute eines 200-Liter-Reaktors beträgt circa 50 Liter pro Tag. Damit kann ein Wasserstoffauto circa 450 m weit fahren. Durch genetische Veränderung haben Wissenschaftler bereits Algen gewonnen, die fünfmal mehr Wasserstoff erzeugen. Wenn es gelingt, die Ausbeute noch deutlich zu erhöhen, fahren in Zukunft vielleicht Autos mit Wasserstoff, der mithilfe von Grünalgen und Sonnenlicht erzeugt wurde.

Material 2: Abhängigkeit der Fotosynthese von der Lichtintensität

In einem Experiment wird die Sauerstoffbildung der Grünalge *Chlamydomonas reinhardtii* bei steigender Lichtintensität gemessen. Die Sauerstoffmenge pro Zeiteinheit dient als Maß für die Nettofotosyntheserate. Die Ergebnisse sind in Abb. 2 dargestellt.

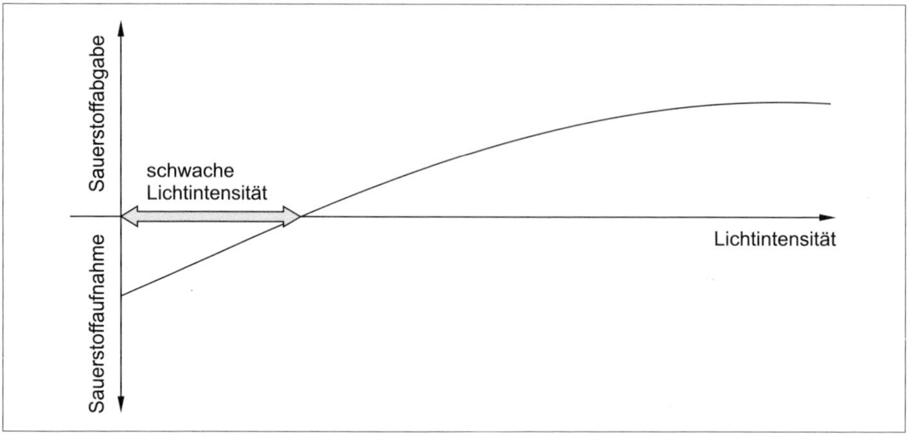

Abb. 2: Abhängigkeit der Sauerstoffbildung von der Lichtintensität

Material 3: Hydrogenase-Gen und genetischer Code

Ausschnitt des nichtcodogenen DNA-Einzelstranges des Hydrogenase-Gens:
5' … ATGGCGCTTGGTCTTCGTGCC … 3'

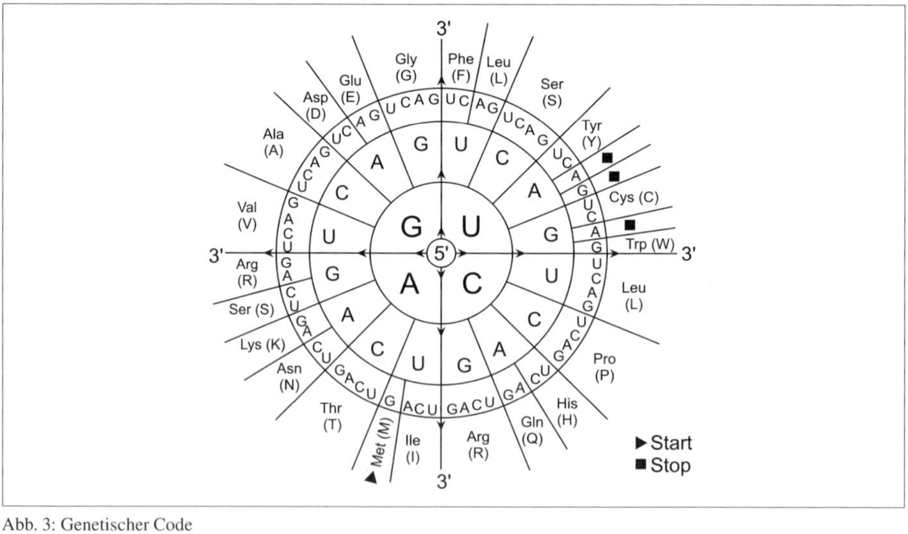

Abb. 3: Genetischer Code

Material 4: Erhöhung der Wasserstoffausbeute von *Chlamydomonas reinhardtii*

Wissenschaftler versuchen auf unterschiedlichen Wegen, die Wasserstoffproduktion der Grünalge *Chlamydomonas reinhardtii* zu erhöhen. So untersucht man z. B. den Einfluss verschiedener Lichtqualitäten auf die Wasserstoffproduktion, selektiert Mutanten mit gesteigerten Wasserstoffausbeuten und führt gezielte genetische Veränderungen durch.
Eine deutliche Steigerung der Wasserstoffbildungsrate gelang durch den Einbau einer bestimmten DNA-Sequenz vor das eigentliche Hydrogenase-Gen. Diese Sequenz sorgt für eine höhere Transkriptionsrate. Die dadurch verstärkte Synthese des Enzyms Hydrogenase führt schließlich zu einer verstärkten Wasserstoffbildung.

Quelle: Friedl, C.: Grünalgen geben Gas, www.ingenieur.de vom 17.11.2021, https://www.ingenieur.de/technik/fachbereiche/energie/gruenalgen-gas/

Lösungen

2.1 *In Abbildung 1 ist das klassische Z-Schema („Lichtreaktion“) dargestellt, wie Sie es aus dem Unterricht kennen sollten. Als neue Information erhalten Sie aus Material 1, dass Chlamydomonas reinhardtii in der Lage ist, durch eine besondere Form der Fotosynthese Wasserstoff zu bilden. Die Benennung der einzelnen Bestandteile des Z-Schemas können Sie davon unabhängig vornehmen.*

Benennung:

1 Licht (Energie)
2 Sauerstoff
3 Wasser
4 Protonen (H^+)
5 Chlorophyll a
6 primärer Elektronenakzeptor

Erläuterung der Bedeutung:
Die Komponente 5 stellt Chlorophyll a dar. Wenn das Chlorophyll-a-Molekül durch Licht angeregt wird, gibt es energiereiche Elektronen ab. Sie werden über Elektronentransportketten bis zum Enzym Hydrogenase transportiert. Die Elektronen werden für die Wasserstoffbildung durch dieses Enzym benötigt.

2.2 *Aus Material 1 entnehmen Sie die Information, dass Chlamydomonas reinhardtii unter „normalen Bedingungen“ (ausreichend Licht) Sauerstoff und Glucose produziert. Bei Schwachlicht wird jedoch molekularer Wasserstoff produziert. Glucose kann unter diesen Bedingungen nicht produziert werden. Es müssen nur zwei Vorgänge, für die die Grünalge Glucose benötigt, genannt werden.*

Hypothese:
Wenn die angeregten Elektronen über die Elektronentransportkette der Hydrogenase zugeführt werden, stehen sie nicht mehr für eine Übertragung auf $NADP^+$ zur Verfügung. Damit kann das Reduktionsäquivalent $NADPH + H^+$ nicht mehr hergestellt werden, sodass der Calvin-Zyklus zum Erliegen kommt. Die Produktion von Glucose ist damit nicht mehr möglich.

Vorgänge, für die die Grünalge Glucose benötigt:
- aktive Transportvorgänge
- Produktion von Biomasse
- Zellatmung

2.3 *Zur Lösung der Aufgabe sind die Informationen in Material 1 und Material 2 hilfreich.*

Interpretation der Versuchsergebnisse:
Die Abbildung 2 zeigt eine typische Sättigungskurve, die die Fotosyntheserate in Abhängigkeit der Lichtstärke (Lichtintensität) darstellt. Als Maß für die Fotosyntheserate ist auf der y-Achse die Sauerstoffabgabe bzw. Sauerstoffaufnahme aufgetragen. Mit zunehmender Lichtintensität steigt die Fotosyntheserate. Im Bereich links neben dem Schnittpunkt der Kurve mit der x-Achse überwiegt die Zellatmung der Pflanze, also der Verbrauch von Sauerstoff (Dissimilation). Hier erfolgt keine Nettofotosynthese. Im Bereich rechts vom Schnittpunkt der Kurve mit der x-Achse übersteigt die Fotosyntheserate die Zellatmungsrate. Den Schnittpunkt der Kurve mit der x-Achse bezeichnet man als Lichtkompensationspunkt. Bei dieser Lichtintensität heben sich der Stoffgewinn durch die Fotosynthese und der Stoffabbau durch Zellatmung genau auf. Die Lichtsättigung ist beim Maximum der Fotosyntheserate erreicht. Ab diesem Wert ist es den Fotosystemen nicht möglich, noch mehr Lichtenergie zu absorbieren.

Ableitung, warum Wasserstoff nur bei Schwachlicht produziert wird:
Die Hydrogenase wird durch Sauerstoff irreversibel gehemmt (M 1). Aus M 2 geht hervor, dass die Alge bei ausreichend Licht jedoch Sauerstoff produziert. Dieser Sauerstoff hemmt nach M 1 aber die Hydrogenase. Daher kann bei starkem Licht kein Wasserstoff entstehen. Bei Schwachlicht hingegen überwiegt der Sauerstoffverbrauch durch die Zellatmung, sodass die Hydrogenase nicht aufgrund von Sauerstoff in der Umgebung gehemmt wird.

2.4 *Zur Lösung dieser Aufgabe benötigen Sie die Code-Sonne aus Material 3. Beachten Sie, dass es sich in der Aufgabe um den nicht codogenen DNA-Einzelstrang handelt. Sie müssen diesen also zunächst in den codogenen DNA-Einzelstrang übersetzen, um aus diesem dann die komplementäre mRNA zu erstellen. Mit dieser können Sie dann mithilfe der Code-Sonne die Aminosäuren ermitteln. Alternativ führt auch folgender Weg zum Ziel: Der nicht codogene DNA-Strang ist mit der mRNA identisch, wenn Sie Thymin durch Uracil ersetzen. Wenn Sie so vorgehen, sollten Sie aber sattelfest im Umgang mit dieser Thematik sein.*
Im zweiten Teil der Aufgabenstellung ist eine Erläuterung verlangt. Bei dieser können Sie auch mit den Fachbegriffen „Enhancer" und „Transkriptosom" argumentieren, falls diese Ihnen aus dem Unterricht bekannt sind.

Ermittlung Aminosäuren:
Ausschnitt nicht codogener DNA-Strang:
5' … ATG GCG CTT GGT … 3'

Ausschnitt codogener DNA-Strang:
5' … TAC CGC GAA CCA … 3'

Ausschnitt mRNA:
5' … AUG GCG CUU GGU … 3'

Aminosäuren:
Met – Ala – Leu – Gly …

Erläuterung:
Die in M 4 genannte DNA-Sequenz, die vor das eigentliche Hydrogenase-Gen gesetzt wurde, ist ein sogenannter Promotor. Promotoren sind Sequenzen vor Genen, die die Genaktivität regulieren. Im Fall des Hydrogenase-Gens sorgt der eingebaute Promotor unter Beteiligung weiterer Transkriptionsfaktoren für eine höhere Bindungsaffinität der RNA-Polymerase. Dies führt zum verstärkten Ablesen des Gens, einer höheren Rate der mRNA-Produktion und damit zu einer gesteigerten Translation, was eine Erhöhung der Produktion des Hydrogenase-Enzyms bewirkt.

2.5 *Für die Beurteilung sollen insgesamt drei Aspekte aus den Bereichen der Ökonomie und der Ökologie angegeben werden. Neben den hier aufgeführten Argumenten sind natürlich weitere denkbar. Welches Urteil Sie selbst aus den Argumenten ziehen, bleibt Ihnen überlassen. Es spielt dabei keine Rolle, ob Sie der Meinung sind, dass die Forschungen zur Steigerung der Wasserstoffproduktion der Grünalge fortgesetzt werden sollten oder nicht. Wichtig ist aber, dass Sie Ihre Ansicht argumentativ belegen können. Neben den Informationen aus den Materialien M 1 und M 4 können Sie auch eigene Kenntnisse mit in die Antwort einbringen.*

Beurteilung:
Für die Fortsetzung der Forschungen zur Steigerung der Wasserstoffproduktion der Grünalge *Chlamydomonas reinhardtii* spricht, dass Wasserstoff als saubere Kraftstoffquelle gilt, da bei seiner Verbrennung in den Brennstoffzellen nur reines Wasser als Abfallprodukt gebildet wird. Aus ökologischer Sicht ist das umweltfreundlicher, als fossile Energieträger zu verbrennen, bei deren Verbrennung das klimaschädliche Treibhausgas CO_2 entsteht.
Gegen die Fortsetzung dieser Forschungen spricht, dass die aktuelle Ausbeute nicht wirtschaftlich ist. Durch gezielte genetische Veränderungen der Alge konnte eine gesteigerte Wasserstoffausbeute erreicht werden. Das Durchführen gezielter genetischer Veränderungen bei Organismen bezeichnet man als „Gentechnologie“. Eine Gefahr solcher Manipulationen kann sein, dass man nicht absehen kann, welche Folgen diese Veränderungen nach sich ziehen, z. B. wenn solche gentechnisch veränderten Organismen in die freie Natur gelangen (ökologischer Aspekt). Zudem ist Gentechnologie mit hohem Aufwand und hohen Kosten verbunden: Labore müssen unterhalten, Wissenschaftler*innen und Reagenzien bezahlt werden (ökonomischer Aspekt).
Meiner Meinung nach sollte die Forschung fortgesetzt werden, da die realistische Möglichkeit besteht, mit der Grünalge große Wasserstoffmengen CO_2-neutral zu gewinnen.

Biologie (Baden-Württemberg): Musterprüfungsaufgabe ab Abitur 2024
Aufgabe 3: Brustkrebs-Früherkennung

Eine der häufigsten Krebserkrankungen ist Brustkrebs. Man unterscheidet bei Brustkrebs zwischen vererbter (bei ca. 5–10 % der betroffenen Frauen) und spontan entstandener Form. Die Heilungschancen sind bei rechtzeitiger Früherkennung gut. Dazu werden verschiedene diagnostische Verfahren verwendet.

		BE
3.1	Benennen Sie mithilfe von M 1 zwei Kriterien, nach welchen die Chromosomen im Karyogramm der Abb. 1 geordnet wurden. Beschreiben Sie die im Karyogramm ersichtliche Mutation.	4
3.2	Benennen Sie mithilfe von M 2 die Phasen 1–3 eines typischen PCR-Zyklus. Begründen Sie die unterschiedlich hohen Temperaturen, die in den drei Phasen verwendet werden.	6
3.3	Begründen Sie anhand einer Darstellung des DNA-Doppelstrangs und der Primerbindungsstellen, welche der im M 3 dargestellten Primer 1 bis 4 für die PCR-Vervielfältigung des short tandem repeats in Abb. 3 verwendet werden können.	6
3.4	Erklären Sie, warum bei der STR 1-Analyse in M 4, Abb. 4 zwei Banden im Gel zu sehen sind, bei der STR 2-Analyse hingegen nur eine Bande.	3
3.5	Leiten Sie mithilfe des Karyogramms (M 1, Abb. 1) und des Elektropherogramms (M 4, Abb. 4) ab, welche short tandem repeats mit der Krebserkrankung in Verbindung zu bringen sind.	5
3.6	Eine gesunde, junge Frau aus einer erblich vorbelasteten Familie möchte ihr Risiko für eine Brustkrebserkrankung erfahren und dazu eventuell einen Gentest durchführen lassen. Bewerten Sie eine mögliche anstehende Durchführung eines Gentests dieser Frau.	6
		30

Material 1: Krebsdiagnostik mittels Karyogramm

Die folgende Abb. zeigt das Karyogramm einer Brustkrebs-Tumorzelle. Nach dem Fixieren der Chromosomen im Metaphase-Stadium werden diese im Mikroskop fotografiert. Im mikroskopischen Bild werden die Chromosomen nach verschiedenen Kriterien in einem Karyogramm angeordnet und schließlich ausgewertet.

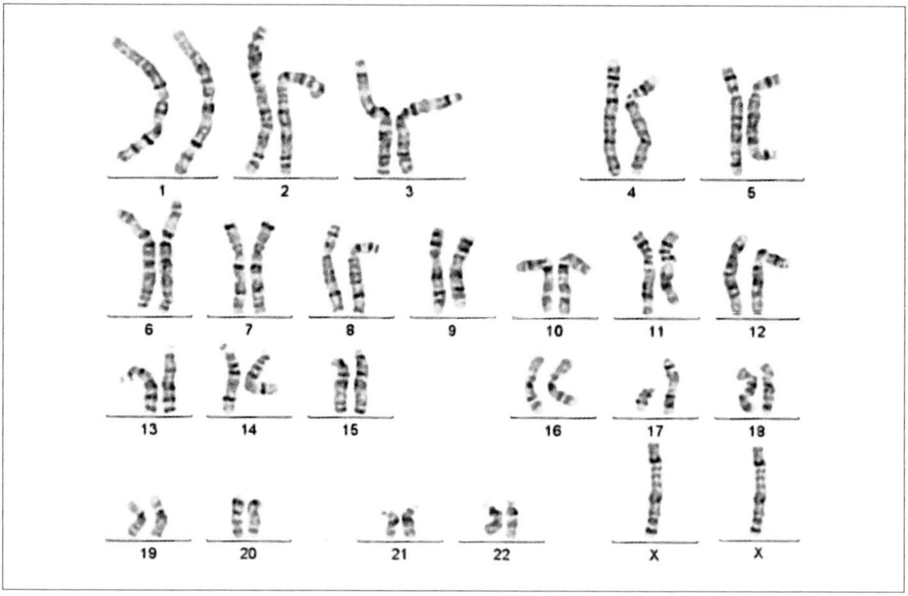

Abb. 1: Karyogramm einer Tumorzelle
Quelle: Braun et al. (2012). Biologie Heute SII. Braunschweig: Bildungshaus Schulbuchverlage, S. 189 (verändert).

Material 2: PCR

Die folgende Abb. zeigt das Temperatur-Zeit-Diagramm eines typischen PCR-Zyklus mit den in M 4, Abb. 4 gezeigten DNA-Fragmentlängen.

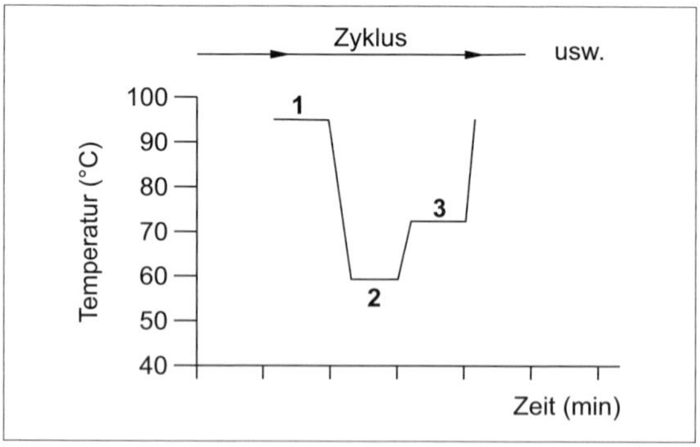

Abb. 2: Temperatur-Zeit-Diagramm eines typischen PCR-Zyklus

Material 3: Gentest durch STR-Analyse

Nach den Herz-Kreislauferkrankungen ist Krebs die zweithäufigste Todesursache in den Industrienationen. Krebs entsteht in einem Mehrschrittprozess, das heißt mehrere Mutationen in verschiedenen Genen müssen in einer Zelle stattfinden, damit die Krankheit entsteht. In der Mehrheit der Fälle entstehen diese Mutationen spontan. Allerdings gibt es auch eine genetische Veranlagung für Krebs, bei der bereits eine oder mehrere dieser Mutationen über die Keimzellen vererbt wurden.
Mittels Gentests können Mutationen festgestellt werden. Die Ergebnisse der Tests erlauben, Aussagen über das Entwicklungsstadium und die Metastasierung der Tumore und damit eine Prognose für die Patienten zu machen.
Ein Gentest zur Diagnose einer krebsauslösenden Mutation in einem wachstumsregulierenden Gen beruht auf dem Nachweis von bestimmten short tandem repeats (STR). Es handelt sich dabei um kurze DNA-Wiederholungseinheiten, die nur aus 2 bis 7 Nukleotiden bestehen. Dabei weisen verschiedene STR-Allele unterschiedliche Anzahlen an Wiederholungseinheiten auf.
Mittels PCR kann der STR-Bereich, der die Mutation trägt, spezifisch vervielfältigt werden.
Die vor und hinter den STR liegenden Basensequenzen sind bei allen Menschen gleich (siehe Abb. 3). Daher können Primer konstruiert werden, die die STR genau einrahmen. Mittels PCR können diese DNA-Stücke dann spezifisch vervielfältigt werden, so dass genügend DNA-Material zur Verfügung steht, um die DNA-Fragmente nach gelelektrophoretischer Auftrennung sichtbar machen zu können. Aus dem Bandenmuster im Gel lässt sich auf die Ursache einer Brustkrebserkrankung schließen.

5' – cagctgtgttgacagatact**cacacacacacacacacacacacacaca**gcacagccattccccgatca – 3'
STR

Abb. 3: Beispiel für ein zu analysierendes STR mit 14 Wiederholungseinheiten bestehend aus jeweils 2 Nukleotiden

Die Auswahl der Primer spielt für die erfolgreiche Durchführung einer PCR eine entscheidende Rolle. Für den Gentest und damit die PCR-Vervielfältigung des short tandem repeats in Abb. 3 wird ein Primerpaar benötigt. Dafür stehen die im Folgenden dargestellten Primer 1 bis 4 zur Verfügung:

```
Primer 1: 5' gcacagccattccccgatca 3'
Primer 2: 5' actagccccttaccgacacg 3'
Primer 3: 5' cagctgtgttgacagatact 3'
Primer 4: 5' tgatcggggaatggctgtgc 3'
```

Material 4: Entwicklung und Auswertung eines Gentests

Zur Identifizierung derjenigen STR, die mit einer Brustkrebserkrankung assoziiert sind, wurde folgendes Experiment durchgeführt: Von einer Brustkrebspatientin wurde DNA aus Tumorzellen (T) und DNA aus genetisch unveränderten Kontrollzellen (N) einer STR-Analyse unterzogen. Untersucht wurden 5 verschiedene short tandem repeats, die im Bereich des von der Mutation betroffenen Chromosoms im Karyogramm (siehe M 1, Abb. 1) liegen.
Mittels Gelelektrophorese wurden die PCR-Produkte der Größe nach aufgetrennt und die vervielfältigten STR-Allele mittels Färbung sichtbar gemacht.

Nach der gelelektrophoretischen Auftrennung der PCR-Produkte dieser STR-Analyse ergab sich das in Abb. 4 dargestellte Bandenmuster.

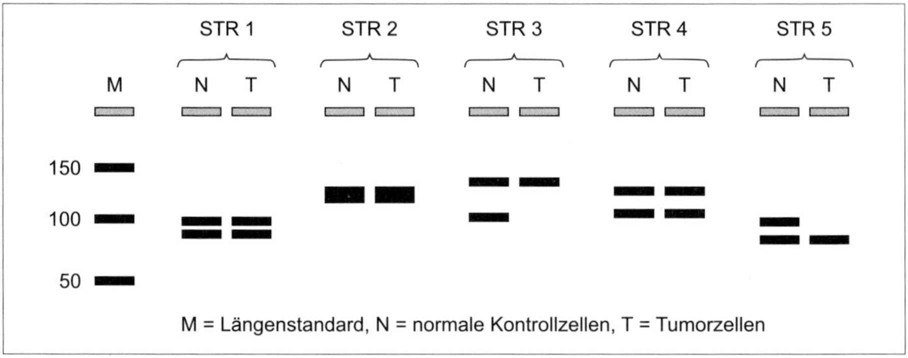

Abb. 4: STR-Analyse der DNA einer Brustkrebspatientin

Lösungen

3.1 *Beachten Sie, dass nur die Benennung von zwei Kriterien gefordert ist.*
In Abbildung 1 ist jedes homologe Chromosomenpaar einmal vorhanden. Es handelt sich also nicht um eine Genommutation (Chromosomenzahl ungleich 46).

Kriterien:
- Größe
- Lage des Zentromers
- Bandenmuster nach Färbung
- Homologie
- Auto- /Gonosomen

Man kann erkennen, dass bei **Chromosomenpaar Nr. 17** eines der beiden Chromosomen deutlich verkürzt ist, man spricht von einer **Deletion** (Verlust eines Chromosomenstücks). Die zugehörige Mutationsart bezeichnet man als Chromosomenmutation.

3.2 *In Abbildung 2 sehen Sie ein Temperatur-Zeit-Diagramm eines typischen PCR-Zyklus. Das Ziel der PCR ist die Vervielfältigung von DNA.*

1. **Denaturierung:** 95 °C – notwendig für das Lösen der Wasserstoffbrückenbindungen zwischen den komplementären Basenpaaren, Bildung von Einzelsträngen
2. **Hybridisierung:** 60 °C – Anlagerung der Primer an die DNA
3. **Polymerisieren:** 72 °C – Synthese der komplementären Stränge bei Optimaltemperatur der Taq-Polymerase

3.3 *Zur Lösung dieser Aufgabe muss man sich klarmachen, dass jede PCR zwei Primer, also ein Primerpaar, benötigt. Von den vier in der Aufgabe gezeigten Primern müssen daher zwei ausgewählt werden. Das in der Abbildung 3 schwarz markierte DNA-Stück stellt das zu vervielfältigende short tandem repeat (STR) dar. Rechts und links davon müssen die beiden Primer ansetzen. Dabei ist von Bedeutung, dass die DNA ein Doppelstrang ist, in der Abbildung 3 aber nur ein Einzelstrang gezeigt ist. Die beiden Primer binden aber an den komplementären Strängen, nicht nur an einem Strang. Wichtig ist auch, dass die DNA-Polymerase immer nur von 5' nach 3' arbeiten kann.*
Ergänzen Sie in einem ersten Schritt den angegebenen Einzelstrang zu einem DNA-Doppelstrang.

5' – CAG CTG TGT TGA CAG ATA CT //STR// GCA CAG CCA TTC CCC GAT CA – 3'
3' – GTC GAC ACA ACT GTC TAT GA //STR// CGT GTC GGT AAG GGG CTA CT – 5'

Betrachten Sie nun die vier in der Aufgabe gegebenen Primer. Sie beginnen alle mit dem 5'-Ende. Der erste Primer ist einfach zu finden: Er muss an den unteren DNA-Einzelstrang passen und mit CAG (komplementär zu GTC) beginnen. Nur der Primer 3 beginnt mit diesem Triplett. Wenn Sie nun die restlichen Basen ergänzen, sehen Sie, dass der Primer 3 genau passt.
Etwas schwieriger ist es, den zweiten Primer zu finden. Er muss an den ersten der beiden obigen Stränge passen. Da die Primer vom 5'-Strich-Ende her angegeben sind, müssen Sie die Primer-Sequenzen um 180 Grad drehen, damit sie antiparallel zum obigen ersten Strang sind. Die ersten drei Basen müssen vom 5'-Ende her mit 5' – TGA – 3' (komplementär zu 3' – ACT – 5') beginnen. Sie finden nur einen der vier Primer, bei dem das der Fall ist, den Primer 4. Ergänzen Sie auch die restlichen Basen, sehen Sie, dass der Primer 4 genau passt.

```
5' CAG CTG TGT TGA CAG ATA CT CACACACACACACACACACACACACACA GCA CAG CCA TTC CCC GAT CA 3'
                                                        3' CGT GTC GGT AAG GGC GTA GT 5'
                  Primer 3                                                  Primer 4
5' CAG CTG TGT TGA CAG ATA CT 3'
3' GTC GAC ACA ACT GTC TAT GA GTGTGTGTGTGTGTGTGTGTGTGTGTGT CGT GTC GGT AAG GGG CTA GT 5'
```

3.4 *Zur Lösung dieser Aufgabe empfiehlt es sich die Informationen aus Material 3 einzubeziehen.*

Bei **STR 1** ist ein heterozygotes Vorliegen des STR-Abschnittes auf beiden Chromosomen gegeben. Das heißt, sowohl in normalen Kontrollzellen (N) als auch in Tumorzellen (T) gibt es zwei Varianten (Allele) dieses STR-Abschnitts mit unterschiedlicher Anzahl von Wiederholungseinheiten. Der Abschnitt mit weniger Wiederholungseinheiten ist kürzer, hat weniger Widerstand im Gel und läuft daher weiter (untere Bande in Abbildung 4). Der Abschnitt mit mehr Wiederholungseinheiten ist länger, hat mehr Widerstand im Gel und läuft daher nicht so weit (obere Bande in Abbildung 4).

Bei **STR 2** ist bei normalen Kontrollzellen (N) und Tumorzellen (T) nur jeweils eine Bande zu sehen. Also muss die DNA, die sich in dieser Bande angesammelt hat, gleich lang sein. Der STR-Abschnitt 2 hat damit auf beiden Chromosomen dieselbe Länge. Es liegt somit in den Zellen bezüglich dieses Abschnitts eine Homozygotie vor.

3.5 *Laut Aufgabenstellung sollen Sie Material 1 und 4 bei Ihrer Antwort berücksichtigen.*

Wie im Karyogramm des Materials 1 zu sehen ist, liegt bei **Chromosom 17** eine Deletion vor, es fehlt also ein längerer Chromosomenabschnitt. Bei den **STR-Abschnitten 3 und 5** fällt auf, dass jeweils ein STR-Abschnitt bei den Tumorzellen (T) nicht vervielfältigt wurde und komplett fehlt. Es ist jedoch eine Bande an den entsprechenden Positionen der normalen Kontrollzellen (N) sichtbar. Das Fehlen dieser STR-Abschnitte 3 und 5 bei den Tumorzellen kann mit dem Verlust eines Teils des Chromosoms 17 in diesen Zellen erklärt werden. Die beiden jeweils noch verbleibenden Banden aus DNA der Tumorzellen bei den STR-Abschnitten 3 und 5 lassen sich durch das Vorhandensein der jeweiligen Abschnitte auf dem zweiten, homologen Chromosom 17 erklären.

3.6 *Für die Bewertung können Sie individuelle Argumente anführen. Neben den hier genannten sind natürlich auch weitere Überlegungen möglich.*

Die **Grundfrage**, die sich vor der Durchführung eines solchen Tests stellt, ist, ob man überhaupt wissen möchte, wie hoch das individuelle Risiko, die Krankheit zu bekommen, ist („Recht auf Nichtwissen"). Die junge Frau könnte sich aus diesem Grund dafür entscheiden, es nicht wissen zu wollen.

Bei **Durchführung des Tests** mit negativem Ergebnis fällt eine große Last von der Patientin ab, die Lebensqualität wird gesteigert.
Bei positivem Ergebnis kann die daraus resultierende seelische Belastung enorm sein.
Gründe, die **gegen dieses Wissen** sprechen, könnten sein:

- Eventuell ist kein unbeschwertes Leben mehr möglich. Die Sorgen können den Alltag sehr belasten (bis hin zu daraus resultierenden Ängsten und Depressionen).
- Unklarheit, ob selbst bei einer Diagnose die Krankheit wirklich ausbricht. Daher könnten die Sorgen unbegründet sein.

Gründe, die **für dieses Wissen** sprechen, könnten sein:
- Es können vorbeugende Maßnahmen ergriffen werden (z. B. veränderte Lebensführung, prophylaktische Medikamenteneinnahme, Brustamputation).
- Evtl. lebt die Person ihr Leben bewusster, da sie weiß, dass ihre Lebenserwartung möglicherweise geringer ist.
- Evtl. hat dieses Wissen einen Einfluss auf die Familienplanung der betroffenen Frau.
- Bei Vorliegen der Mutation kann durch regelmäßige Vorsorgeuntersuchungen im Fall des Auftretens der Krankheit schnell gehandelt werden.

Biologie (Baden-Württemberg): Musterprüfungsaufgabe ab Abitur 2024
Aufgabe 4: Konkurrenzverhalten der Pantoffeltierchen – Möglichkeiten des Zusammenlebens von Organismen

Pantoffeltierchen *(Paramecium)* eignen sich auf vielfache Weise sehr gut für wissenschaftliche Experimente, z. B. zum Populationswachstum.

		BE
4.1	Geben Sie eine Definition für den Begriff Population an. Nennen Sie jeweils zwei biotische und abiotische Faktoren, die das Populationswachstum der Pantoffeltierchen beeinflussen können. Interpretieren Sie die dargestellten Kurvenverläufe in Abb. 1 und Abb. 2 (M 1).	6
4.2	Beschreiben Sie die Versuchsergebnisse in Abb. 3 (M 1). Begründen Sie die Verdrängung der einen Population unter Verwendung der Fachsprache.	7
4.3	Erstellen Sie eine Hypothese, welche Versuchsbedingungen man ändern müsste, um das Zusammenleben beider Arten zu ermöglichen. Skizzieren Sie mögliche Wachstumskurven für die beiden Populationen beim Zusammenleben wie in M 1 beschrieben *(P. caudatum* und *P. bursaria)* und begründen Sie Ihre Darstellung.	7
4.4	Pantoffeltierchen haben im natürlichen System auch Räuber wie in M 2 dargestellt und sind damit Teil eines Nahrungsnetzes. Beschreiben Sie eine Nahrungskette des dargestellten Nahrungsnetzes unter Verwendung der Fachsprache. Erklären Sie anhand eines Beispiels die Auswirkungen des Wegfalls einer Organismengruppe dieser Nahrungskette.	4
4.5	Erläutern Sie anhand von M 3 und M 4 zwei weitere Möglichkeiten des Zusammenlebens.	6
		30

Material 1: Populationswachstum von *P. aurelia, P. caudatum und P. bursaria*

Pantoffeltierchen *(Paramecium)* leben in der Natur vorwiegend im Süßwasser. Die meisten Vertreter trifft man in Gewässern wie z. B. Tümpeln, Teichen, Seen, Flüssen, aber auch in Wasserpfützen, an. Somit sind sie ein wichtiger Bestandteil des Ökosystems Süßwasser. Sie ernähren sich vorwiegend von Bakterien. Pantoffeltierchen vermehren sich normalerweise ungeschlechtlich durch Querteilung in zwei Tochterzellen. Sie reagieren sehr stark auf Reize der Umgebung. Zu den Feinden der Pantoffeltierchen gehören Amöben und Einzeller der Gattung *Didinium* oder Rädertierchen (siehe M 3).

Der russische Ökologe Georgii F. Gause (1910–1986) untersuchte im Jahr 1934 mithilfe von Laborexperimenten an den beiden nah miteinander verwandten Pantoffeltierchenarten *Paramecium aurelia* und *Paramecium caudatum* ihr Populationswachstum getrennt voneinander (Abb. 1 und 2) und gemeinsam (Abb. 3). Er züchtete die beiden einzelligen Arten unter konstanten Bedingungen und setzte den Kulturen jeden Tag die gleiche Nährstoffmenge zu.

Brachte Gause die beiden Kulturen zusammen in ein Gefäß, ergaben sich die in der Abb. 3 dargestellten Wachstumskurven. Beide Arten fressen sich nicht gegenseitig und schädigen sich auch sonst nicht direkt. Gause stellte aber auch fest, dass zwei Arten, *Paramecium aurelia* und *Paramecium bursaria,* koexistieren können. Keine Art löscht die andere vollständig aus.

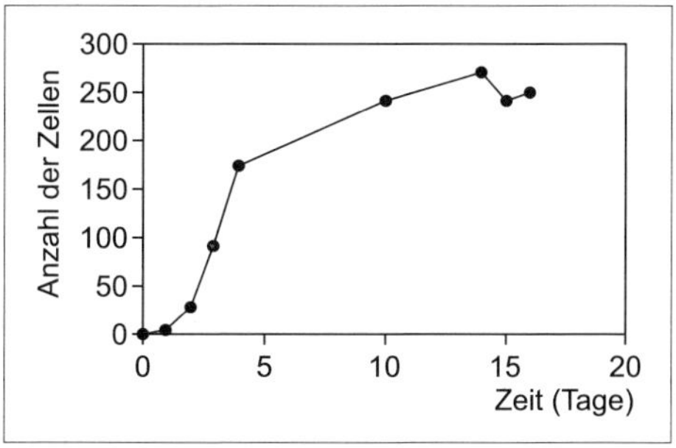

Abb. 1: *P. aurelia* in Reinkultur

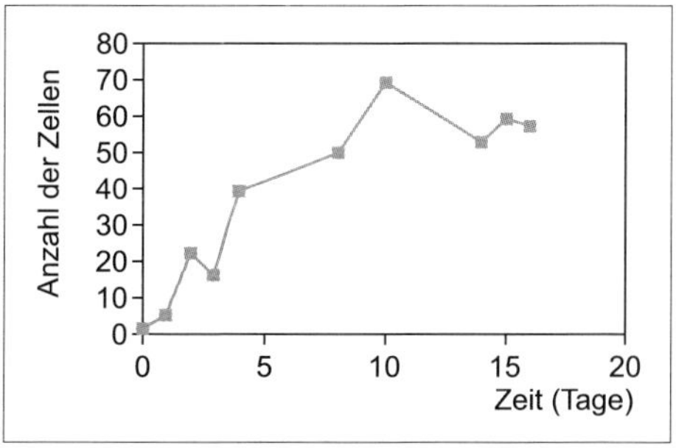

Abb. 2: *P. caudatum* in Reinkultur

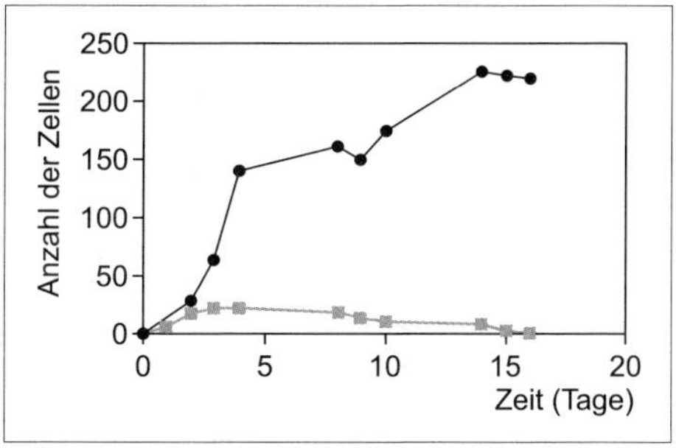

Abb. 3: *P. aurelia* (Kreise) und *P. caudatum* (Quadrate) in Gemeinschaft

Quelle: Abb. 1–3 verändert nach CNX OpenStax/ Wikipedia, CC BY 4.0

Material 2: Nahrungsnetz mit *Paramecium* (Wimpertierchen)

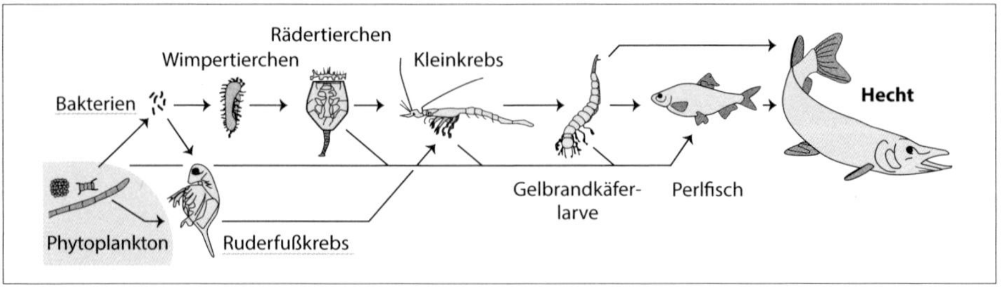

Material 3: Die Darmbakterien des Menschen

Die Darmbakterien unterstützen die Verdauung. Sie produzieren aus unverdaulichen Ballaststoffen, die mit der Nahrung aufgenommen werden, für uns verwertbare Nährstoffe, z. B. kurzkettige Fettsäuren. Diese decken einen Großteil des Energiebedarfs der Dickdarmschleimhaut. Außerdem fördern die kurzkettigen Fettsäuren die Darmmuskulatur und spielen eine wichtige Rolle für die Beweglichkeit des Darms (Darmmotilität).

Material 4: Der Kuckuck

Fast alle Kuckucke folgen demselben Muster: Um die Ersatzeltern zu täuschen, entfernen sie zunächst ein Ei aus dem Nest und platzieren dann ihr eigenes dort. So bleibt die Gesamtzahl an Eiern gleich. Farbe und Form der Eier können die Kuckucke denen der Gasteltern anpassen.
So vermeiden sie es, Verdacht zu erregen. Ist das Kuckucksküken geschlüpft, stößt es die übrigen Eier oder Küken aus dem Nest, um sich die alleinige Pflege zu sichern und so seine Überlebenschancen zu vergrößern.

Abb. 5: Der Kuckuck

Quelle: © Professor Herbert Schliefsteiner

Lösungen

4.1 *Bei der Definition sind auch andere Formulierungen möglich. Biotische Faktoren sind ganz allgemein Faktoren der belebten Umwelt wie z. B. Nahrungsangebot, Fressfeinde, Konkurrenten. Abiotische Faktoren sind Faktoren der unbelebten Umwelt wie z. B. Verfügbarkeit von Wasser, Temperatur, Luftfeuchtigkeit, Sonnenstrahlung und Wind. Beziehen Sie sich zur Lösung dieser Teilaufgabe auf Faktoren, die das Populationswachstum der Pantoffeltierchen beeinflussen können. Die beiden Kurven stellen Wachstumskurven dar, sodass Sie auf Ihr Wissen dazu zurückgreifen können.*

Definition:
Als Population bezeichnet man die Summe aller Individuen einer Art, die in einem Areal leben, dort miteinander in Wechselwirkung treten und eine Fortpflanzungsgemeinschaft bilden.

Biotische Faktoren:
- Menge an verfügbarer Nahrung (Bakterien)
- Fressfeinde (Amöbe, Rädertierchen)
- Konkurrenz durch andere Pantoffeltierchenarten

Abiotische Faktoren:
- Verfügbarkeit von Wasser
- Wassertemperatur
- toxische Stoffwechselprodukte

Interpretation der Kurvenverläufe:
Die Kurvenverläufe der Abbildungen 1 und 2 aus dem Material 1 zeigen zunächst ein sehr starkes Wachstum (exponentielle Phase). Der weitere Anstieg der Kurven verläuft dann flacher bis zu einem Maximum, ab dem die Kurven abfallen. Das ist ein typischer Wachstumskurvenverlauf. Solange genug Lebensraum und Nahrung vorhanden sind, vermehren sich die Individuen einer Population sehr schnell. Das geht so lange, bis durch Nahrungs- und Raummangel sowie Verunreinigung durch Stoffwechselprodukte die Qualität der Lebensbedingungen spürbar nachlässt und daher eine Verlangsamung der Vermehrung eintritt. Die Kurven bleiben dann konstant oder sinken sogar ab, weil die Anzahl sterbender Individuen die Zahl der Individuen, die durch Vermehrung neu hinzukommen, übersteigt.

4.2 *Beginnen Sie mit der Beschreibung von Abbildung 3. Für die Begründung ist in der Aufgabenstellung bereits vorgegeben, dass es sich um die Verdrängung einer Population handelt. Achten Sie bei Ihrer Ausführung darauf, Fachbegriffe zu verwenden.*

Die Abbildung 3 (Material 1) zeigt, dass *P. aurelia* und *P. caudatum* nicht zeitgleich in einem gemeinsamen Lebensraum existieren können. Während *P. aurelia* das typische Wachstumsverhalten von Populationen unter optimalen Bedingungen zeigt, bleibt die Wachstumskurve von *P. caudatum* sehr flach und fällt dann ab Tag 15 auf 0 ab. Aus dem Text von Material 1 ist zu entnehmen, dass „beide Arten sich nicht gegenseitig fressen und sich auch sonst nicht direkt schädigen“. Der Grund für das Ausbleiben des Wachstums von *P. caudatum* kann also beispielsweise darin liegen, dass *P. aurelia* *P. caudatum* das gesamte zur Verfügung stehende Nahrungsangebot schneller wegfrisst. Die beiden Arten machen sich interspezifische Konkurrenz, wobei *P. aurelia* *P. caudatum* überlegen ist.

4.3 *Die unten aufgeführte Hypothese beruht auf folgender Überlegung: P. aurelia ist P. caudatum bei der interspezifischen Konkurrenz um Nahrung überlegen. P. aurelia entzieht P. caudatum die Nahrungsgrundlage. Eine alternative Hypothese wäre: Wenn sich das Nahrungsspektrum beider Arten unterschiede (was aus M 1 allerdings nicht zu entnehmen ist), könnten beide Arten überleben. Die Versuchsbedingungen müssten dann so geändert werden, dass gezielt verschiedene Nahrung gefüttert wird, die jeweils nur von P. caudatum oder P. aurelia konsumiert werden kann, nicht aber von beiden gemeinsam. Damit würde P. caudatum eine andere ökologische Nische besetzen und die interspezifische Konkurrenz wäre vermieden.*

Hypothese:
Um *P. caudatum* ebenfalls das Überleben zu ermöglichen, müsste man im Kulturgefäß entsprechend viel Nahrung zur Verfügung stellen. Wenn man das Nahrungsangebot durch Zufüttern so erweitert, dass die Nahrung für beide Arten zur Vermehrung ausreicht, wäre eine Koexistenz möglich.

Darstellungsweise:

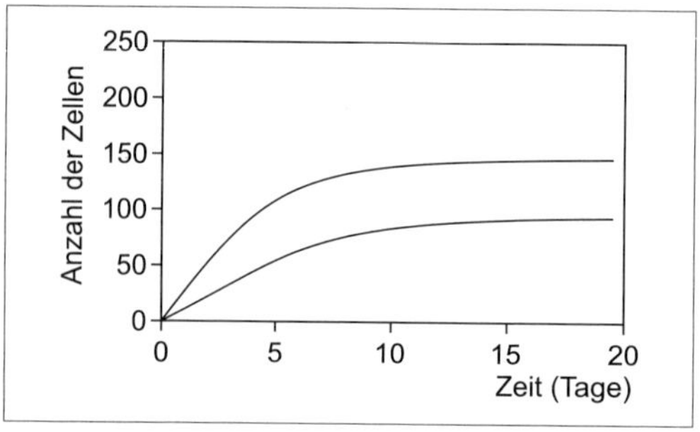

Begründung:
Ohne interspezifische Konkurrenz steigen die Wachstumskurven beider Arten zunächst an (Wachstumsphase), worauf dann ein Stopp des Wachstums eintritt und die Kurven parallel zur x-Achse verlaufen oder sogar absinken. Die beiden Arten koexistieren.

4.4 *Durch das vorgegebene Nahrungsnetz sind verschiedene Nahrungsketten möglich. Die Länge kann dabei durchaus variieren, da sie nicht vorgegeben ist. Allerdings sollten Sie darauf achten, wichtige Fachbegriffe (wie Produzent, Konsument) zu verwenden.*
Im zweiten Aufgabenteil können Sie frei wählen, welche Organismengruppe wegfallen könnte. Neben den unten aufgeführten Auswirkungen sind weitere denkbar. Allgemein kann gesagt werden, dass Eingriffe in Nahrungsnetze und mögliche Vorhersagen deren Wirkungen betreffend mit großer Unsicherheit behaftet sind, da Nahrungsnetze sehr komplex sind und man kaum genau vorhersagen kann, wie sich der Wegfall einer Organismengruppe in einem Nahrungsnetz exakt auswirkt. Da in der Aufgabenstellung nicht enthalten ist, wie viele Auswirkungen zu nennen sind, kann es hier hilfreich sein, sich an den Berechnungseinheiten für diese Aufgabe zu orientieren.

Nahrungskette:
Phytoplankton (Produzenten) wird gefressen von (⇒) Ruderfußkrebsen (Konsumenten erster Ordnung) ⇒ Kleinkrebsen (Konsumenten zweiter Ordnung) ⇒ Gelbrandkäferlarven (Konsumenten dritter Ordnung) ⇒ Perlfischen (Konsumenten vierter Ordnung) ⇒ Hechten (Konsumenten fünfter Ordnung)

Auswirkungen:
Würde der Perlfisch in dieser Nahrungskette ausfallen, könnte das einerseits zur Folge haben, dass der Bestand an Gelbrandkäferlarven stark zunimmt, da die Fressfeinde (Perlfische) fehlen. Andererseits könnte der Wegfall der Perlfische eine Abnahme der Hechte zur Folge haben, da deren Nahrungsgrundlage (Perlfisch) fehlt. Allerdings wäre es auch möglich, dass der Hecht dann auf eine andere Beute zurückgreift und die Gelbrandkäferlarven von einem anderen Räuber als dem Perlfisch gefressen werden.

4.5 *Welche Formen des Zusammenlebens kennen Sie aus dem Unterricht? Wenden Sie Ihr Wissen auf die zwei Beispiele an.*

M 3: Die Lebensgemeinschaft im Darm beruht auf einem Geben und Nehmen. Die Bakterien erhalten durch die vom Menschen aufgenommenen, für ihn unverdaulichen Ballaststoffe Nahrung und der Darm bietet ihnen einen Lebensraum. Durch die Stoffwechselprozesse der Bakterien entstehen für den Menschen verwertbare Nährstoffe, z. B. kurzkettige Fettsäuren, die Energie liefern und eine wichtige Rolle für die Beweglichkeit des Darms spielen. Diese Lebensgemeinschaft besteht zum gegenseitigen Nutzen, beide Seiten haben Vorteile. Diese Form des Zusammenlebens bezeichnet man als **Symbiose**.

M 4: Durch das Legen seiner eigenen Eier in fremde Nester nutzt der Kuckuck die Wirtseltern aus, indem diese sich nur um das Kuckucksküken kümmern, das zuvor als zuerst schlüpfender Jungvogel alle anderen Eier bzw. Küken aus dem Nest geworfen hat. Diese Form des „Zusammenlebens" ist zu einseitigem Nutzen, nämlich nur zu dem des Kuckucks. Die Wirtseltern haben davon keine Vorteile, sondern nur Schaden. Diese Lebensform wird als **Parasitismus** bezeichnet.

Profil-/Neigungsfach Biologie (Baden-Württemberg): Abituraufgaben 2015
Aufgabe I: Genetik, Evolution

BE

1.1 Achromatopsie ist eine Netzhauterkrankung. Diese Augenerkrankung führt bei den Betroffenen zu einer Unfähigkeit Farben zu erkennen. Sie können ihre Umwelt lediglich in schwarz-weißen Schattierungen wahrnehmen, sehen extrem unscharf und sind überempfindlich gegenüber hellem Licht.
Ursache ist in 25 % der Fälle eine Mutation im CNGA3 Gen. Dieses Gen codiert für ein Protein, das als Ionenkanal einen wesentlichen Teil des Zapfen-Fotorezeptors in der Netzhaut des Auges bildet.
Im Folgenden ist der Stammbaum einer Familie dargestellt, bei der Achromatopsie durch eine Mutation im CNGA3 Gen verursacht wird:

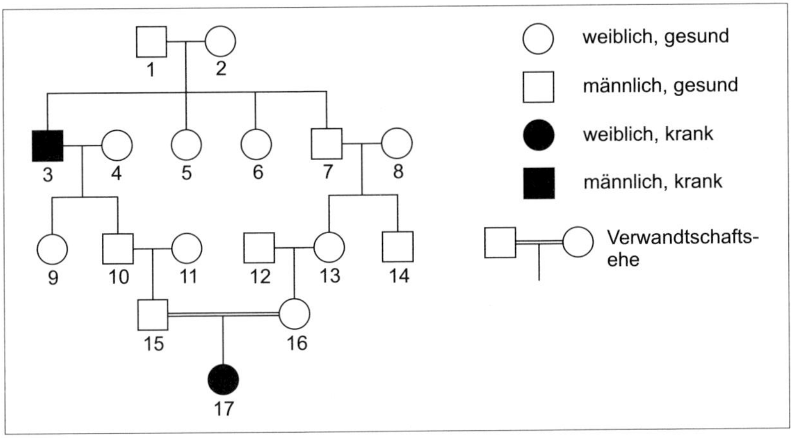

Abb. 1: Stammbaum einer Familie mit Achromatopsie

1.1.1 Ermitteln Sie, wie diese Form der Achromatopsie vererbt wird. Begründen Sie Ihre Entscheidung jeweils mit einer konkreten Familiensituation. 3

1.1.2 Ermitteln Sie die Genotypen der Personen 1, 2, 3, 4, 10, 15, 16 und 17. 2

1.1.3 Mit welcher Wahrscheinlichkeit wird ein weiteres Kind der Eltern 15 und 16 krank? Begründen Sie mit einem Erbschema. 2

1.2 Im Folgenden ist ein Abschnitt des codogenen Stranges der DNA des CNGA3 Gens dargestellt, bei der es an der mit # gekennzeichneten Base zu einer Mutation kommt. Dabei wird die Base Cytosin zu Guanin verändert.

#
3' ... C C A A A A G A G **C** T C G T T C C G A A T ... 5'

1.2.1 Übersetzen Sie mithilfe der Code-Sonne den nicht mutierten codogenen DNA-Abschnitt (Matrizenstrang) in die zugehörige Aminosäuresequenz des CNGA3 Proteins. 2

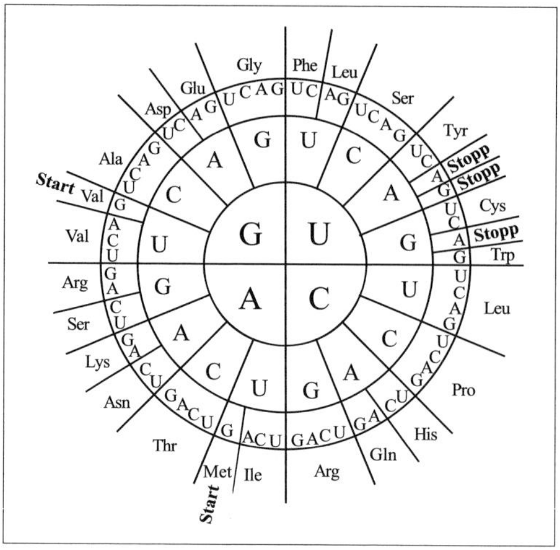

1.2.2 Geben Sie an, um was für eine Mutation es sich in dem angegebenen Fall handelt, welche Veränderung sich in der Aminosäuresequenz ergibt und nennen Sie eine mögliche Auswirkung auf das Protein. 2

1.3 Durch die beschriebene Mutation im CNGA3 Gen wird die Erkennungssequenz CTCGAG des Restriktionsenzyms XhoI zerstört. Dadurch fällt diese Schnittstelle weg. Dies ermöglicht einen Gentest, bei dem mittels PCR der in Aufgabe 1.2 angegebene Genabschnitt vervielfältigt wird. Zu der so gewonnenen DNA wird dann das Restriktionsenzym XhoI gegeben. Anschließend wird eine Gelelektrophorese durchgeführt.
Mit DNA der Personen A, B und C wurde dieser Gentest durchgeführt, um festzustellen, ob sie Träger des mutierten CNGA3 Allels sind.
Die folgende Abbildung 2 zeigt das Ergebnis der Gelelektrophorese.
Leiten Sie anhand der Abbildung 2 die Genotypen bezüglich des CNGA3 Gens der Personen A, B und C ab. 3

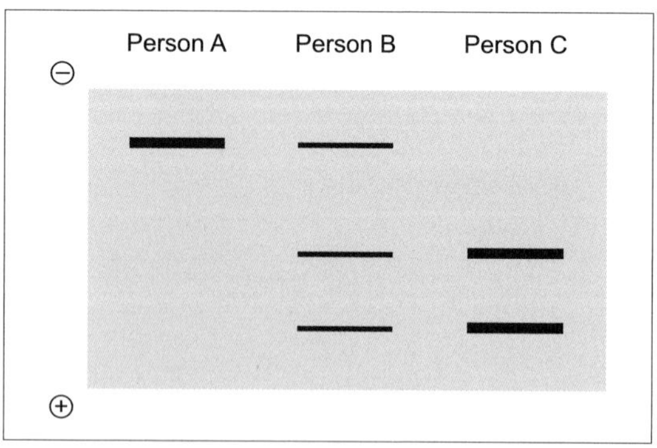

Abb. 2

1.4 Menschen und Affen sehen die Welt farbiger als andere Säugetiere. Der Farbensinn beruht auf lichtempfindlichen Pigmenttypen in der Netzhaut des Auges. Die Gene für diese Pigmente erzählen von der Evolution der Farbwahrnehmung.
Das Gen für das blauempfindliche Pigment liegt auf dem Chromosom Nr. 7 der Affen.
Die X-Chromosomen der Alt- und Neuweltaffen unterscheiden sich:
Die Altweltaffen (Abbildung 3) haben auf jedem X-Chromosom ein Gen für das rotempfindliche Pigment und ein Gen für das grünempfindliche Pigment, die Neuweltaffen (Abbildung 4) haben auf jedem X-Chromosom jeweils nur ein Gen für ein Pigment: entweder rot oder grün oder gelb (siehe Abbildung 5).

Abb. 3: Schimpanse (Altweltaffe)
Foto: © Eric Isselée - Fotolia.com

Abb. 4: Totenkopfäffchen (Neuweltaffe)
Foto: Moosh; http://commons.wikimedia.org/wiki/File:Totenkopf%C3%A4ffchen_%28Saimiri_sciureus_sapajou%29.jpg; cc-by-sa 3.0 unported

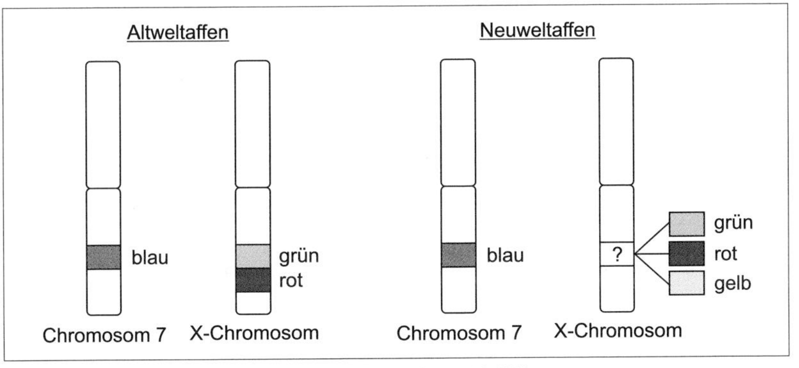

Abb. 5; Quelle: verändert nach: Spektrum der Wissenschaft, Mai 2010

1.4.1 Das Farbensehen hat sich im Laufe der Evolution aus farbuntüchtigen Vorfahren entwickelt. Wie hätte Charles Darwin, wie hätte Lamarck die Entwicklung des Farbensehens jeweils erklärt? 4

1.4.2 Erläutern Sie einen weiteren Aspekt, den die synthetische Evolutionstheorie zur Erklärung des Farbensehens liefert. 2

1.4.3 Aus einer Ursprungspopulation entwickelten sich die Neuweltaffen in Amerika und die Altweltaffen in Afrika und Asien.
Die Männchen haben wie beim Menschen jeweils ein X- und ein Y-Chromosom, die Weibchen zwei X-Chromosomen. Erklären Sie, welche Farben die Männchen und Weibchen der Altweltaffen und Neuweltaffen jeweils erkennen können. 4

1.4.4 In der Ursprungspopulation gab es nur X-Chromosomen mit jeweils einem Gen für ein Farbpigment. Benennen Sie den Vorgang, bei dem X-Chromosomen entstehen, die beide Gene enthalten. Beschreiben Sie diesen Vorgang anhand beschrifteter Skizzen. 3

1.4.5 Beschreiben Sie das DNA-Hybridisierungsverfahren und zeigen Sie, wie man mithilfe dieses Verfahrens feststellen kann, ob der Mensch näher mit den Altweltaffen oder den Neuweltaffen verwandt ist. 3

30

Lösungen

1.1.1 Ein dominanter Erbgang ist nicht möglich, da die phänotypisch gesunden Eltern 1 und 2 ein krankes Kind 3 haben. Ein X-chromosomal-rezessiver Erbgang ist ebenfalls nicht möglich, da der Vater 15 in diesem Fall krank sein müsste.
Hier handelt es sich also um einen **autosomal-rezessiven Erbgang**.

1.1.2 **A:** normales (gesundes) Allel
a: krankmachendes (mutiertes) Allel

Die Personen 1, 2, 10, 15 und 16 weisen den Genotyp **Aa** auf.
Person 4 weist den Genotyp **Aa** oder **AA** auf.
Die Personen 3 und 17 weisen den Genotyp **aa** auf.

1.1.3

Person 15 \ Person 16	A	a
A	AA	Aa
a	Aa	aa

Ein weiteres Kind würde mit einer Wahrscheinlichkeit von **25 %** krank (aa) sein.

1.2.1 Abschnitt des codogenen Stranges der DNA des CNGA3 Gens, die entsprechende mRNA und die zugehörige Aminosäuresequenz:

DNA:	3' ... CCA AAA GAG CTC GTT CCG AAT ... 5'
mRNA:	5' ... GGU UUU CUC GAG CAA GGC UUA ... 3'
Aminosäuresequenz:	Gly Phe Leu Glu Gln Gly Leu

Der codogene Strang (ablesbar) kann direkt in die mRNA übersetzt werden.

1.2.2 Es handelt sich hier um eine **Punktmutation** (Genmutation), da eine einzelne Base verändert ist (Triplett CTC wird zu GTC). Diese Punktmutation führt zu einer Veränderung der Aminosäuresequenz: statt Glutaminsäure (Glu) liegt Glutamin (Gln) vor. Die Auswirkung auf das Protein könnte eine veränderte Tertiärstruktur sein, die eine geänderte Funktion bzw. den Funktionsverlust zur Folge haben könnte.

Eine solche Mutation nennt man auch Fehlsinn-Mutation (Missense-Mutation).

1.3 *Die Auftrennung der DNA-Fragmente erfolgt durch eine Gelelektrophorese, wobei die Fragmente aufgrund der negativen Ladung der DNA und der unterschiedlichen Größe unterschiedlich schnell zum positiven Pol wandern.*

Person A hat den Genotyp aa. Auf der Abbildung ist nur eine Bande zu sehen, d. h. die DNA wurde nicht geschnitten, folglich liegen hier beide mutierte Allele ungeschnitten vor.

Person B hat den Genotyp Aa. Auf der Abbildung sind drei Banden zu sehen. Die obere Bande stellt das ungeschnittene mutierte Allel dar, die beiden unteren Banden das nicht mutierte geschnittene Allel, wobei durch das Restriktionsenzym zwei unterschiedlich lange DNA-Stücke entstanden sind.

Person C hat den Genotyp AA. Die zwei Banden auf der Abbildung zeigen, dass die beiden nicht mutierten Allele in jeweils zwei unterschiedlich lange DNA-Fragmente geschnitten wurden.

1.4.1 Nach **LAMARCK** findet eine gerichtete Anpassung statt. In diesem Fall führt der häufige Gebrauch des Organs zur Farbwahrnehmung (Netzhaut) zu einer Vervollkommnung und damit Vererbung neu erworbener Eigenschaften (Farbwahrnehmung).

Nach **DARWIN** gibt es bei den Nachkommen durch Mutation individuelle, erblich bedingte Unterschiede (hier gutes Farbensehen). Die bessere Farbwahrnehmung bedeutet einen Selektionsvorteil aufgrund z. B. vorteilhafterer Nahrungssuche und besserem Erkennen von Feinden. Dadurch ist die Fortpflanzungsrate höher („survival of the fittest"), die bessere Farbwahrnehmung wird an mehr Nachkommen vererbt.

1.4.2 Die Variabilität ist auf Mutation und Rekombination zurückzuführen. In der Population entstehen zahlreiche Allele und der Genpool verändert sich.

Die synthetische Evolutionstheorie umfasst z. B. auch neuere Erkenntnisse der Genetik bzw. Molekularbiologie, der Biochemie und der Zellbiologie.

1.4.3 Die **Altweltaffen** haben das Gen für das blauempfindliche Pigment auf dem Chromosom 7 und das Gen für das rot- und grünempfindliche Pigment auf dem X-Chromosom. Somit sehen sowohl Männchen (XY) als auch Weibchen (XX) drei Farben (rot, grün, blau).

Die **Neuweltaffen** haben das Gen für das blauempfindliche Pigment auf dem Chromosom 7 und nur ein Gen für das entweder rot-, grün- oder gelbempfindliche Pigment auf dem X-Chromosom. Männchen sehen infolgedessen zwei Farben: immer blau und entweder rot oder gelb oder grün. Weibchen mit zwei X-Chromosomen sehen immer blau und entweder rot oder gelb oder grün (2 Farben, wenn sie homozygot sind) oder drei Farben, wenn sie heterozygot sind (immer blau, dazu 2 Farben aus rot, grün, gelb).

1.4.4 Der Vorgang, bei dem X-Chromosomen mit beiden Genen entstehen, heißt **Crossing-over**.
Dieses findet in der ersten Reifeteilung (Meiose I) zwischen beiden X-Chromosomen statt.

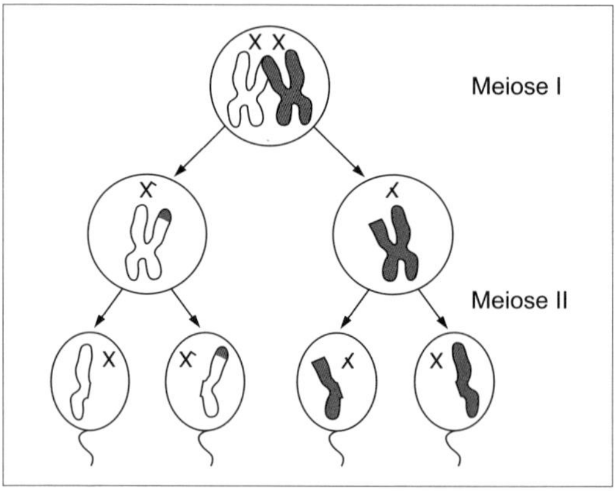

1.4.5 Zunächst wird die DNA aus Mensch, Neuweltaffe und Altweltaffe isoliert. Danach folgt eine Denaturierung in Einzelstränge (95 °C). Nun wird die einzelsträngige DNA des Menschen einmal mit einzelsträngiger DNA der Altweltaffen und einmal mit einzelsträngiger DNA der Neuweltaffen gemischt und die Temperatur gesenkt, damit eine Hybridisierung stattfinden kann. Je unterschiedlicher die DNA-Sequenzen sind, desto schwächer ist die Bindung zwischen den DNA-Einzelsträngen, da weniger Wasserstoffbrücken ausgebildet werden. Je niedriger diese Denaturierungstemperatur der gemischten DNA (Hybrid-DNA) ist, desto geringer ist der Verwandtschaftsgrad.

Gemessen wird die Temperatur, bei der die Hälfte aller Wasserstoffbrücken aufgelöst ist (Schmelzpunktbestimmung). Je höher der Schmelzpunkt ist, desto mehr Wasserstoffbrücken wurden ausgebildet und desto größer ist die Ähnlichkeit der DNA und umso höher ist der Verwandtschaftsgrad.

BE

2.1 Die Aufrechterhaltung unserer Körperfunktionen wird durch eine Vielzahl von Steuerungsvorgängen gewährleistet. Zustände der körperlichen Aktivität stehen hierbei im ständigen Wechsel mit Phasen der Regeneration. Eine Folge dieser Anforderung ist der komplexe Aufbau unseres Nervensystems.

*2.1.1 Beschreiben Sie die Organisation des vegetativen Nervensystems und erklären Sie seine Aufgaben. 2

*2.1.2 Nennen Sie vier Veränderungen, die sich bei körperlicher Aktivität unter Einfluss des vegetativen Nervensystems zeigen und erklären Sie deren Bedeutung für die Leistungssteigerung. 3

2.1.3 Das Herz hat eine zentrale Bedeutung bei der Aufrechterhaltung der Körperfunktionen. Es ist der „Motor“ des Herz-Kreislaufsystems in Ruhe wie auch bei sportlicher Aktivität. Adrenalin sowie Noradrenalin zeigen am Herzen eine erregende Wirkung. Acetylcholin (ACh) hat einen hemmenden Einfluss auf die Herzmuskelaktivität.
Beschreiben Sie die Unterschiede in der Wirkungsweise der Transmitter Adrenalin und ACh an der postsynaptischen Membran. Fertigen Sie eine Skizze der postsynaptischen Potentialänderungen bei der Erregungsübertragung an. 4

2.2 Die nervöse Versorgung der Skelettmuskulatur ermöglicht uns durch Auslösung von Muskelkontraktionen Bewegungen durchzuführen.

2.2.1 Die Abbildung 1 zeigt eine Synapse. Ordnen Sie den Ziffern die jeweiligen Fachbegriffe zu. 3

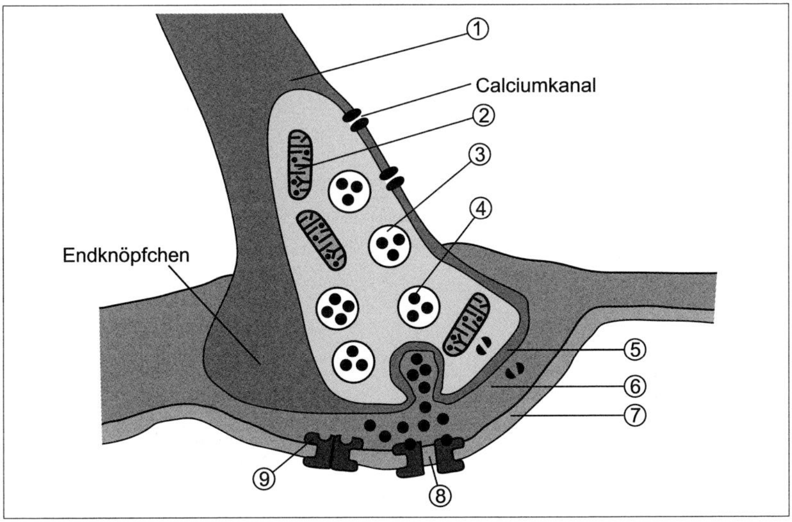

Abb. 1: Synapse; verändert nach: Abitur-Training Biologie 1, Stark Verlag Hallbergmoos, 2012, S. 165

* Aufgabe stellt Anforderungen, die ab dem Abitur 2024 nicht oder nur mehr eingeschränkt prüfungsrelevant sind.

2.2.2 Um Wadenkrämpfen vorzubeugen wird empfohlen, Magnesium einzunehmen. Magnesium hemmt an der präsynaptischen Zelle der neuromuskulären Synapse den Ca^{2+}-Einstrom. Erklären Sie auf welche Weise Magnesium Muskelkrämpfe verhindern könnte. 2

2.3 Die Aktionspotentiale (AP) der Herznerven weichen von den Ihnen bekannten APs der z. B. die Skelettmuskulatur versorgenden Nerven in Form und Verlauf ab. Auf diese Weise wird ein stabiler Herzrhythmus gewährleistet. Die Abbildung 2 zeigt den normalen Verlauf eines APs im Herznerv (durchgezogene Linie) sowie den krankhaft abweichenden Verlauf beim sog. „Short-QT-Syndrom" (gestrichelte Linie).

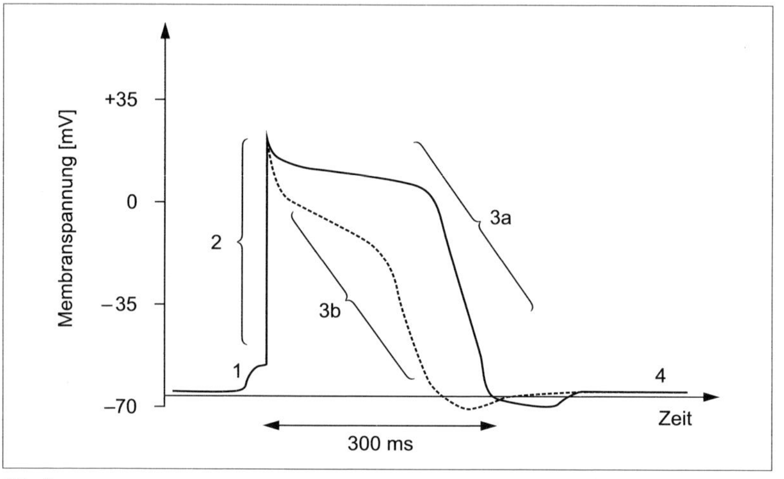

Abb. 2

2.3.1 Nennen Sie die Gemeinsamkeiten und beschreiben Sie den Unterschied zwischen den Kurvenverläufen eines Aktionspotentials in gesunden Herznerven mit dem eines typischen Aktionspotentials in motorischen Nervenzellen. 2

2.3.2 Erklären Sie die mit 1, 2 und 4 beschrifteten Phasen. 3

2.3.3. Die Besonderheiten des Aktionspotentials im Herzen hängen mit der veränderten Arbeitsweise von Ionenkanälen zusammen.

2.3.3.1 Stellen Sie eine Hypothese für den Kurvenabschnitt 3a auf. 2

2.3.3.2 Geben Sie eine mögliche Erklärung für den veränderten Kurvenverlauf (3b) beim „Short-QT-Syndrom". 2

*2.4 Der Hypothalamus ist die Gehirnregion, die entscheidet, ob auf einen Stressor eine sofortige Reaktion erfolgen soll oder ob eine langsame, aber nachhaltige Reaktion genügt. Die Abbildung 3 zeigt das Zusammenspiel der beiden Informationsweiterleitungssysteme im menschlichen Körper bei den verschiedenen Stressreaktionen.

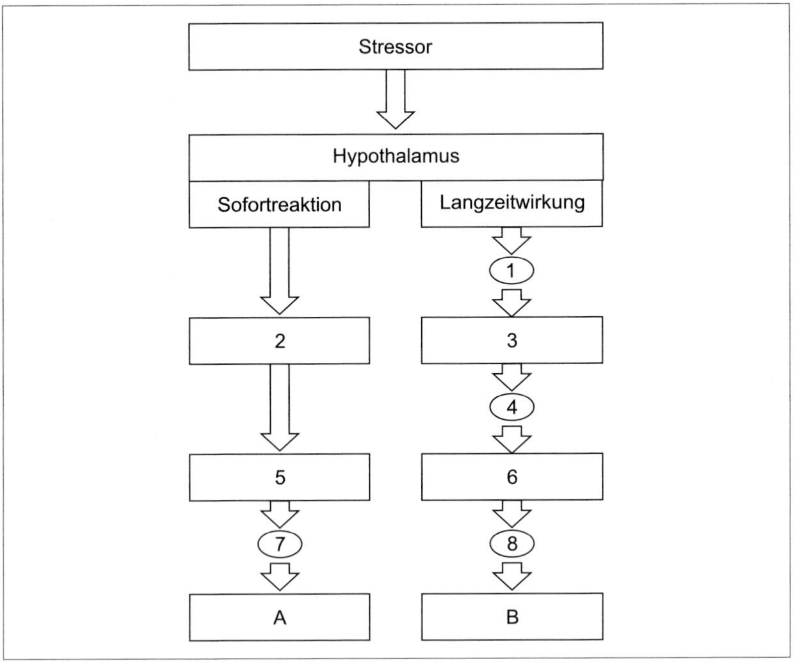

Abb. 3

∗ 2.4.1 Übernehmen Sie die Ziffern und Buchstaben aus der Abbildung 3 in Ihre Lösung. Benennen Sie aus der Abbildung 3 die beiden möglichen Stressreaktionen A und B. Ordnen Sie den Ziffern 1–8 folgende Begriffe zu: ACTH, Adrenalin, Hypophysenvorderlappen, Nebennierenmark, Releasinghormone, Sympathikus. Ergänzen Sie die fehlenden Begriffe. 4

∗ 2.4.2 Vergleichen Sie die beiden unterschiedlichen Wege der Informationsübertragung bezüglich Geschwindigkeit und Energieverbrauch. Begründen Sie Ihre Angaben. 3

30

∗ Aufgabe stellt Anforderungen, die ab dem Abitur 2024 nicht oder nur mehr eingeschränkt prüfungsrelevant sind.

2.1.1 Das **vegetative Nervensystem** besteht aus dem sympathischen und dem parasympathischen Zweig. Gesteuert wird es durch das Zentralnervensystem (Hirnstamm und Hypothalamus) und es arbeitet unwillkürlich (autonom). Das vegetative Nervensystem kontrolliert viele physiologische Körperfunktionen, so werden z. B. Atmung, Herzschlag und Verdauung gesteuert und kontrolliert.
Sympathikus und Parasympathikus arbeiten antagonistisch (Gegenspieler). Bei Stress und Leistungsbereitschaft überwiegt das sympathische System, bei Ruhe und Erholung das parasympathische System.

2.1.2 Durch die körperliche Aktivität ist das **sympathische System** aktiviert.
- Der Herzschlag ist beschleunigt und die Kontraktilität erhöht, dadurch werden mehr Sauerstoff und mehr Nährstoffe durch den Organismus befördert.
- Die Bronchien sind erweitert, was eine erhöhte Sauerstoffaufnahme ermöglicht.
- Die Verdauungsfunktion (Tonus der Darmtätigkeit) ist herabgesetzt, dies führt zur Energieeinsparung.
- Die Schweißproduktion ist erhöht, damit wird eine Überhitzung des Körpers vermieden.
- Durch die Aktivierung des Nebennierenmarks wird vermehrt Adrenalin ausgeschüttet, welches zu einem Anstieg des Blutzuckerspiegels führt.

Es sind nur vier Veränderungen und deren Bedeutung gefordert.

All diese Effekte führen zu einer erhöhten Leistungsbereitschaft für körperliche Aktivitäten.

2.1.3 **Adrenalin** depolarisiert durch die Öffnung von Na^+-Kanälen und folgendem Na^+-Ioneneinstrom die postsynaptische Membran, es wird ein erregendes postsynaptisches Potential (EPSP) ausgelöst.

Acetylcholin hyperpolarisiert durch die Öffnung von K^+-Kanälen und folgendem K^+-Ionenausstrom die postsynaptische Membran, es wird ein inhibitorisches postsynaptisches Potential (IPSP) ausgelöst.

Alternativ bei Acetylcholin: Öffnen von Cl^--Kanälen, Chloridioneneinstrom.

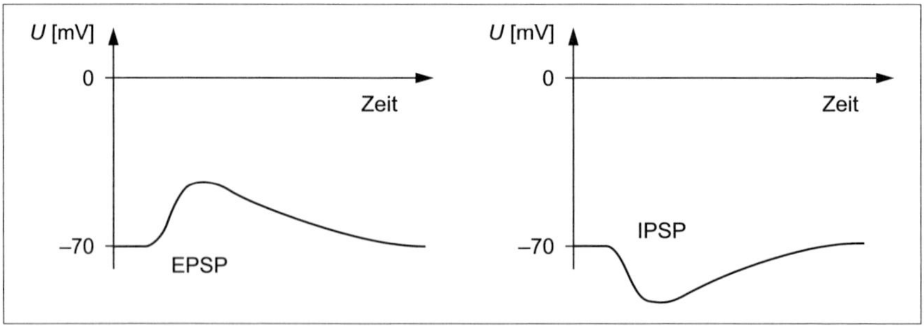

2.2.1	1: Axon	2: Mitochondrium	3: Vesikel
	4: Transmitter	5: präsynaptische Membran	6: synaptischer Spalt
	7: postsynaptische Membran	8: Ionenkanal	9: Rezeptor

2.2.2 Die Calciumionen fördern die Verschmelzung der Vesikel mit der präsynaptischen Membran und sorgen so für die Ausschüttung der Transmitter in den synaptischen Spalt. Da Magnesium den Ca^{2+}-Einstrom an der präsynaptischen Zelle der neuromuskulären Synapse hemmt, wird die Transmitterausschüttung reduziert und damit nimmt die neuronale Erregung der Skelettmuskulatur ab.
Das Risiko einen Wadenkrampf zu erleiden wird dadurch reduziert.

2.3.1 Als **Gemeinsamkeiten** zu erkennen sind: Ruhepotential, Schwellenwert und Depolarisation. **Unterschiedlich** ist die Dauer des Aktionspotentials, die aufgrund der verzögerten Repolarisation (vgl. Abb. 2, Phase 3a) deutlich länger ist.

2.3.2 **Phase 1:** Erreichen des Schwellenwertes
Dafür ist ein elektrischer Reiz ausreichender Stärke notwendig. Wenige Na^+-Kanäle werden geöffnet, es kommt zu einem Einstrom von Natriumionen, dadurch wird das Membranpotential positiver. Wird der Schwellenwert erreicht, kommt es zur Depolarisation (Phase 2).

Phase 2: Depolarisationsphase
Schlagartige Öffnung der Na^+-Kanäle, viele Natriumionen strömen aufgrund des Konzentrationsgefälles in den Zellinnenraum. Dadurch wird der Zellinnenraum gegenüber dem Zellaußenraum elektrisch positiver (etwa +20 mV).

Phase 4: Erreichen des Ruhepotentials
Die Na^+/K^+-Pumpe stellt die ursprüngliche Ionenverteilung wieder her (Natriumionen-Konzentration im Außenraum höher als im Innenraum der Zelle, Kaliumionenkonzentration im Innenraum höher als im Außenraum).

2.3.3.1 Die **Phase 3a** entspricht der Repolarisationsphase und ist durch einen Kaliumionen-Ausstrom gekennzeichnet. Die zeitliche Verzögerung der Repolarisation könnte durch eingeschränkte oder verzögerte Kaliumkanäle bedingt sein.

Tatsächlich ist die Ursache hierfür eine andauernde Öffnung spannungsgesteuerter Calciumkanäle.

2.3.3.2 Eine mögliche Erklärung wäre ein schnellerer bzw. stärkerer Kaliumionen-Ausstrom aufgrund veränderter Kaliumkanäle.

Diese Veränderung könnte durch eine Mutation in den entsprechenden Genen bedingt sein.

2.4.1 A: FFS (Fight or Flight Syndrom) B: AAS (Allgemeines Anpassungssyndrom)

1: Releasinghormone	2: Sympathikus	3: Hypophysenvorderlappen	4: ACTH
5: Nebennierenmark	6: Nebennierenrinde	7: Adrenalin	8: Cortisol

2.4.2 Das Nervensystem ist im Vergleich zum Hormonsystem schneller und hat einen höheren Energieverbrauch.

Der hohe Energieverbrauch des **Nervensystems** ist u. a. durch die Na^+/K^+-Pumpe (alternativ: Ca^{2+}-Pumpe) bedingt. Schneller ist das Nervensystem aufgrund der elektrischen Weiterleitung. **Hormone** entfalten in geringen Konzentrationen große Wirkungen, der Transport erfolgt passiv durch das Blut, das ist energiesparend. Die Reaktionskette, ausgehend vom Hypothalamus über die Hypophyse bis zur Ausschüttung des Hormons durch die Hormondrüse erfordert Zeit.

BE

3.1 In einem Pilotprojekt wurde 2012/13 ein Haus (Abbildung 1) gebaut, das in seinen Glaswänden Algen enthält. So wird Biomasse produziert, die zur Energiegewinnung genutzt werden kann.

Abb. 1: grüner Energielieferant: Die Bioreaktorfassade des Pilotprojektes BIQ im Hamburger Stadtteil Wilhelmsburg.
Quelle: www.biq-wilhelmsburg.de

3.1.1 Stellen Sie eine begründete Vermutung an, warum nicht alle Hauswände zur Biomassegewinnung genutzt werden können. 2

3.1.2 Bei den Planungen des Algenhauses wurden farbige Glasmodule diskutiert. Im Gespräch waren blaue, rote und grüne Glasmodule. Erklären Sie, welche Folgen für das Algenwachstum in diesen verschieden farbigen Modulen zu erwarten sind. 3

3.1.3 Aus der erzeugten Biomasse können Brennstoffe hergestellt werden, die zur Heizung nutzbar sind. Erklären Sie, welchen Vorteil die Nutzung dieser Brennstoffe im Vergleich zur Nutzung von fossilen Brennstoffen (z. B. Öl, Erdgas) für die globale Atmosphäre hat.
Nennen Sie einen weiteren Vorteil. 3

3.1.4 Außer von Licht ist die Produktion von Biomasse noch von weiteren Faktoren in den Glasmodulen abhängig. Nennen Sie zwei weitere Faktoren und erklären Sie deren Bedeutung für die Biomasseproduktion. Stellen Sie von einem dieser beiden Faktoren die Abhängigkeit der Biomasseproduktion grafisch dar und erläutern Sie den Kurvenverlauf. 4

3.1.5 Formulieren Sie die Summengleichung, die der Biomasseproduktion zugrunde liegt. 2

3.1.6 Geben Sie vier weitere Beispiele an, wie Biomasse genutzt wird. 2

3.2 Der Naturforscher PARACELSUS empfahl zu Beginn des 15. Jahrhunderts das Echte Lungenkraut *(Pulmonaria officinalis)*, aufgrund seiner lungenförmigen großen Blätter, für die Heilung und Linderung von Lungenleiden.

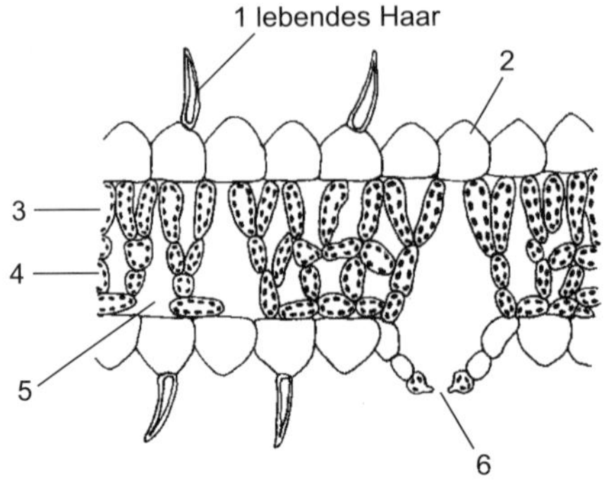

Abb. 2: Blattquerschnitt Lungenkraut
Quelle: verändert nach: http://commons.wikimedia.org/wiki/File:Hygrophyten_-_Blattanatomie.png; Abb.: Bgqhrsnog; cc-by-sa 3.0 unported

3.2.1 Benennen Sie die Strukturen 2–6 und ordnen Sie die entsprechenden Funktionen zu. 2

3.2.2 Begründen Sie mithilfe von drei Blattstrukturen, an welchem Standort man das Lungenkraut finden kann. 3

* 3.3 In manchen Gegenden Süddeutschlands gilt Most als traditionelles Getränk. Er wird aus dem Saft von Äpfeln und eventuell auch bestimmten Birnen hergestellt. Das Obst ist natürlicherweise mit vielen Mikroorganismen, unter anderem Hefen, behaftet.
Frisch gepresst entsteht ein Süßmost, der gerne von Kindern getrunken wird. Ohne jeden weiteren Zusatz entstehen nach einigen Tagen Gasbläschen, die Süße verringert sich und nach einigen Wochen hat der Most einen Alkoholgehalt von 5,5 bis 7 % erreicht.

* 3.3.1 Erklären Sie die oben beschriebenen Veränderungen vom Süßmost zum Most. 3

* 3.3.2 Ein Zwischenprodukt der Alkoholbildung ist das Pyruvat (Brenztraubensäure). Beschreiben Sie die weiteren Reaktionen bis zum Alkohol und erläutern Sie die biologische Bedeutung des letzten Reaktionsschrittes. 4

* 3.3.3 Wird der Süßmost gut mit Sauerstoff belüftet, entsteht kaum noch Alkohol. Nennen Sie den Stoffwechselweg, den die Hefen jetzt einschlagen und erklären Sie, welcher Vorteil für die Hefen damit verbunden ist. 2

30

* Aufgabe stellt Anforderungen, die ab dem Abitur 2024 nicht oder nur mehr eingeschränkt prüfungsrelevant sind.

3.1.1 Um Fotosynthese betreiben zu können und somit Biomasse zu produzieren, benötigen die Algen Sonnenlicht. Daher können die Hauswände, die wenig oder kaum bestrahlt werden, nicht zur Gewinnung von Biomasse genutzt werden.

3.1.2 Entscheidend für das Algenwachstum ist die Fotosynthese. Dabei ist das **Chlorophyll** für die Lichtabsorption verantwortlich. Das Molekül absorbiert Lichtenergie im roten und blauen Spektralbereich, der grüne Anteil wird reflektiert.
Daher findet ein starkes Algenwachstum bei den roten und blauen Glasmodulen statt, ein geringes Algenwachstum bei den grünen Glasmodulen.

3.1.3 **Regenerative Brennstoffe** sind CO_2-neutral, d. h. sie setzen die Menge an CO_2 frei, die sie während ihres Wachstums auch gebunden haben. Sie sind daher klimafreundlicher als fossile Brennstoffe. Zudem ist die so erzeugte Biomasse ressourcenschonend, da sie jederzeit wieder heranwächst, während die fossilen Brennstoffe endlich sind.

3.1.4 Weitere Faktoren sind der **CO_2-Gehalt** der Luft und die **Temperatur**.
Kohlenstoffdioxid wird als Kohlenstoffquelle für die Herstellung von Glucose benötigt und ist daher wichtiger Ausgangsstoff für die Fotosynthese und Biomasseproduktion.
Die Algen können nur in einem bestimmten Temperaturbereich Fotosynthese betreiben.

Grafische Darstellung und Erläuterung für den Faktor CO_2-Gehalt:
Es liegt eine Sättigungskurve vor. Zunächst erfolgt ein linearer Anstieg der Biomasseproduktion, ab dem Sättigungspunkt ist keine Steigerung mehr möglich.

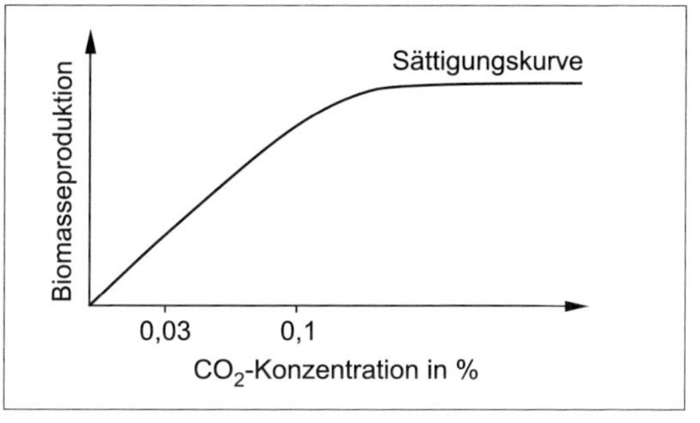

*Alternativ kann auch die **Temperatur** betrachtet werden: Hier handelt es sich um eine Optimumskurve. Im niedrigen Temperaturbereich gilt die RGT-Regel (Reaktions-Geschwindigkeits-Temperatur-Regel), wonach eine Erhöhung der Temperatur um 10 °C eine Verdopplung der Reaktionsgeschwindigkeit bewirkt. Im höheren Temperaturbereich B sinkt die RG rapide, da die Enzyme denaturiert werden.*

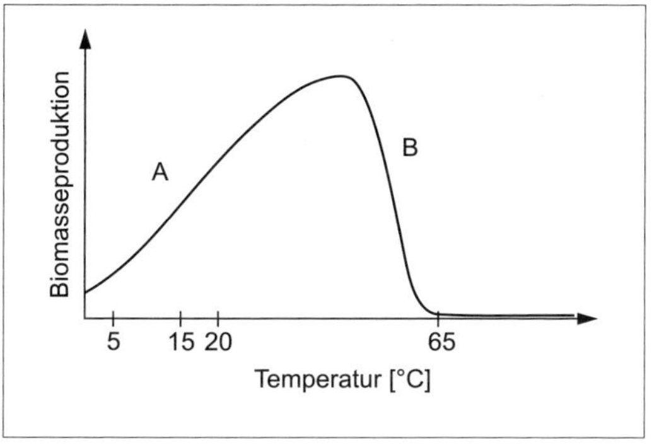

3.1.5 Summengleichung der Fotosynthese:

$$6\,CO_2 + 6\,H_2O \longrightarrow C_6H_{12}O_6 + 6\,O_2$$

3.1.6 Beispiele *(nur vier verlangt)*: Nahrung, Holzprodukte, Papier, Kleidung, Dünger

3.2.1 Benennung der Strukturen und ihre Funktionen:
2: obere Epidermis – Schutz, Stabilität
3: Palisadengewebe – Ort der Fotosynthese
4: Schwammgewebe – Fotosynthese und Gasaustausch
5: Interzellulare – Gasversorgung, Gasspeicher
6: Spaltöffnung – Kontrolle des Gasaustauschs

3.2.2 Die **Spaltöffnungen** sind außenliegend, daher ist die Transpiration erleichtert und dies spricht für einen feuchten Standort.
Das **Palisadengewebe** ist lückenhaft, dies deutet auf eine Anpassung an schwache Lichtverhältnisse und entsprechend einen schattigen Standort hin.
Die **Epidermiszellen** zeigen eine besondere Form, die eine Oberflächenvergrößerung zur Folge hat und dies deutet wiederum auf einen feuchten Standort hin.

*Das Fehlen einer **Cuticula** als Verdunstungsschutz deutet ebenfalls auf einen feuchten Standort hin.*

3.3.1 Die Hefen betreiben **alkoholische Gärung**. Die abnehmende Süße ist bedingt durch den Gärungsvorgang, bei dem Glucose in Ethanol und Kohlenstoffdioxid (Gasbläschen!) abgebaut wird.

3.3.2 Aus Pyruvat (Brenztraubensäure) entsteht durch Abspaltung von Kohlenstoffdioxid Ethanal. Dieses reagiert mit NADH und H^+ ($NADH_2$) zu Ethanol und NAD^+.
Die **biologische Bedeutung** des letzten Reaktionsschrittes liegt darin, dass $NADH+H^+$ zu NAD^+ recycelt werden muss, damit genügend NAD^+ für die Glykolyse als ersten Abbauschritt der Glucose zur Verfügung steht. In diesem Teilschritt des Zuckerabbaus werden 2 mol ATP pro mol Glucose gewonnen.

3.3.3 Wenn genügend Sauerstoff vorhanden ist, betreiben die Hefen **Zellatmung**.
Bei der Zellatmung werden 38 mol ATP / 1 mol Glucose gewonnen, wohingegen es bei der alkoholischen Gärung nur 2 mol ATP / 1 mol Glucose sind. Somit ermöglicht die Zellatmung ein größeres Wachstum und eine schnellere Vermehrung.

BE

1 Maligne Hyperthermie (MH) ist eine durch Anästhetika ausgelöste oft tödlich verlaufende Komplikation während der Narkose. Ursache dieser Erkrankung ist ein erblicher Defekt im Ca^{2+}-Freisetzungskanal der Skelettmuskelzellen, wodurch es durch erhöhte aerobe und anaerobe Stoffwechselaktivitäten zu einer Temperaturerhöhung von über 43 °C kommen kann.
In Abbildung 1 ist der Stammbaum einer betroffenen Familie dargestellt:

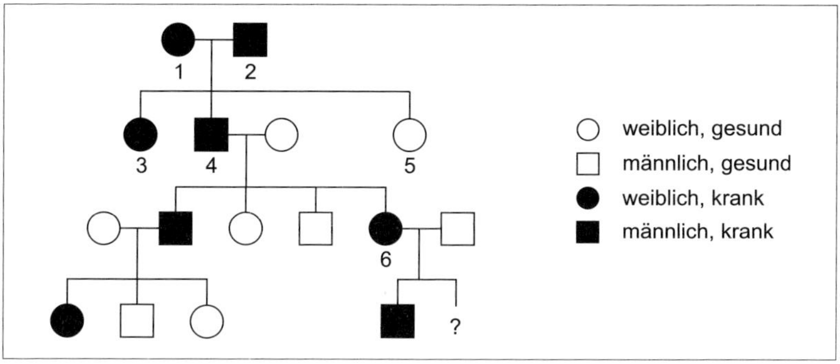

Abb. 1

1.1.1 Begründen Sie mithilfe des Stammbaums, wie die maligne Hyperthermie vererbt wird, indem Sie nicht mögliche Erbgänge ausschließen. 3

1.1.2 Geben Sie für die Personen 1 bis 6 alle möglichen Genotypen an. 2

1.1.3 Die Frau Nr. 6 und ihr Partner haben bereits einen Sohn, der an maligner Hyperthermie leidet. Die Frau ist erneut schwanger. Mit welcher Wahrscheinlichkeit wird das ungeborene Kind an dieser Krankheit leiden?
Begründen Sie Ihre Aussage mit einem Erbschema. 2

1.2 Eines der Gene, welches den Ca^{2+}-Freisetzungskanal im quergestreiften Muskel codiert und somit den Calciumstrom ins Cytoplasma steuert, ist das Ryanodin1-Gen (RYR1-Gen).
Bei MH-Patienten, die an einer Punktmutation des RYR1-Gens leiden, ist an der Position 614 die Aminosäure Arginin gegen Cystein ausgetauscht.
Im Folgenden ist ein Ausschnitt aus der Aminosäuresequenz des Ryanodin1-Proteins abgebildet:

614
… Asn – Gly – Val – Ala – Val – Arg – Ser …

1.2.1 Ermitteln Sie eine mögliche Nucleotidsequenz des codogenen DNA-Strangs für den angegebenen Ausschnitt des intakten Ryanodin1-Proteins.
Nennen Sie ein mögliches mutiertes Triplett (Codogen) bei MH-Patienten, das durch Austausch nur einer Base entstanden ist. 3

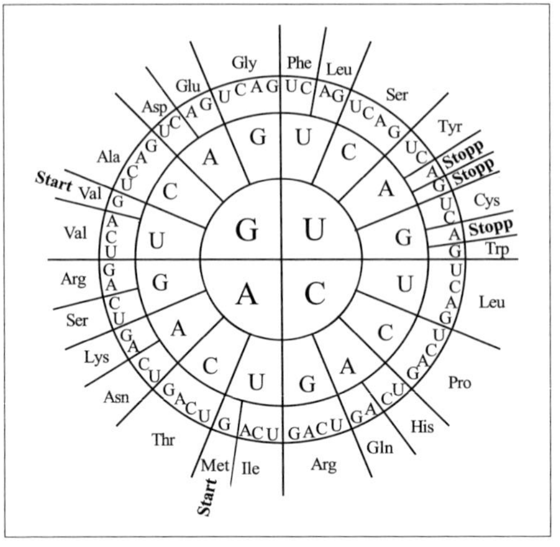

1.2.2 Mit Hilfe der Polymerasekettenreaktion (PCR) kann man diagnostizieren, ob fetale Zellen (= Zellen des ungeborenen Kindes) das mutierte RYR1-Gen enthalten. Das Verfahren beruht auf dem Prinzip der Primer-3'-Fehlpaarung („3'-Mismatch").
Um das Vorhandensein bzw. Nichtvorhandensein dieser bestimmten Punktmutation festzustellen, wird ein selektiver Primer verwendet, dessen 3'-Ende komplementär zu der mutationsgefährdeten Base ist.
Wenn dieser Primer perfekt an die Zielsequenz bindet, läuft die PCR wie gewohnt ab, wenn sein 3'-Ende nicht passt, da die Base mutiert ist, unterbleibt die weitere DNA-Synthese.

1.2.2.1 Konstruieren Sie den selektiven Primer, der perfekt an die nicht mutierte DNA-Sequenz bindet. Der Primer soll 10 Nucleotide umfassen. 2

1.2.2.2 Begründen Sie, warum Primer nicht zu kurz sein sollten. 2

1.2.2.3 Erklären Sie die Bedeutung der einzelnen Komponenten eines PCR-Reaktionsansatzes. 4

1.3 Infektionen sind auch im 21. Jahrhundert eine wichtige Krankheits- und Todesursache. So ist zum Beispiel Tuberkulose eine durch Bakterien verursachte Infektionskrankheit, die in den meisten Fällen die Lungen betrifft und schädigt. In den westlichen Industrieländern ist Tuberkulose fast in Vergessenheit geraten, denn mit verbesserten Lebensbedingungen und seit der Entdeckung von Antibiotika sank die Zahl der Neuerkrankungen. Allerdings sind antibiotikaresistente Erregerstämme weltweit, auch in Deutschland, zu einem großen Problem in der Tuberkulose-Therapie geworden.

1.3.1 Leiten Sie begründet die Folgen für das Wachstum einer Bakterienpopulation und einer eukaryotischen Zellkultur ab, die mit jeweils Rifampicin bzw. Streptomycin aus Tabelle 1 behandelt werden. 3

Antibiotikum	Wirkung
Rifampicin	hemmt die DNA-abhängige RNA-Polymerase von Prokaryoten.
Streptomycin	verhindert die Bindung der tRNA an die kleine Ribosomen-Untereinheit bei Prokaryoten.

Tab. 1: Spezifische Wirkungen von Antibiotika

1.3.2 Eine zunehmende Anzahl von bakteriellen Erregerstämmen wie beispielsweise die Erreger der Tuberkulose sind resistent gegen ein oder mehrere Antibiotika. Stellen Sie zwei mögliche Abwehrmechanismen resistenter Bakterien auf zellulärer Ebene dar. 2

1.3.3 Antibiotika-Resistenzen können im Darm von einer Bakterienart direkt auf andere Bakterienarten übertragen werden.
Beschreiben Sie diesen Vorgang mithilfe einer beschrifteten Skizze. 3

1.3.4 Die Frage wie Bakterien Antibiotikaresistenzen erwerben, hätten DARWIN und LAMARCK mit denen von ihnen im 19. Jahrhundert entwickelten Evolutionstheorien unterschiedlich beantwortet.
Stellen Sie gegenüber, wie LAMARCK und DARWIN die Entstehung antibiotikaresistenter Bakterien erklärt hätten. 4

30

Lösungen

1.1.1 Ein rezessiver Erbgang ist nicht möglich, da nach dem Stammbaum die kranken Eltern 1 und 2 eine gesunde Tochter 5 haben.
Ein X-chromosomaler Erbgang ist ebenfalls nicht möglich, da der kranke Vater 2 eine gesunde Tochter 5 hat. Bei einer X-chromosomalen Vererbung würde der Vater das defekte X-Chromosom an die Tochter weitergeben.
Somit wird die maligne Hyperthermie **autosomal dominant** vererbt.

1.1.2 A: krankmachendes (mutiertes) Allel
a: normales (gesundes) Allel
Die Personen 1, 2, 4 und 6 haben den Genotyp Aa. Person 3 hat den Genotyp Aa oder AA, die Person 5 hat den Genotyp aa.

1.1.3 **Partner**

		a	a
Person 6	A	Aa	Aa
	a	aa	aa

Das weitere Kind wird mit einer Wahrscheinlichkeit von **50 %** an dieser Krankheit leiden (Aa).

1.2.1 Mögliche Nucleotidsequenzen ergeben sich, indem man aus der vorgegebenen Aminosäuresequenz die mRNA rekonstruiert und daraus wiederum den codogenen DNA-Einzelstrang ableitet.

	Asn	Gly	Val	Ala	Val	Arg	Ser	Aminosäuresequenz
5' …	AAU	GGU	GUU	GCU	GUU	CGU	UCU … 3'	mRNA
3' …	TTA	CCA	CAA	CGA	CAA	GCA	AGA … 5'	DNA

Das **mutierte Triplett** lautet: **ACA** (mRNA: UGU) oder **ACG** (mRNA: UGC) für die Aminosäure Cystein an Position 614.

Weitere mögliche mRNA-Sequenzen sind (Degeneration des genetischen Codes):

5' …	AAC	GGC	GUC	GCC	GUC	CGC	UCC … 3'
		GGA	GUA	GCA	GUA		UCA
		GGG	GUG	GCG	GUG		UCG
							AGU
							AGC

Für die Aminosäure Arginin können die mRNA-Sequenzen CGA, CGG, AGA und AGG nicht verwendet werden, da der Austausch von nur einer Base vorgegeben ist (Punktmutation).

1.2.2.1 **Konstruktion eines selektiven Primers:**

DNA:	3' ...TTACCACAACGACAAGCAAGA ... 5'		
Primer:	5'	GTTGCTGTTC	3'

Die nicht mutierte Sequenz an Position 614 lautet GCA (Arg). Von der mutationsgefährdeten Base (G) aus (3'-Ende des Primers) sollen die 10 komplementären Nucleotide angegeben werden. Bei einer ursprünglich anders gewählten mRNA-Sequenz (s. Aufgabe 1.2.1) sind andere Primer richtig.

1.2.2.2 Bei einem zu kurzen Primer besteht die Möglichkeit, dass die Zielsequenz des Primers an mehreren Stellen der DNA vorkommt. Dies würde einen **Verlust der Spezifität** bedeuten.

1.2.2.3 Die PCR dient der Vervielfältigung der DNA. Folgende Komponenten sind im Reaktionsansatz notwendig:

- **DNA-Doppelhelix:** Diese dient als Vorlage für die PCR und enthält die Abschnitte, die vervielfältigt werden sollen.
- **Nucleotide:** Die Bausteine werden zur DNA-Synthese benötigt. Die durch Hitzedenaturierung entstandenen Einzelstränge werden mit ihnen komplementär ergänzt.
- **Taq-Polymerase:** Dieses Enzym dient der Replikation des gewünschten Abschnitts auf der DNA, es verknüpft DNA-Nucleotide und ist hitzeresistent.
- **Primer-Paar:** Durch diese wird die Andockstelle für die Taq-Polymerase festgelegt.

1.3.1 **Bakterienpopulation:**

- **Rifampicin** hemmt die DNA-abhängige RNA-Polymerase der Bakterien. Dadurch ist keine Transkription mehr möglich und in der Folge keine Translation. Durch die fehlenden Proteine, z. B. Enzyme, können Stoffwechselreaktionen nicht mehr durchgeführt werden, die für ein Wachstum notwendig sind. Das Wachstum wird gehemmt.
- **Streptomycin** verhindert die Bindung der tRNA an das Ribosom. Dadurch ist keine Translation mehr möglich und in der Folge können die für Stoffwechselreaktionen wichtigen Proteine bzw. Enzyme nicht mehr hergestellt werden. Dies hat zur Folge, dass kein Wachstum möglich ist.

Eukaryotische Zellkultur:

- **Rifampicin** hat keine Auswirkungen auf eukaryotische Zellen, da nur die prokaryotische RNA-Polymerase gehemmt wird. Das Wachstum einer eukaryotischen Zellkultur wird von diesem Antibiotikum nicht beeinflusst.
- **Streptomycin** hat keine Auswirkungen auf eukaryotische Zellen, da sich die Ribosomen von Eukaryoten und Prokaryoten in ihrer molekularen Struktur unterscheiden (Funktion ist dieselbe). Streptomycin hat keine Auswirkungen auf das Wachstum einer eukaryotischen Zellkultur.

1.3.2 **Zwei mögliche Abwehrmechanismen:**

- Resistente Bakterien können **Enzyme** besitzen, die das Antibiotikum spalten oder inaktivieren.
- Auf zellulärer Ebene sind auch **Membranproteine** möglich, die das Antibiotikum aus der Bakterienzelle heraus transportieren.

1.3.3 **Konjugation:** Es erfolgt die Ausbildung einer Plasmabrücke zwischen Spenderzelle (F^+) und Empfängerzelle (F^-). Das Plasmid mit dem Resistenzgen öffnet sich und der DNA-Einzelstrang gelangt über die Plasmabrücke zu der F^--Zelle. Der Ring wird geschlossen und die Replikation der jeweiligen Einzelstränge beginnt. Das Resultat der Konjugation ist, dass die Empfängerzelle (F^-) zu einer F^+-Zelle mit dem entsprechenden Resistenzgen wurde.

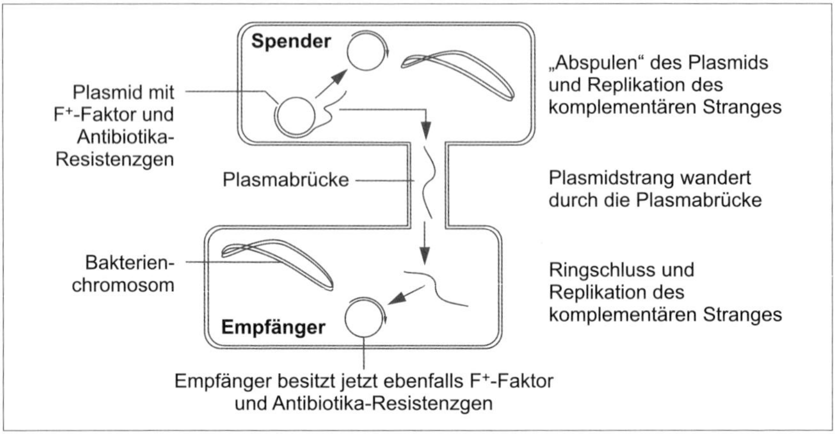

Andere Möglichkeiten wären auch Transduktion (Übertragung durch Viren) oder Transformation (Übertragung von freier DNA).

1.3.4 **Lamarck:** Bakterien haben in Anwesenheit des Antibiotikums das Bestreben, eine Resistenz gegen das Antibiotikum zu entwickeln. Der wiederholte Kontakt mit dem Antibiotikum führt zu einer aktiven Anpassung. Diese erworbene Resistenz wird an die Nachkommen weiter vererbt.

Darwin: Bakterien teilen sich sehr schnell (Überproduktion von Nachkommen). Unter den Nachkommen besteht eine Variabilität. Eine dieser Variabilitäten könnte eine zufällige Resistenz gegen ein Antibiotikum sein. Kommen die Bakterien in Kontakt mit dem Antibiotikum, so überleben nur die resistenten Bakterien (natürliche Selektion). Die am besten angepassten Bakterien (hier die resistenten Bakterien) vererben die neu gewonnenen Eigenschaften an die Nachkommen.

BE

2.1.1 Abbildung 1 zeigt in zwei Versuchsanordnungen A und B modellhaft die zeitliche Entwicklung von Membranpotentialen. Erläutern Sie die Potentialentwicklung im Verlauf im Versuch A und arbeiten Sie den Unterschied zu Versuch B heraus. 4

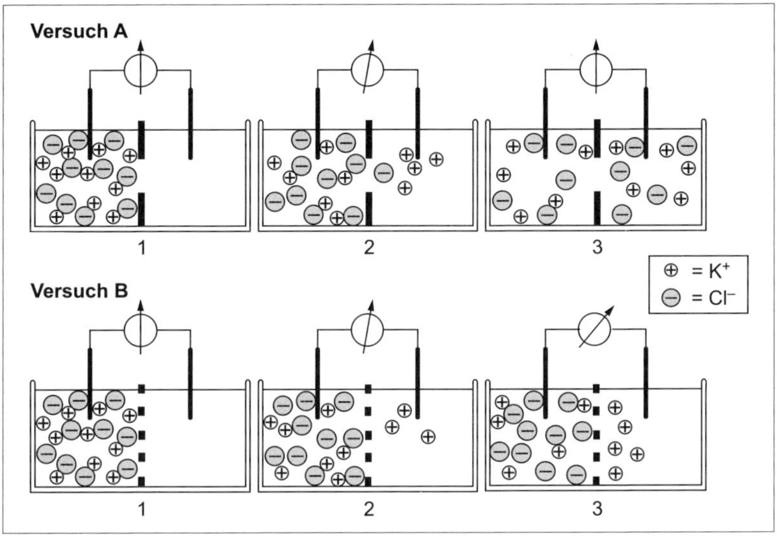

Abb. 1: Quelle: verändert nach: Gropengießer, H.: Markl Biologie. Oberstufe. Lehrerbuch mit CD-ROM. Stuttgart: Klett 2010, S. 145

2.1.2 Ohne Reizung liegt das Membranpotential an menschlichen Nervenzellen bei –70 mV und wird als Ruhepotential bezeichnet. Welches der beiden Modelle eignet sich, um das Zustandekommen des Ruhepotentials zu erklären?
Begründen Sie Ihre Entscheidung und geben Sie an, welche der beiden Kammern der Außen- bzw. Innenseite an der Nervenzelle entspricht. 3

2.1.3 An der intakten Nervenzelle finden sich Ionenpumpen in der Zellmembran.
Begründen Sie weshalb diese Pumpen zur Aufrechterhaltung des Ruhepotentials unerlässlich sind. 2

2.1.4 Im Gegensatz zum Modellversuch bleibt die Membrandurchlässigkeit an der Nervenzellmembran nicht immer gleich.
Stellen Sie einen Zusammenhang zwischen der Veränderung der Membrandurchlässigkeit und dem Verlauf eines Aktionspotentials her. 3

2.1.5 Marklose Nervenzellen haben einen deutlich höheren Energiebedarf als markhaltige Nervenzellen – dennoch ist die Erregungsweiterleitung deutlich langsamer. Begründen Sie diesen Sachverhalt. 3

2.2 Eine Studie im Umfeld verschiedener europäischer Flughäfen (HYENA-Studie) stellt fluglärmbedingte Gesundheitsrisiken fest. So kann nächtlicher Fluglärm offensichtlich den menschlichen Blutdruck beeinflussen.
Der Blutdruck wird im Wesentlichen vom vegetativen Nervensystem gesteuert. Abbildung 2 zeigt das Zusammenwirken von Sympathikus und Parasympathikus an den Synapsen einer Herzmuskelzelle.

*2.2.1 Erläutern Sie mithilfe der Abbildung 2 die antagonistische Arbeitsweise von Sympathikus und Parasympathikus. 4

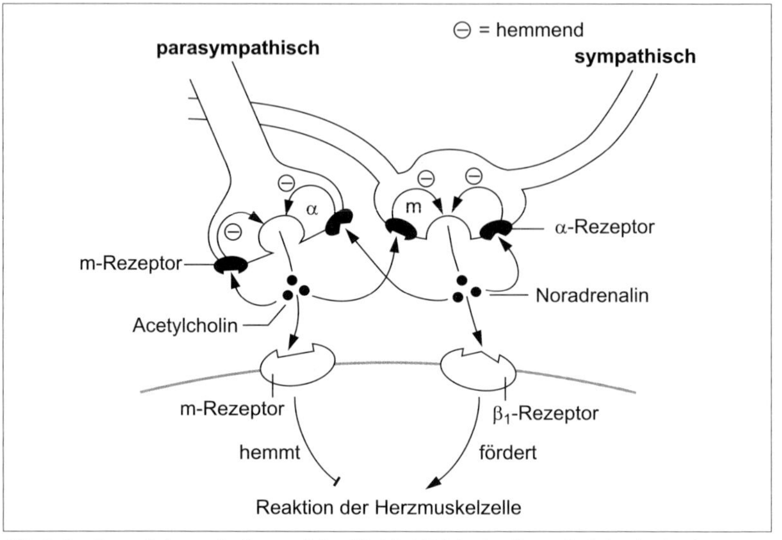

Abb. 2: Quelle: verändert nach: Gropengießer, H.: Markl Biologie. Oberstufe. Lehrerbuch mit CD-ROM. Stuttgart: Klett 2010, S. 150

2.2.2 Zu den blutdrucksenkenden Medikamenten gehören auch β-Blocker.
Erläutern Sie mithilfe von Abbildung 2 die Wirkungsweise von β-Blockern. 2

2.2.3 In Abbildung 2 ist neben dem Gegenspielerprinzip noch das Prinzip der negativen Rückkopplung gezeigt.
Erläutern Sie dieses Prinzip anhand von Abbildung 2. 2

*2.3.1 Im Hormonsystem finden ebenfalls negative Rückkopplungsprozesse statt.
Zeigen Sie anhand eines Regelkreisschemas wie die Thyroxinkonzentration im Blut geregelt wird. 4

*2.3.2 Auch bei der Primärwirkung der Hormone spielen Rezeptoren eine bedeutende Rolle. Das lipophile Thyroxin erreicht über den Blutweg die Zellen. In den Zielzellen beobachtet man nach einer gewissen Zeit eine Änderung der Stoffwechselaktivität.
Erklären Sie dieses Phänomen. 3

30

---

* Aufgabe stellt Anforderungen, die ab dem Abitur 2024 nicht oder nur mehr eingeschränkt prüfungsrelevant sind.

Lösungen

2.1.1 **Versuch A:**

- **Bild 1:** Es ist kein Potential messbar, da kein Ladungsunterschied gegeben ist. Auf der linken Seite gleichen sich die positiven und negativen Ladungen aus. Auf der rechten Seite sind keine Ladungsträger vorhanden.
- **Bild 2:** Ein Potential ist messbar, da mehr K^+-Ionen als Cl^--Ionen durch die permeable Membran entlang des Konzentrationsgefälles diffundieren. Daher ist auf der rechten Seite eine positive Ladung im Überschuss vorhanden, links überwiegt die negative Ladung.
- **Bild 3:** Es ist kein Potential messbar, da sowohl links wie auch rechts die gleiche Konzentrationen an Cl^--Ionen und K^+-Ionen vorkommen.

Versuch B:
Die Membran ist in Versuch B selektiv permeabel. Es können keine Cl^--Ionen hindurch, jedoch die kleineren K^+-Ionen (Bild 2). Daher sind nun Ionen mit positiver und negativer Ladung ungleich verteilt (Bild 3), was als Potential messbar ist.

2.1.2 **Modell B** eignet sich als Erklärungsmodell für das Zustandekommen des Ruhepotentials. Die Eigenschaft der selektiv permeablen Membran entspricht der einer Nervenzellmembran. Diese ist in Ruhe für K^+-Ionen permeabel. Der Innenseite der Nervenzelle (Zytoplasma, negativ geladen) entspricht die linke Kammer, der Außenseite (extrazellulärer Raum) entspricht die rechte Kammer.

2.1.3 Es gibt durch die Zellmembran Leckströme (Na^+-Einstrom). Die Ionenpumpen transportieren diese Na^+-Ionen nach außen und K^+-Ionen von außen nach innen. Ohne Ionenpumpen käme es zum Ladungsausgleich, das Ruhepotential würde gegen Null gehen.

2.1.4 Während eines Aktionspotentials kommt es zu Spannungsänderungen und die Na^+-Kanäle und K^+-Kanäle können offen oder geschlossen sein. Überschwellige Reize bewirken eine Öffnung der spannungsgesteuerten Na^+-Kanäle mit folgenden Na^+-Einstrom (Depolarisation). Bei etwa +20 mV innen schließen sich die spannungsgesteuerten Na^+-Kanäle und die spannungsgesteuerten K^+-Kanäle öffnen sich, was einen K^+-Ausstrom bedingt (Repolarisation).

2.1.5 **Markhaltige Nervenzellen** brauchen an den Ranvierschen Schnürringen Energie, da nur dort ein Aktionspotential abläuft und Ionenpumpen benötigt werden. Die Erregungsweiterleitung verläuft saltatorisch und damit schneller.
Bei **marklosen Nervenzellen** finden sich Ionenpumpen entlang des gesamten Axons, da es keine Ranvierschen Schnürringe gibt. Die Erregungsweiterleitung verläuft kontinuierlich und damit langsamer.

2.2.1 An den **parasympathischen Synapsen** kommt es zur Ausschüttung von **Acetylcholin**. Dieses **hemmt** nach Anlagerung an den m-Rezeptor die **Zielzelle** (Herzmuskelzelle).
An den **sympathischen Synapsen** kommt es zur Ausschüttung von **Noradrenalin**. Dieses **fördert** nach Anlagerung an den β_1-Rezeptor die **Zielzelle** (Herzmuskelzelle).
Gleichzeitig hemmt Acetylcholin über den m-Rezeptor die Ausschüttung von Noradrenalin an der sympathischen Synapse. Ebenso hemmt Noradrenalin über den α-Rezeptor die Ausschüttung von Acetylcholin an der parasympathischen Synapse.

Beide – Sympathikus und Parasympathikus – sind **Gegenspieler**, überwiegt der eine, wird der andere gedämpft.

2.2.2 Noradrenalin bindet an die β_1-Rezeptoren der postsynaptischen Membran der Herzmuskelzellen. Dadurch wird am Herz die Schlagfrequenz erhöht, was den Blutdruck steigert.

β-Blocker können wie Noradrenalin an die β-Rezeptoren binden und damit die Transmitteranlagerung verhindern. Dadurch wird der Blutdruck gesenkt.

2.2.3 Das ausgeschüttete **Noradrenalin** bindet an den **α-Rezeptor** der eigenen Präsynapse und hemmt so seine eigene Ausschüttung. Damit wird eine Überreaktion verhindert.

Alternative: Das ausgeschüttete **Acetylcholin** bindet an den **m-Rezeptor** der eigenen Präsynapse und hemmt dadurch seine eigene Ausschüttung. Damit wird eine Dauerhemmung verhindert.

2.3.1 Durch einen Regelkreis wird eine bestimmte Größe im Körper konstant gehalten.
Der **Hypothalamus** (Führungsgröße) steuert die **Hypophyse** (Regler) über **TRF** („thyreotropin releasing factor", Sollwert), die Hypophyse wiederum steuert über **TSH** („Thyroxin stimulating hormone", Stellgröße) die **Schilddrüse** (Stellglied). Die Schilddrüse schüttet Thyroxin (T4) in das Blut aus. Der **Thyroxinspiegel** (Regelgröße) wird stetig über den **Fühler** als Istwert gemessen. Der Regler vergleicht Istwert mit Sollwert (genetisch vorprogrammiert) und korrigiert entsprechend die Stellgröße bzw. das Stellglied. Störgrößen sind u. a. Iodmangel, Stress.

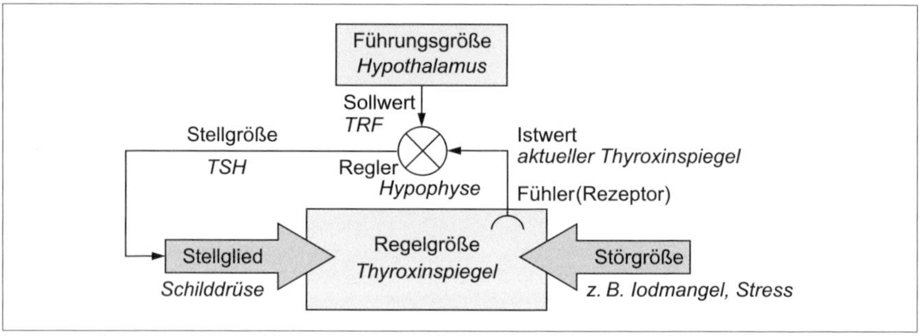

Je nach Ausführlichkeit der Besprechung im Unterricht ist auch eine weniger detaillierte Schilderung denkbar: Der Hypothalamus steuert die Hypophyse über TRF. Die Hypophyse steuert die Schilddrüse über TSH. Ist zu viel Thyroxin im Blut, wird über die negative Rückkopplung durch den Hypothalamus und die Hypophyse die Thyroxinausschüttung reduziert.

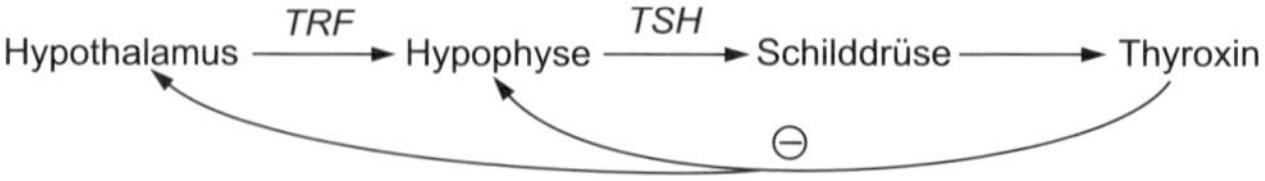

2.3.2 Thyroxin durchdringt als lipophiles Hormon die Zellmembran der Zielzellen und bindet an einen Rezeptor im Zytoplasma. Der Hormon-Rezeptor-Komplex gelangt in den Zellkern und lagert sich an die DNA an. Dadurch erfolgt Transkription und Translation. Die neu synthetisierten Proteine führen zu einer Änderung der Stoffwechselaktivität.

Profil- / Neigungsfach Biologie (Baden-Württemberg): Abituraufgaben 2016
Aufgabe III: Stoff- und Energiebereitstellung

BE

3.1 Die Pflanzengattung *Ficus* (Feige), deren bekanntester Vertreter die „Echte Feige“ *(Ficus carica)* ist, besteht aus 750 bis 1 000 Arten. Beheimatet sind diese Arten im feuchtwarmen Klima der Subtropen und der tropischen Regenwälder. Die sogenannten Würgefeigen können zu großen Bäumen heranwachsen. Ihre Entwicklung beginnt aber nicht im lichtarmen Bodenbereich, sondern als Epiphyt („Aufsitzerpflanze“) im Kronendach, dem „obersten Stockwerk“ des Regenwaldes (Abbildung 1).
Über den Kot von Vögeln oder Säugern gelangen die unverdauten Samen der Würgefeige auf die Astgabel eines Baumes. Dieser dient den sich entwickelnden Pflänzchen lediglich als Unterlage, auf der sie sich verankern. Sie bilden dann frei herabhängende und auch dem Stamm des Wirtes eng anliegende Luftwurzeln, die herablaufendes Regenwasser über ein spezielles Gewebe aufnehmen können. Erreichen diese Luftwurzeln im Laufe der Zeit den Boden, verankern sie sich, werden kräftiger und verholzen. Die Mineralstoff- und Wasserversorgung erfolgt nun über den Boden und so setzt ein rasches Wachstum der bis dahin sehr zarten Würgefeige ein.
Das immer dichter und stabiler werdende Geflecht aus Luftwurzeln schnürt den Wirtsbaum immer stärker ein und hemmt ihn in seinem Wuchs. Er wird sozusagen „erwürgt“. Auch die sich mächtig entwickelnde Baumkrone der Würgefeige beschattet zunehmend den Wirtsbaum und trägt zu dessen langsamen Absterben bei.

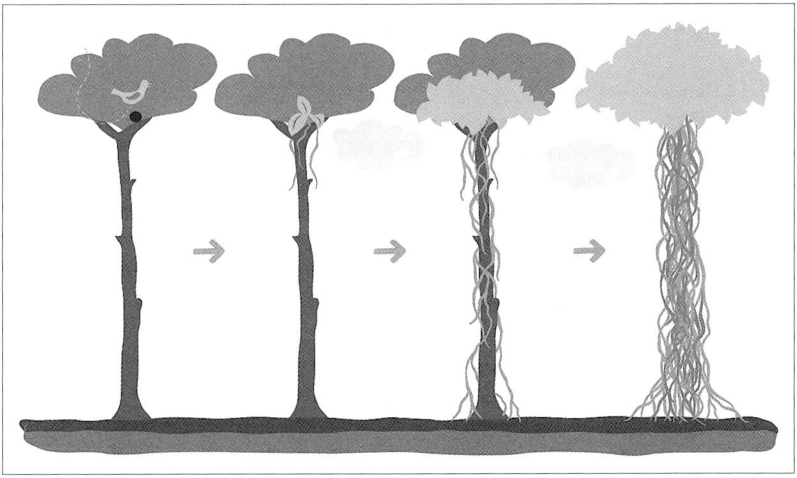

Abb. 1: Entwicklung der Würgefeige,
Quelle: www.abenteuer-regenwald.de

3.1.1 Abbildung 2 zeigt den schematischen Querschnitt durch ein Würgefeigenblatt. Ordnen Sie den Ziffern 1–5 in Ihrer Lösung die Fachbegriffe zu und geben Sie jeweils die Funktion an. 3

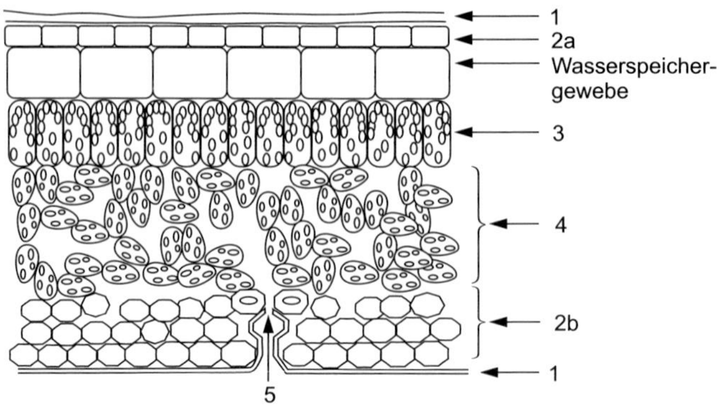

Abb. 2: Würgefeigenblatt im Querschnitt.
Quelle: Unterrichts-Materialien Biologie Sek II, Stark Verlag, Ökologie: Abiotische Faktoren K.1.3, Lenski, M., verändert

3.1.2 Beim Würgefeigenblatt gibt es einige strukturelle Besonderheiten im Vergleich zu einem typischen mitteleuropäischen Laubblatt. Nennen Sie diese Besonderheiten und erläutern Sie deren Funktionen als Anpassung an die epiphytische Lebensweise der jungen Würgefeige (4 Angaben). 4

3.1.3 Beschreiben Sie einen Vorteil, den die Würgefeige durch ihre epiphytische Lebensweise hat. 2

3.2 Eine besondere Form von Lebensgemeinschaften findet man in Baumhöhlen tropischer Regenwälder. In diesen Baumhöhlen sammelt sich Regenwasser sowie einfallendes Laub. Dadurch entsteht ein Kleinstgewässer, die sogenannte Phytotelme.
Phytotelmen enthalten charakteristische und zum Teil hochspezialisierte Lebensgemeinschaften mit Bakterien, Pilzen, Algen, räuberischen Insektenlarven, algenfressenden Wimper- und Rädertierchen, aber auch kleinen Fröschen und Krebsen.

3.2.1 Erklären Sie die Bedeutung der Bakterien und Pilze in den Phytotelmen. 2

3.2.2 Erstellen Sie eine mögliche Nahrungskette in einer Phytotelme unter Verwendung der entsprechenden Fachbegriffe. 2

3.2.3 Die folgende Abbildung zeigt die besondere Bedeutung des Laubeinfalls (Eintrag toter organischer Substanz) in eine Phytotelme. Die einfallende Laubmenge wurde künstlich manipuliert.
Werten Sie das Diagramm aus und erläutern Sie den Zusammenhang zwischen der Menge des Laubeintrags und der Anzahl der Glieder einer Nahrungskette. 3

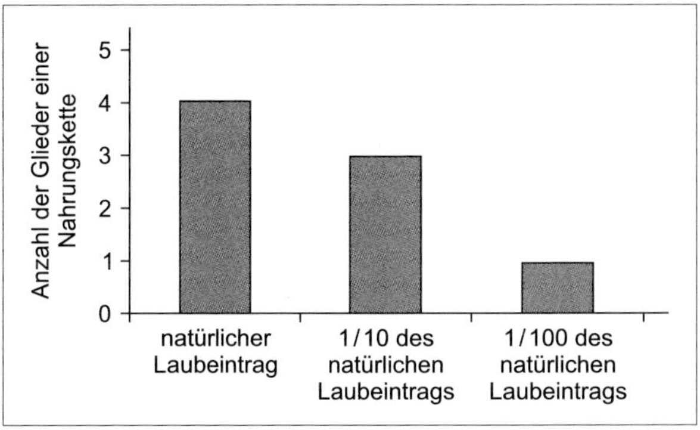

Abb. 3
Quelle: Neil A. Campbell und Jane B. Reece (Übersetzer: Lazar, T.): Biologie, 8. aktualisierte Auflage, Pearson Studium, München 2009, S. 1 624.

3.3 Da die meisten Ficus-Arten sehr viele Früchte ausbilden, sind sie für viele Tierarten eine wichtige Nahrungsquelle. Auch der Mensch nutzt die stark zuckerhaltigen Feigen zum Beispiel zur Herstellung von Feigenwein.
In der folgenden Tabelle werden drei verschiedene Herstellungsansätze gezeigt:

Gefäß Nr.	**Versuchsbedingung**	**Gefäßinhalt**
1	Gefäß mit Gärverschluss 	Verdünnter Feigensaft und Hefe
2	Gefäß mit Gärverschluss	Konzentrierter Feigensaft und Hefe
3	Offenes Gefäß (wird durchlüftet)	Konzentrierter Feigensaft und Hefe

Nachdem die Gasentwicklung in den Gefäßen 1 bis 3 zum Stillstand gekommen ist, wird der Inhalt aller 3 Gefäße auf Ausgangs- und Endprodukte untersucht.

Außer Hefe enthält:
- Gefäß 1 nur die beiden Endprodukte,
- Gefäß 2 die beiden Endprodukte und einen Teil der Glukose,
- Gefäß 3 keine Glukose mehr; nur eines der beiden in den Gefäßen 1 und 2 vorhandenen Endprodukte ist entstanden.

* 3.3.1 Nennen Sie den Stoffwechselvorgang, der in Gefäß 1 und 2 abgelaufen ist und geben Sie die Reaktionsgleichung an. 2

* 3.3.2 Warum wird im Gefäß 2 im Gegensatz zu Gefäß 1 nicht die gesamte Glukose umgesetzt? 2

3.3.3 In Gefäß 3 fehlt eines der beiden Endprodukte, die bei den Gefäßen 1 und 2 entstehen. Benennen Sie den hier ablaufenden Stoffwechselprozess und formulieren Sie die Reaktionsgleichung. 2

* Aufgabe stellt Anforderungen, die ab dem Abitur 2024 nicht oder nur mehr eingeschränkt prüfungsrelevant sind.

3.3.4 Ein Teil beider Stoffwechselprozesse, die in den Gefäßen 1 und 2 bzw. 3 ablaufen, ist identisch. Am Ablauf dieses Teilschrittes sind folgende Substanzen beteiligt:
- Brenztraubensäure,
- Glukose,
- 3-Phosphoglycerinsäure (PGS),
- 3-Phosphoglycerinaldehyd (PGA).

Benennen Sie diesen Teilschritt und bringen Sie die Substanzen in die richtige Reihenfolge.
Geben Sie für eine der genannten Substanzen die Strukturformel an. 3

* 3.3.5 Den Hefen stehen zwei Stoffwechselwege zum Glukoseabbau zur Verfügung. Begründen Sie, welcher Stoffwechselweg zu einer stärkeren Vermehrung der Hefezellen führt. 2

* 3.3.6 Bei wissenschaftlichen Untersuchungen an Hefen wurde wenige Minuten nach Einsetzen eines Sauerstoffentzuges vorübergehend ein rapider Anstieg der $NADH/H^+$-Konzentration in den Hefezellen registriert.
Erklären Sie diesen Anstieg und begründen Sie, warum er nur kurzfristig zu beobachten ist. 3

30

---

* Aufgabe stellt Anforderungen, die ab dem Abitur 2024 nicht oder nur mehr eingeschränkt prüfungsrelevant sind.

Lösungen

3.1.1 **Zuordnung der Fachbegriffe und ihre Funktion:**
1: **Kutikula** – Verdunstungsschutz (Wachsschicht)
2a: **obere Epidermis** – Stabilität, Schutz (Abschlussgewebe)
2b: **untere Epidermis** – Stabilität, Schutz (Abschlussgewebe)
3: **Palisadengewebe** – Ort der Fotosynthese
4: **Schwammgewebe** – Fotosynthese und Gasaustausch
5: **Spaltöffnung** – Regulation der Transpiration, Kontrolle des Gasaustauschs

3.1.2 **Besonderheiten und ihre Funktion:**
- Die **stark ausgeprägte obere Kutikula** stellt einen sehr guten Verdunstungsschutz dar.
- Die **untere mehrschichtige Epidermis** sorgt für eine Verringerung der Wasserdampfabgabe.
- Die **versenkten Spaltöffnungen** halten die Transpirationsrate gering.
- Das **Wasserspeichergewebe** dient der Vorratsspeicherung von Wasser.

Erläuterung:
Die junge Würgefeige hat als Epiphyt – trotz der hohen Luftfeuchtigkeit im Regenwald – Schwierigkeiten, sich ausreichend mit Wasser zu versorgen. Ihr fehlen zunächst die Wurzeln, die bis in den Boden reichen. Alle Anpassungen, die zu einer **Reduktion des Wasserverlustes** und zur **Wasserspeicherung** führen, sind für die Würgefeige von Vorteil.

3.1.3 Durch die Lebensweise im Kronendach ist von Anfang an eine ausreichende **Belichtung** für die lebensnotwendige Fotosynthese vorhanden. Die Konkurrenz um den Faktor Licht ist vermindert.

3.2.1 Bakterien und Pilze sind **Destruenten**. Tote organische Substanz wird durch sie abgebaut (Mineralisierung). Die dabei entstandenen anorganischen Verbindungen stehen den anderen Bewohnern der Phytotelme somit in einer resorbierbaren Form zur Verfügung. Der Nährstoffkreislauf ist geschlossen.

3.2.2 Die Algen sind die **Produzenten**. **Konsumenten 1. Ordnung** sind die Wimpertierchen und Rädertierchen, **Konsumenten 2. Ordnung** sind die Insektenlarven. Als **Konsumenten 3. Ordnung** sind hier die Frösche und Krebse zu nennen.

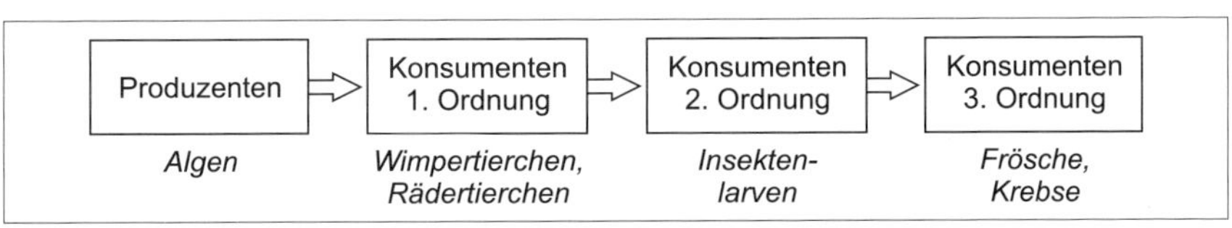

3.2.3 **Je weniger** Laub in eine Phytotelme fällt, **desto geringer** ist die Anzahl der Glieder einer Nahrungskette.

Je weniger totes organisches Material durch die Destruenten zersetzt werden kann, desto weniger Mineralstoffe stehen den Produzenten zur Verfügung, desto weniger Biomasse wird gebildet (verantwortlich hierfür sind die Produzenten) und desto weniger energiereiche Stoffe stehen in der Nahrungskette zur Verfügung.

3.3.1 **Alkoholische Gärung:**

$$C_6H_{12}O_6 \longrightarrow 2\,C_2H_5OH + 2\,CO_2$$

3.3.2 Durch die Konzentrierung des Feigensaftes kommt es zu einer höheren Ausbeute an Alkohol. Alkohol ist ein **Zellgift**. Erreicht die Alkoholkonzentration eine bestimmte obere Grenze, sterben die Hefepilzzellen ab und die noch vorhandene Glukose wird nicht mehr umgesetzt.

3.3.3 Ist Sauerstoff vorhanden, so läuft die **aerobe Zellatmung** ab:

$$C_6H_{12}O_6 + 6\,O_2 \longrightarrow 6\,CO_2 + 6\,H_2O$$

3.3.4 **Benennung:** Glykolyse

Reihenfolge:
1) Glukose
2) 3-Phosphoglycerinaldehyd (PGA)
3) 3-Phosphoglycerinsäure (PGS)
4) Brenztraubensäure (Pyruvat)

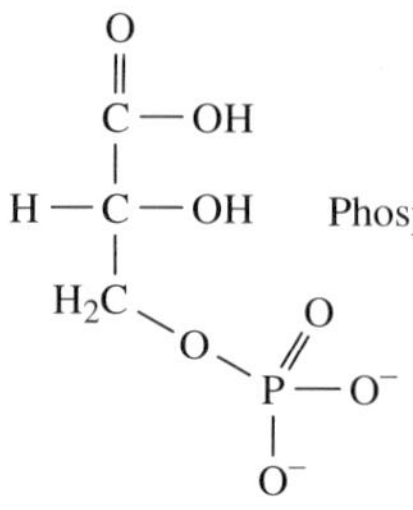

Phosphoglycerinsäure (PGS)

Es können alternativ natürlich auch die Strukturformeln von Glukose, 3-Phosphoglycerinaldehyd (PGA) oder Brenztraubensäure (Pyruvat) angegeben werden.

3.3.5 Der **oxidative Abbau** der Glukose ergibt 38 Mol ATP pro Mol Glukose. Durch den hohen Energiegewinn kann eine stärkere Vermehrung der Hefezellen stattfinden. Bei der **Gärung** werden nur 2 Mol ATP pro Mol Glukose erzielt, dadurch ist die Vermehrung deutlich geringer.

Als Alternative könnte auch die Giftwirkung des Alkohols zur Begründung herangezogen werden. Bei höherer Konzentration von Alkohol sterben Zellen ab.

3.3.6 Steht genügend Sauerstoff zur Verfügung, findet in den Zellen Zellatmung statt. Bei Sauerstoffentzug kann die Endoxidation nicht mehr ablaufen, in der das $NADH/H^+$ mithilfe von O_2 zu NAD recycelt wird (dabei entsteht ATP und H_2O). Dadurch kommt es zur Anhäufung von $NADH/H^+$. Da die Zellen durch die alkoholische Gärung das angesammelte $NADH/H^+$ verbrauchen, kommt es lediglich zu einem vorübergehenden Anstieg.

Profil-/Neigungsfach Biologie (Baden-Württemberg): Abituraufgaben 2017
Aufgabe I: Human- und Molekulargenetik, Gentechnologie

BE

1.1 Im Jahr 1942 wurde ein Patient erstmals mit dem Antibiotikum Penicillin behandelt. Heute zählen Antibiotika zu den weltweit am häufigsten verschriebenen Medikamenten, um bakterielle Infektionen zu bekämpfen. Hierbei sollen gezielt nur prokaryotische Zellen in ihrer Vermehrung gehindert werden.

1.1.1 Vergleichen Sie das prokaryotische und eukaryotische Erbgut in drei Aspekten. 3

1.1.2 Nennen Sie ein Beispiel Ihrer Wahl für einen Angriffsort eines Antibiotikums und erklären Sie die damit verbundene Wirkung auf die Bakterienzelle. 2

1.1.3 Bevor die Entscheidung getroffen wird, welches Antibiotikum einem Patienten verabreicht wird, kann die Wirksamkeit verschiedener Antibiotika gegen ein bestimmtes Bakterium überprüft werden (Resistenztestung). Beschreiben Sie mithilfe einer Skizze eine Methode, um wirksame Antibiotika zu identifizieren. 3

1.2 Neben den negativen Aspekten als Krankheitserreger können Bakterien auch eingesetzt werden, um Medikamente gentechnisch herzustellen. So wird beispielsweise zur Behandlung von Kleinwüchsigkeit der Wachstumsfaktor IGF-1 mithilfe von gentechnisch veränderten *E. coli*-Bakterien hergestellt. Abbildung 1 zeigt die schematische Plasmidkarte des Plasmids pBR322, das bei der Herstellung des transgenen Stammes von *E. coli* verwendet wird. Die Gene für die Ampicillinresistenz (amp), der Tetracyclinresistenz (tet) sowie der Replikationsursprung (ori) sind eingezeichnet. Die Basenpaarpositionen der Restriktionsschnittstellen PstI, EcoRI, EcoRV, HindIII, BamHI, SalI und NdeI sind ebenfalls eingetragen.

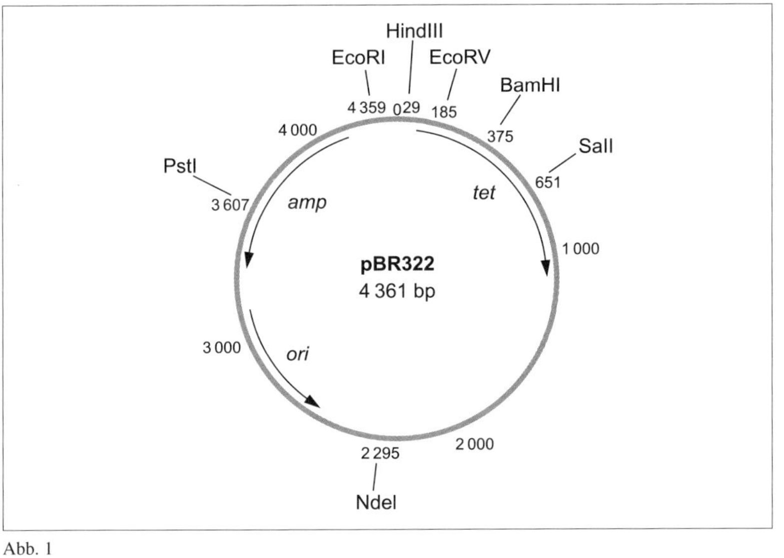

Abb. 1

1.2.1 Begründen Sie, welche der in Abbildung 2 dargestellten Restriktionsenzyme sich für die Herstellung des rekombinanten Plasmids eignen. 4

Beispiel einer möglichen Fremd-DNA mit einzuschleusendem IGF-1-Gen:

5' GATATCGCTAACTGCAGTTGGATCCAT··· | IGF-1-Gen | ··· TGAATTCGGATCCTACTGCAGA 3'
3' CTATAGCGATTGACGTCAACCTAGGTA··· | | ··· ACTTAAGCCTAGGATGACGTCT 5'

Restriktionsenzyme und ihre Schnittstellen:

EcoRI	PstI	BamHI	SalI	EcoRV
5' G/AATTC 3'	5' CTGCA/G 3'	5' G/GATCC 3'	5' G/TCGAC 3'	5' GAT/ATC 3'
3' CTTAA/G 5'	3' G/ACGTC 5'	3' CCTAG/G 5'	3' CAGCT/G 5'	3' CTA/TAG 5'

Abb. 2

1.2.2 Nach dem Gentransfer des Plasmids in *E. coli*-Zellen findet die Selektion der zur IGF-1-Produktion geeigneten Bakterienkolonien mithilfe der Stempeltechnik statt. Dabei werden die Bakterienkolonien eines Nährbodens ohne Antibiotikum (A) mithilfe eines Samtstempels in derselben Orientierung auf zwei weitere Nährböden B und C übertragen. In der nachfolgenden Abbildung 3 ist das Ergebnis dargestellt. Erklären Sie das unterschiedliche Auftreten der Bakterienkolonien auf den Nährböden A, B bzw. C der Abbildung 3. Begründen Sie damit, an welcher Stelle des Plasmids der Einbau des IGF-1-Gens tatsächlich erfolgte und welches Restriktionsenzym zum Einsatz kam. 4

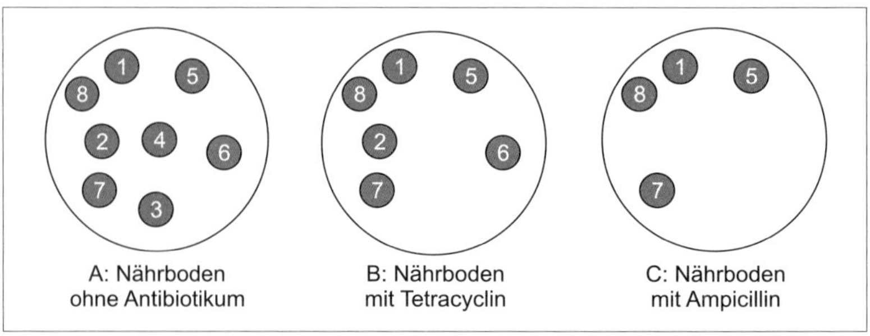

Abb. 3: Ergebnis der Selektion

1.3 IGF-1 ist derzeit eine Modedroge und wird etwa im Bodybuilding zur Kontrolle des Muskelwachstums missbraucht. Bisher mussten Substanzen zur Leistungssteigerung regelmäßig zugeführt werden. Basierend auf den Entwicklungen der Gentherapie könnten aber in naher Zukunft Erbinformationen (DNA) in den Körper eingebracht werden, die die Leistungsfähigkeit eines Sportlers mitbestimmen. Diese transgene DNA sorgt dann vor Ort für eine erhöhte Produktion körpereigener, leistungssteigernder Stoffe.

1.3.1 Abbildung 4 zeigt ein mögliches gentherapeutisches Verfahren zur Einschleusung eines Fremdgens in die menschliche DNA. Benennen Sie das Verfahren und beschreiben Sie die mit 1 bis 4 beschrifteten Verfahrensschritte. 3

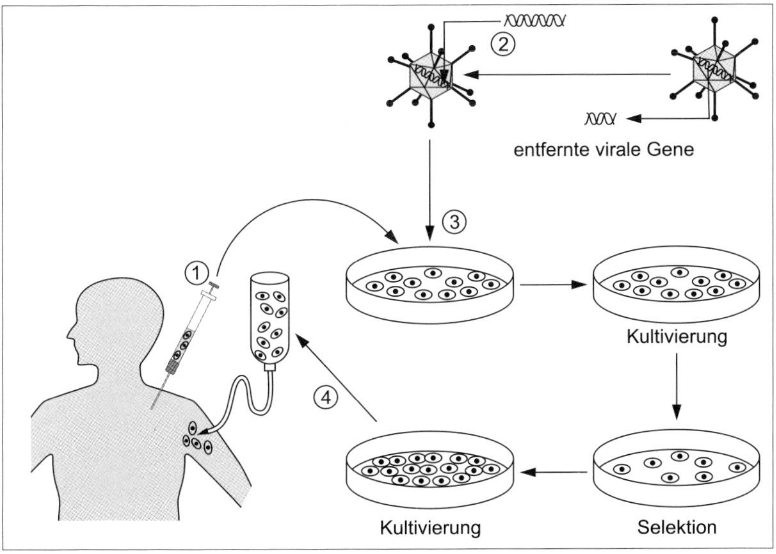

Abb. 4: Quelle: Braun, J., Paul, A., Westendorf-Bröring, E.: Biologie heute SII, Schroedel Schulbuchverlag, 2011, S. 200, verändert

∗ 1.3.2 Lebewesen, die Fremd-DNA enthalten, nennt man transgen. Zeigen Sie an je einem selbstgewählten Beispiel den praktischen Einsatz eines bereits hergestellten transgenen tierischen und pflanzlichen Organismus auf.
Erläutern Sie an einem Ihrer Beispiele je einen Vor- und Nachteil des Einsatzes der Gentechnik. 4

1.4 Auf der Suche nach Pflanzen, die in kurzer Zeit viel Biomasse produzieren können, sind sogenannte „Energiepappeln" im Visier von Biotechnologen. Pappeln sind schnellwachsend und z. B. leicht durch Stecklinge zu vermehren. Die normale Kreuzung verschiedener Arten ist allerdings sehr zeitintensiv. Deshalb wird zur Züchtung von neuen Arten auch die Methode der Protoplastenfusion eingesetzt.

Dabei konnten bereits Pflanzen mit signifikant höheren Wachstumsraten gezüchtet werden. Dies bedeutet, dass die Pflanzen schneller wachsen und die Ernte somit früher erfolgen kann. Untersucht werden folgende Pappelarten:

1) Hybrid-Aspe (Ergebnis der Kreuzung von *Populus tremula* und *Populus tremuloides*), $2n = 38$: geringe Ansprüche an den Standort.
2) Schwarzpappel *(Populus nigra)*, $2n = 38$: schnell wachsend.

1.4.1 Zu einer natürlichen Kreuzung benötigt man die Keimzellen der beiden Pflanzenarten. Geben Sie an, wie viele Chromosomen die Keimzellen der beiden Arten enthalten. Beschreiben Sie die Bildung der Keimzellen. 3

∗ 1.4.2 Erläutern Sie die Methode der Protoplastenfusion, um die oben genannten Pappelarten künstlich miteinander zu kombinieren, und geben Sie den Chromosomensatz der neuen Pappelart an. 4

30

* Aufgabe stellt Anforderungen, die ab dem Abitur 2024 nicht oder nur mehr eingeschränkt prüfungsrelevant sind.

Lösungen

1.1.1 *Der Vergleich muss nicht als Tabelle erfolgen. Es sind nur drei Aspekte verlangt.*

prokaryotisches Erbgut	**eukaryotisches Erbgut**
DNA liegt frei im Cytoplasma	DNA befindet sich im Zellkern
ringförmiges DNA-Molekül	mehrere lineare Chromosomen
haploid	diploid
enthält eventuell Plasmide	enthält keine Plasmide
keine Histone vorhanden	Histone vorhanden
keine Introns vorhanden	Introns vorhanden

1.1.2 *Die Namen der Antibiotika sind nicht gefordert.*

Antibiotika, wie z. B. Penicillin, bewirken eine **Störung der Zellwandsynthese**. Dadurch kommt es zur Auflösung der Zellwand und die Bakterienzelle platzt.

Alternative: Störung der Proteinbiosynthese durch Antibiotika, wie z. B. Streptomycin. Stoffwechselreaktionen werden gestört bzw. blockiert, da wichtige Enzyme fehlen bzw. falsch translatiert werden.

1.1.3 Um die Wirksamkeit verschiedener Antibiotika gegen ein bestimmtes Bakterium zu prüfen, eignet sich der **Hemmhoftest**. Auf einen Bakterienrasen einer Petrischale wird ein Antibiotika-Testring mit verschiedenen Antibiotika gelegt. Die kleinen Kreise sind jeweils mit einem Antibiotikum getränkt. Um das jeweilige Antibiotikum wird das Wachstum der Bakterien gehemmt bzw. die Bakterien lysiert, sodass sich ein sichtbarer Hemmhof bildet. Je größer der Hemmhof, desto besser die Wirksamkeit des Antibiotikums.

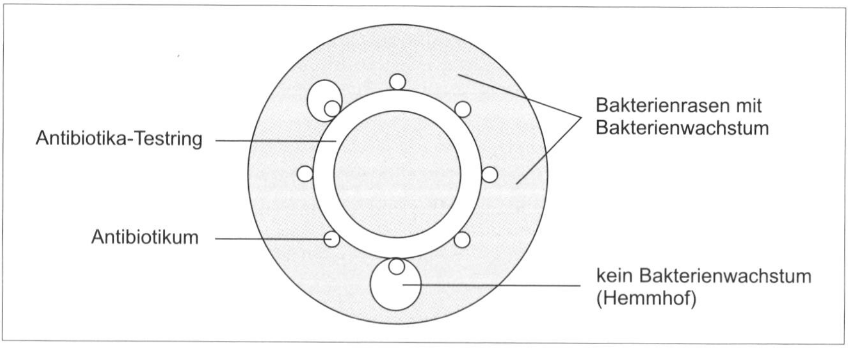

1.2.1 Ein geeignetes Restriktionsenzym muss sowohl das **Plasmid** schneiden – und zwar in einem der beiden Resistenzgene – als auch das **IGF-1-Gen** der Fremd-DNA ausschneiden.
Für das **Schneiden des Plasmids** kommen die Restriktionsenzyme PstI (Schnittstelle im Ampicillinresistenzgen), EcoRV, BamHI oder SalI (Schnittstellen im Tetracyclinresistenzgen) infrage.

Da EcoRV die Fremd-DNA nur einmal und SalI gar nicht schneidet, bleiben nur die Restriktionsenzyme **PstI** und **BamHI** übrig, die beide die Fremd-DNA zweimal an geeigneten Stellen schneiden, sodass das intakte IGF-1-Gen isoliert werden kann.

Sequenz des ausgeschnittenen IGF-1-Gens mit BamHI (nicht verlangt):

5' GATCCAT ...	IGF-1-Gen	... TGAATTCG 3'
3' GTA ...	IGF-1-Gen	... ACTTAAGCCTAG 5'

1.2.2 Bakterien, die kein Plasmid aufgenommen haben und damit keine Antibiotikaresistenz zeigen, können sowohl auf dem Nährboden B als auch auf dem Nährboden C nicht wachsen. Das sind die **Kolonien 3 und 4**.
Bakterien, deren Plasmide unverändert geblieben sind, wachsen auf Nährboden B und C, dies sind die **Kolonien 1, 5, 7 und 8**.
Bakterien, die ein rekombinantes Plasmid (mit eingebautem IGF-1-Gen) haben, besitzen nur noch gegen eines der beiden Antibiotika eine Resistenz und wachsen daher nur auf Nährboden B oder C. Die **Kolonien 2 und 6** wachsen nur auf dem Nährboden mit Tetracyclin. Daraus folgt, dass das IGF-1-Gen im Bereich des Ampicillin-Gens eingebaut wurde und zwar mit dem **Restriktionsenzym PstI**.

1.3.1 Dargestellt ist das Ex-vivo-Verfahren der **somatischen Gentherapie**. Es sind die folgenden Schritte zu erkennen:
1. Entnahme von Stammzellen aus dem Körper der Zielperson
2. Einschleusen des IGF-1-Gens in ein geeignetes Virus
3. Infektion der Stammzellen mit den IGF-1 enthaltenden Viren
4. Übertragung der veränderten Stammzellen in die Zielperson

Das bei Schritt 2 verwendete Virus enthält keine viralen Gene mehr. Vor Schritt 4 werden die Zellen kultiviert, selektiert und erneut kultiviert.

1.3.2 Ein Beispiel für einen transgenen tierischen Organismus ist eine **Ziege**, die ein Medikament – ein Mittel, das die Blutgerinnung hemmt – herstellt. Das Medikament wird mit der Milch ausgeschieden, woraus es isoliert werden kann.
Ein Beispiel für eine transgene Pflanze ist der **Bt-Mais**. Pflanzen mit einem Gen aus *Bacillus thuringiensis* sind gegen einen Schädling, den Maiszünsler, resistent.
Ein **Vorteil des Bt-Maises** ist eine mögliche Ertragssteigerung. Die Pflanzen sind gegen den Maiszünsler resistent und ein Ertragsausfall durch diesen Schädling wird verhindert.
Ein **Nachteil** dieser transgenen Pflanzen ist die Gefahr des Übertritts der Schädlingsresistenz auf Wildpflanzen. Das könnte möglicherweise große Auswirkungen auf das Ökosystem haben.

*Ein weiterer möglicher Vorteil des **Bt-Maises** ist der verminderte Einsatz von Insektiziden. Als weitere mögliche Nachteile können negative Auswirkungen auf die Gesundheit des Menschen und die Abhängigkeit vom Saatgut entsprechender Hersteller genannt werden.*
*Alternativ kann auch ein Vor- und ein Nachteil der **transgenen Ziege** erläutert werden.*
***Vorteile:** günstige Produktion eines Medikaments, Medikament gleicht dem humanen Blut-Gerinnungsstoff*
***Nachteile:** Überprüfung des stabilen Einbaus der eingeschleusten DNA, Veränderung des Genpools, natürliche Kreuzungsschranken werden übersprungen*

1.4.1 Die Keimzellen enthalten jeweils **19 Chromosomen**.
Bildung der Keimzellen: In der Meiose I kommt es zur Trennung der homologen Chromosomenpaare, in der Meiose II werden die Chromatiden getrennt.

Die einzelnen Phasen der Meiose sind nicht verlangt.

1.4.2 Protoplasten können gewonnen werden, indem die Zellwand enzymatisch abgebaut wird. Die Protoplasten der beiden Arten werden zusammengebracht und durch einen elektrischen Impuls wird die Verschmelzung ausgelöst. Die fusionierten Hybridzellen werden auf Nährmedium kultiviert, vermehrt und eine neue Pflanze wird generiert.
Infolge der **Protoplastenfusion** entstehen tetraploide Zellen mit 76 Chromosomen (4n), sodass der Chromosomensatz der neuen Pappelart **76 Chromosomen (4n)** ist.

Profil-/Neigungsfach Biologie (Baden-Württemberg): Abituraufgaben 2017
Aufgabe II: Nervenphysiologie, Steuerungs- und Regelungsvorgänge, Evolution

BE

2.1 Dopamin ist ein Neurotransmitter, der im Gehirn die Weiterleitung der Erregungen von Nervenzelle zu Nervenzelle möglich macht. Dopamin wirkt wie Acetylcholin, allerdings wird Dopamin nicht über Enzyme abgebaut, sondern über spezifische Kanäle zurückgeführt.
Die Droge *Crystal Meth* (Wirkstoff Methamphetamin) wirkt auf den Übertragungsweg des Dopamins (Abbildung 1). Es wird direkt durch die Zellmembran in die Nervenzelle aufgenommen. *Crystal Meth* bewirkt eine verstärkte lang anhaltende Reaktion an der nachgeschalteten Nervenzelle.

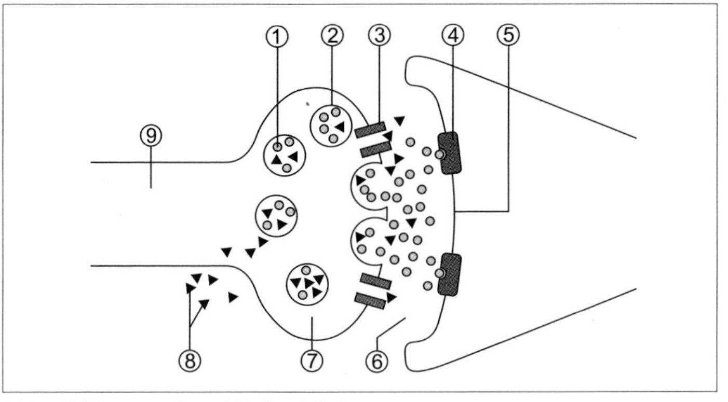

Abb. 1: Wirkung von *Crystal Meth* auf die Synapse.
Daten nach: U.S. Department of Health and Human Services, National Institutes of Health

2.1.1 Beschreiben Sie die Erregungsweiterleitung an einer erregenden Synapse. 3

2.1.2 Übernehmen Sie die Ziffern der Abbildung 1 in Ihre Lösung und ordnen Sie ihnen die jeweiligen Fachbegriffe zu. 3

2.1.3 Entwickeln Sie zwei Hypothesen, an welchen Stellen an der Synapse die Droge *Crystal Meth* ihre Wirkung entfalten könnte. Beschreiben Sie jeweils die Auswirkungen an der Synapse. 2

*2.1.4 *Crystal Meth* verursacht im Körper einen Stresszustand.

*2.1.4.1 Geben Sie an, welcher Bereich des vegetativen Nervensystems dadurch angesprochen wird, und nennen Sie die dadurch entstehenden Auswirkungen auf den Körper anhand von 4 Beispielen. 3

*2.1.4.2 Erläutern Sie den biologischen Sinn dieser Stressreaktion. 2

*2.1.4.3 In lang anhaltenden Stresssituationen schüttet der Körper u. a. das lipophile Steroidhormon Cortisol aus. Nennen Sie zwei Langzeitfolgen eines erhöhten Cortisolspiegels. 2

*2.1.4.4 Stellen Sie die Primärwirkung von Cortisol an der Zielzelle anhand einer beschrifteten Skizze dar. 4

* Aufgabe stellt Anforderungen, die ab dem Abitur 2024 nicht oder nur mehr eingeschränkt prüfungsrelevant sind.

∗ 2.2 Schlafmangel bewirkt im Körper ebenfalls Stress. Dieser wirkt sich auf das Essverhalten aus. Leptin und Ghrelin sind zwei von vielen Hormonen, die die Nahrungsaufnahme regulieren. Leptin wird von Fettzellen entsprechend ihrem Fettgehalt ins Blut freigesetzt, passiert die Blut-Hirn-Schranke und aktiviert im Gehirn appetitzügelnde Signale und hemmt appetitanregende. Ghrelin wird bei leerem Magen aus der Magenwand freigesetzt und aktiviert im Gehirn die Freisetzung eines Peptids, das Hunger auslöst.

∗ 2.2.1 Abbildung 2 zeigt den Konzentrationsverlauf von Leptin und Ghrelin in Abhängigkeit von der Nahrungsaufnahme. Ordnen Sie den beiden Hormonen begründet jeweils die entsprechende Kurve zu und erläutern Sie unter Einbeziehung des Diagramms das Prinzip des Antagonismus. Führen Sie zwei weitere Beispiele dafür aus dem menschlichen Organismus an. 4

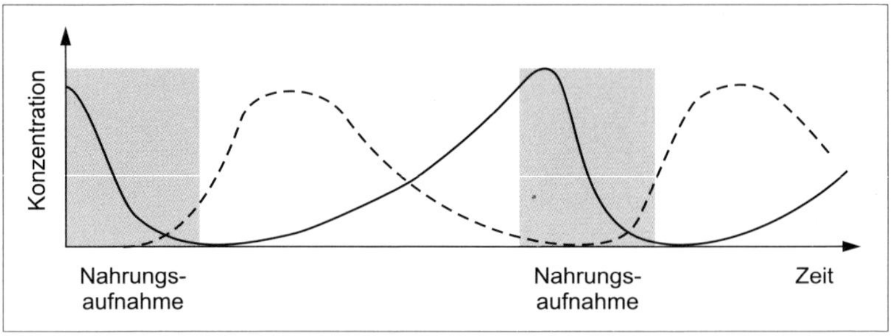

Abb. 2: Daten nach: Speakman, J. R. (2014): If body fatness is under physiological regulation, then how come we have an obesity epidemic? In: Physiology, Vol. 29, No. 2

∗ 2.2.2 Nennen Sie eine Gehirnregion, auf die Leptin und Ghrelin Ihrer Meinung nach wirken könnten, und begründen Sie Ihre Vermutung. 2

2.3 Um den Bedarf an Omega-3-Fettsäuren zu decken, empfiehlt sich der Konsum von Fisch. Schollen sind beliebte Speisefische. Langanhaltende kommerzielle Fischerei kann einen Selektionsfaktor darstellen (Abbildung 3). Der Fang der Schollen erfolgt mit Grundschleppnetzen mit einer vorgeschriebenen Mindestmaschenweite.

* Aufgabe stellt Anforderungen, die ab dem Abitur 2024 nicht oder nur mehr eingeschränkt prüfungsrelevant sind.

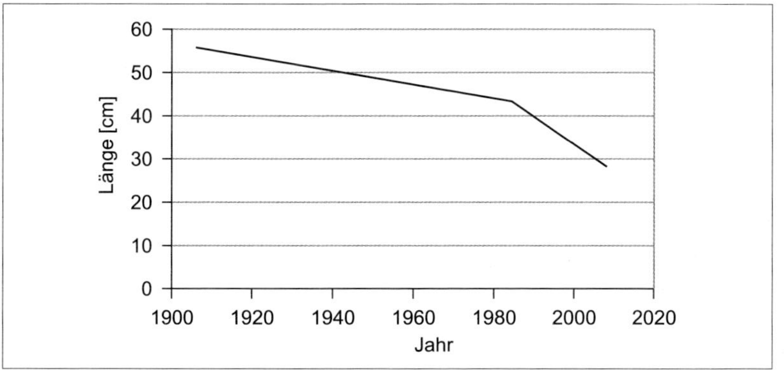

Abb. 3: Körperlänge von 4-jährigen Schollen, die mit 90-prozentiger Wahrscheinlichkeit in der kommenden Saison geschlechtsreif werden.
Daten nach: maribus (Hrsg.): World Ocean Review 2/2013. Die Zukunft der Fische – die Fischerei der Zukunft. Hamburg, S. 27

2.3.1 Beschreiben Sie die Auswirkung der Fischerei auf die Schollenpopulation mithilfe der Abbildung 3. 2

2.3.2 Erklären Sie nach der synthetischen Evolutionstheorie, warum es durch die Fischerei zu den in Abbildung 3 dargestellten Ergebnissen kommt. 3

30

Lösungen

2.1.1 **Die Erregungsweiterleitung erfolgt in den folgenden Schritten:**

1. Aktionspotenziale erreichen das Endknöpfchen.
2. Spannungsgesteuerte Ca^{2+}-Kanäle öffnen sich und Ca^{2+}-Ionen strömen in das Zellinnere des Endknöpfchens (aufgrund des Ca^{2+}-Konzentrationsgradienten: außen hohe Konzentration, innen niedrigere Konzentration).
3. Vesikel mit Transmitter verschmelzen mit der präsynaptischen Membran und schütten die Neurotransmitter in den synaptischen Spalt aus.
4. Die Neurotransmitter diffundieren durch den synaptischen Spalt und binden an den spezifischen Rezeptor der postsynaptischen Membran.
5. Rezeptorabhängige Na^{+}-Kanäle öffnen sich, Na^{+}-Ionen strömen in die nachgeschaltete Nervenzelle und führen dort zu einem erregenden postsynaptischen Potenzial (EPSP).

2.1.2 **Zuordnung der Fachbegriffe:**

1: Dopamin; **2:** Vesikel; **3:** Kanal für Rücktransport des Dopamins;
4: Dopaminrezeptor; **5:** postsynaptische Membran; **6:** synaptischer Spalt;
7: Endknöpfchen; **8:** *Crystal Meth*; **9:** Axon

2.1.3 **Zwei Hypothesen:**

1. *Crystal Meth* bewirkt eine schlagartige Entleerung der Vesikel. Durch die hohe Konzentration des Neurotransmitters im synaptischen Spalt kommt es zu einer starken Erregung.
2. Eine dauerhafte Bindung von *Crystal Meth* an den Dopaminrezeptor führt zu einer dauerhaften Erregung.

Alternative Hypothesen: Aktivierung der Ca^{2+}-Kanäle, Blockierung des Dopamin-Rücktransports

2.1.4.1 Die Droge wirkt fördernd auf den **Sympathikus**. Dadurch ergeben sich folgende Wirkungen: Erweiterung der Pupillen, Beschleunigung des Herzschlags, Hemmung der Peristaltik des Verdauungstrakts und Förderung der Glucoseausschüttung.

Es sind nur vier Beispiele gefordert. Weitere Beispiele sind: Hemmung der Blasenkontraktion, Verengung der Blutgefäße, Beschleunigung der Atemfrequenz.
Crystal Meth ist eine Droge, die abhängig macht und neben vielen anderen Nebenwirkungen z. B. Herzrhythmusstörungen oder Leberschäden hervorruft. Großes Problem ist auch die Verunreinigung der Droge, wodurch die Intensität und die möglichen Nebenwirkungen unkalkulierbar werden.

2.1.4.2 Der Körper kann somit **schnell auf Gefahren reagieren** (Fight-or-flight-Syndrom). Durch die erhöhte Sauerstoffaufnahme, die bessere Durchblutung und den höheren Glucosespiegel im Blut wird die Muskulatur effizient versorgt.

2.1.4.3 Das Steroidhormon **Cortisol** der Nebennierenrinde wirkt entzündungshemmend und immunsuppressiv.

Es können auch andere Beispiele genannt werden. Cortisol bewirkt weiterhin einen Abbau des Muskelproteins, fördert den Fettaufbau und kann einen klinischen Diabetes bedingen.

2.1.4.4 Cortisol wirkt über eine Genaktivierung. Als **lipophiles Hormon** durchdringt es die Zellmembran und bindet an einen cytoplasmatischen Rezeptor. Der Hormon-Rezeptor-Komplex gelangt in den Zellkern und sorgt z. B. als Transkriptionsfaktor für das Ablesen der DNA.

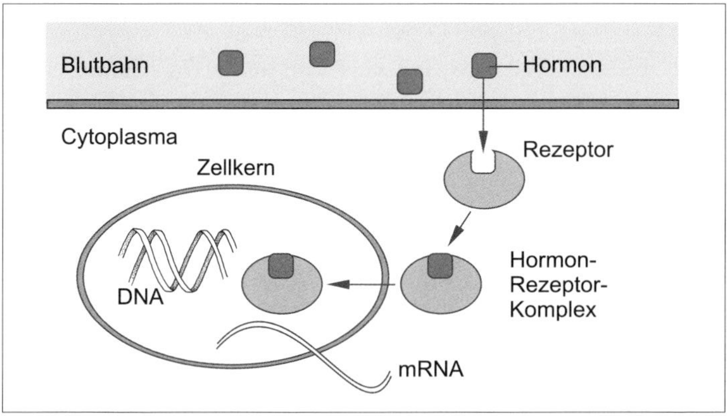

2.2.1 Die durchgezogene Linie ist **Ghrelin** zuzuordnen, die gestrichelte Linie **Leptin**. Bei und nach der Nahrungsaufnahme sinkt die **Ghrelinkonzentration** stark ab. Mit zunehmender Dauer zwischen den Mahlzeiten steigt die Ghrelinkonzentration wieder an, wodurch das Peptid, das Hunger auslöst, im Gehirn freigesetzt wird und die nächste Nahrungsaufnahme erfolgt. Im Gegensatz dazu steigt die **Leptinkonzentration** kurz nach der Mahlzeit an und löst damit ein Sättigungsgefühl aus und wirkt somit appetitzügelnd. Die Leptinkonzentration fällt dann zwischen den Mahlzeiten wieder ab, während die Ghrelinkonzentration steigt. Dieses Wechselspiel bezeichnet man als **Antagonismus**. Im Diagramm wird das Prinzip des Antagonismus durch die Gegenläufigkeit der beiden Kurven demonstriert.
Zwei weitere Beispiele sind Sympathikus und Parasympathikus und die Hormone Insulin/Glucagon.

Alternatives Beispiel: Beuge- und Streckmuskeln der Skelettmuskulatur

2.2.2 Leptin und Ghrelin könnten auf das **Zwischenhirn** wirken. Dieses ist mit Hypothalamus und Hypophyse für die Regulation vieler Hormone zuständig. Dazu gehören auch Hormone, die an der Regulation des Energiehaushaltes beteiligt sind.

2.3.1 Die Körperlänge der vierjährigen Schollen, die mit 90 %iger Wahrscheinlichkeit in der nächsten Saison geschlechtsreif werden, nimmt seit 1900 immer mehr ab. Eine bedeutend schnellere **Abnahme der Länge** ist ab 1980 zu beobachten.

2.3.2 **Mutation** und **Rekombination** sind die Ursache für die unterschiedlichen Größen der Individuen einer Population. Die Maschenweite der Fischfangnetze bedingt, dass die größeren Fische im Netz gefangen bleiben, während die kleineren entwischen können. Sie werden also in größerer Anzahl geschlechtsreif und können ihre Gene an die nächste Generation weitergeben. Durch diesen Selektionsdruck erhöht sich die Chance der kleinen Fische, ihre Gene im Genpool zu halten.

BE

3.1 Abbildung 1 zeigt das sogenannte „Tomatenfisch-Projekt" des in Berlin angesiedelten Leibniz-Instituts für Gewässerökologie und Binnenfischerei (IGB), ein gefördertes Projekt zur nachhaltigen Nahrungsmittelproduktion. Dabei werden in einem geschlossenen Gewächshaus gleichzeitig Süßwasserfische *(Tilapia)* und Tomaten produziert. Beide Organismen haben eine Vorliebe für eine Umgebungstemperatur von 27 °C.

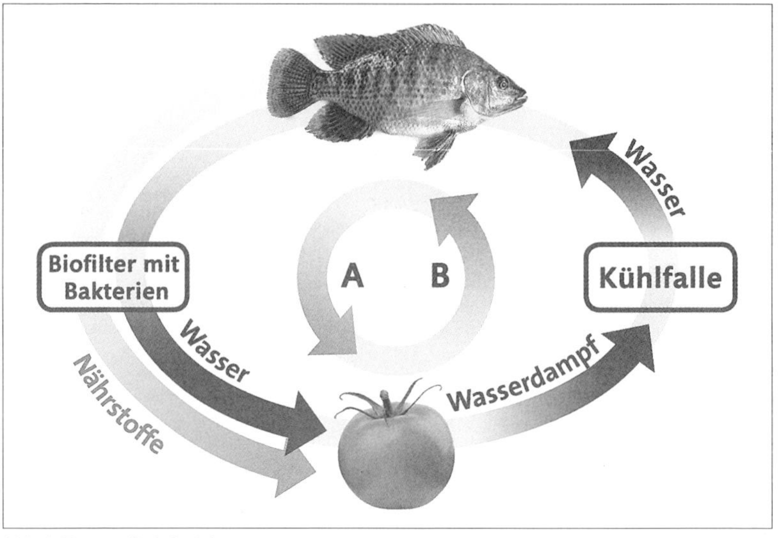

Abb. 1: Tomatenfisch-Projekt
Quelle: Leibniz-Institut für Gewässerökologie und Binnenfischerei (IGB)

In dem in Abbildung 1 dargestellten Biofilter werden die sich im Brauchwasser der Fische anreichernden organischen Abfälle (z. B. Ausscheidungen der Fische) mithilfe von aeroben Bakterien abgebaut, bevor das Wasser zu den Tomatenpflanzen gelangt.

3.1.1 Benennen Sie den Stoffwechselprozess und formulieren Sie die Summengleichung der Reaktion, die den Bakterien im Biofilter zur Energiegewinnung dient. 2

3.1.2 Ordnen Sie den Buchstaben A und B in Abbildung 1 die jeweiligen Stoffe aus dem Stoffkreislauf zu.
Die Tomatenpflanzen gedeihen in einem Gewächshaus mit mehr Fischen besser als bei Anwesenheit von wenigen Fischen. Begründen Sie diesen Sachverhalt. 2

3.1.3 Nennen Sie den Fachbegriff für die Organismengruppen im Stoffkreislauf und erläutern Sie deren Bedeutung.
Geben Sie zu jeder Organismengruppe den jeweiligen Vertreter aus der Abbildung 1 an. 3

3.1.4 Bei Schlechtwetterperioden ließen sich die ungünstigen Lichtverhältnisse im Gewächshaus durch Zuschaltung von künstlichem Licht ausgleichen. Zur Verfügung stehen weiße, gelbe, rote, blaue und grüne LED-Lampen. Erläutern Sie, welche dieser LED-Lampen hierzu einsetzbar sind. 2

3.1.5 Beurteilen Sie das IGB-Projekt hinsichtlich seines Verbrauchs an Ressourcen im Vergleich zur herkömmlichen voneinander getrennten Fischzucht und Produktion von Tomaten unter Angabe von drei Argumenten. 3

3.1.6 Stellen Sie die Abhängigkeit der Fotosyntheserate der Tomatenpflanzen von der Temperatur in einem Diagramm dar. Erklären Sie den Kurvenverlauf. 3

3.2 Im Jahr 2004 wurde nach langer Suche in Nordkanada das Fossil gefunden, das den Übergang der Fische zu Landwirbeltieren mit vier Gliedmaßen, den Tetrapoden, nachvollziehbar erscheinen lässt. Die Paläontologen wählten *Tiktaalik* als Bezeichnung aus, was in der Sprache der ansässigen Inuit so viel bedeutet wie „großer Süßwasserfisch". Der Lebensraum von *Tiktaalik* waren Sumpfgebiete und flache Tümpel.

Abb. 2: *Tiktaalik*.
Quelle: Obsidian Soul, lizenziert unter cc-by-4.0

3.2.1 Fossilien können auf unterschiedliche Weise entstehen. Erläutern Sie zwei Arten der Fossilisation. 3

3.2.2 *Tiktaalik* konnte dem späten Devon vor 375 Millionen Jahren zugeordnet werden. Für die Einordnung von Fossilien sind grundsätzlich verschiedene Datierungsmethoden möglich. Eine mögliche Methode zur Altersbestimmung eines Fossils ist die Radiokarbonmethode. Begründen Sie mithilfe von Abbildung 3, ob die Radiokarbonmethode zur Altersbestimmung des *Tiktaalik* geeignet ist.

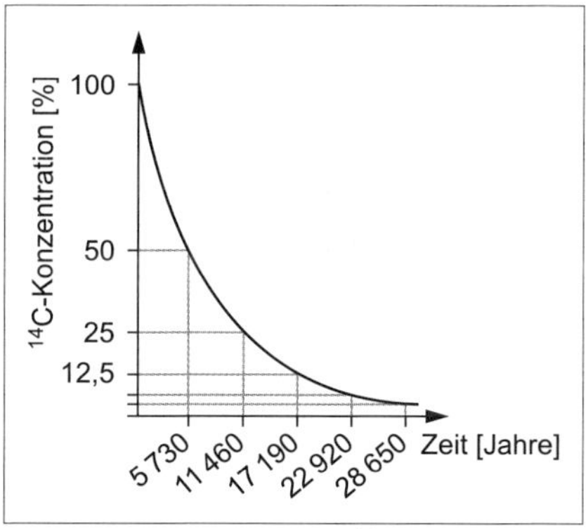

Abb. 3: Radioaktiver Zerfall von ^{14}C.
Quelle: Braun, J., Paul, A., Westendorf-Bröring, E.: Biologie heute SII, DVD zum Buch, Schroedel Schulbuchverlag, 2011 2

3.2.3 Diskutieren Sie unter Verwendung von Abbildung 4, ob *Tiktaalik* als Brückentier angesehen werden kann. 3

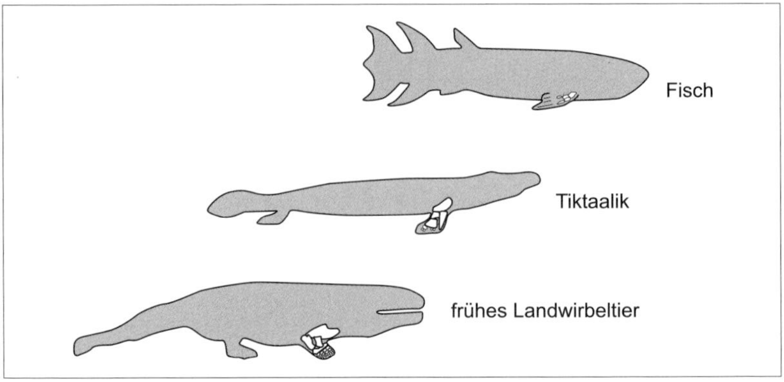

Abb. 4: Quelle: John Westlund / University of Chicago, verändert

3.2.4 Die Vordergliedmaßen von Fisch, *Tiktaalik* und frühen Landwirbeltieren sind homolog zueinander. Begründen Sie diesen Sachverhalt anhand zweier Homologiekriterien. 2

3.2.5 In seltenen Fällen kann es bei Schlangen zu einer Ausbildung von Hintergliedmaßen kommen.
Benennen Sie dieses Phänomen und begründen Sie, ob es sich als ein Beleg für die Abstammung der Schlangen von den frühen Landwirbeltieren heranziehen lässt. 2

3.2.6 Beschreiben Sie eine molekularbiologische Methode zur Überprüfung von Verwandtschaftsverhältnissen. 3

30

Lösungen

3.1.1 Da es sich um aerobe Bakterien handelt, läuft die **Zellatmung** ab:

$$C_6H_{12}O_6 + 6\,O_2 \longrightarrow 6\,CO_2 + 6\,H_2O$$

3.1.2 **Zuordnung:**

A: Kohlenstoffdioxid

B: Sauerstoff *(Glucose wäre auch denkbar)*

Begründung: Erhöht sich die Anzahl an Fischen, wird mehr Kohlenstoffdioxid produziert. Da der CO_2-Gehalt der Luft unterhalb der CO_2-Sättigungsgrenze liegt, sorgt mehr Kohlenstoffdioxid für eine höhere Fotosyntheserate und damit für ein besseres Pflanzenwachstum.

3.1.3 **Organismengruppen im Stoffkreislauf:**
- **Produzenten** erzeugen Sauerstoff und Biomasse. Vertreter der Produzenten in Abbildung 1 sind die Tomatenpflanzen.
- **Konsumenten** brauchen die Biomasse zur Erzeugung ihrer Energie und geben dabei CO_2 ab. Vertreter der Konsumenten in Abbildung 1 sind die *Tilapia*-Fische.
- **Destruenten** bauen die Biomasse (abgestorbene Organismen und Ausscheidungen) ab und mineralisieren sie. Vertreter der Destruenten in Abbildung 1 sind die Bakterien.

3.1.4 **Weiße, rote** und **blaue LED-Lampen** sind geeignet. Rote und blaue Lampen sind geeignet, da ihre Wellenlängen vom Chlorophyll absorbiert werden. Aufgrund der hohen Fotosyntheserate erfolgt ein starkes Pflanzenwachstum. Weißes Licht enthält in seinem Spektrum alle sichtbaren Wellenlängen, also auch rotes und blaues Licht, welches vom Chlorophyll absorbiert wird. Aufgrund der hohen Fotosyntheserate ist ein starkes Pflanzenwachstum möglich.

3.1.5 Die **Ressourcen** werden durch dieses Projekt **geschont**.
- Durch den geschlossenen Wasserkreislauf kommt es zu einem geringeren Wasserverbrauch. Es muss kein Abwasser aufwendig aufbereitet werden.
- Die Mineralstoffe aus den organischen Abfällen der Fischkultur dienen als Dünger für die Tomaten, somit wird der Düngemittelbedarf reduziert.
- Da Tomatenpflanzen und Fische eine Umgebungstemperatur von 27 °C bevorzugen, kann der Energiebedarf insgesamt gesenkt werden.

3.1.6 Hier handelt es sich um eine **Optimumskurve**.
Unterhalb des Maximums der Kurve gilt die RGT-Regel (Reaktions-Geschwindigkeits-Temperatur-Regel), die besagt, dass eine Erhöhung der Temperatur um 10 °C eine Verdopplung der Reaktionsgeschwindigkeit zur Folge hat (im Diagramm Bereich A).
Oberhalb des Maximums der Kurve führt eine Denaturierung der Enzyme zu einem rapiden Abfall der Fotosyntheserate (im Diagramm Bereich B).

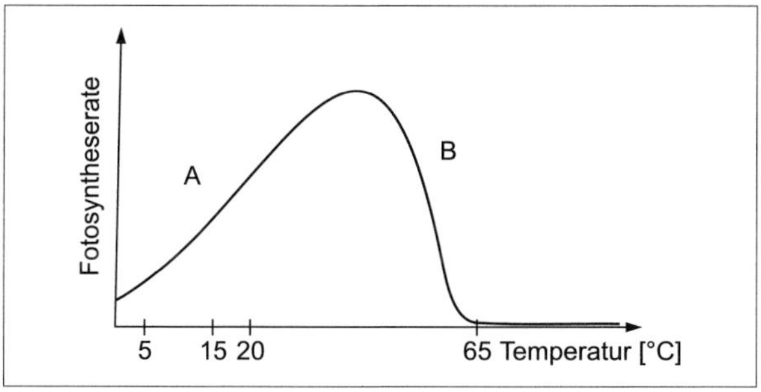

3.2.1 Fossilien sind konservierte Überreste von Lebensformen aus der Vergangenheit.
Zwei Arten der Fossilisation:
- Wird ein Tierkörper in ein Sediment (z. B. Ton) eingeschlossen, führt das Erhärten des Tons zu einer Konservierung von Skelett- und Hartteilen, die Weichteile hingegen zersetzen sich.
- Bei niedrigem Sauerstoffgehalt oder sehr trockener Luft werden Körper mumifiziert, da unter diesen Bedingungen keine Verwesung stattfindet.

Es sind auch andere Arten denkbar, wie Einschluss in Harz, das zu Bernstein wird.

3.2.2 Die ^{14}C-Konzentration ist nach Abbildung 3 bei 28 650 Jahren nur noch sehr niedrig und geht zunehmend gegen null. Da der *Tiktaalik* vor ca. 375 Millionen Jahren lebte, ist die Radiokarbonmethode in diesem Fall ungeeignet.

Nicht gefordert: Die Radiokarbonmethode nutzt die Tatsache, dass sich in der Atmosphäre ständig ^{14}N-Atome zu ^{14}C-Atomen umwandeln (Abgabe eines Protons). Diese werden als $^{14}CO_2$ durch die Fotosynthese gebunden und gelangen über die Nahrungskette in tierische Lebewesen. In einem Gramm einer C-haltigen Substanz zerfallen in einer Minute 15,3 Atome des ^{14}C-Isotops. Nach dem Tod wird kein ^{14}C mehr aufgenommen, aber der Zerfall geht weiter.

3.2.3 Brückentiere sind **Zwischenformen**, die Eigenschaften zweier verschiedener Tierordnungen zeigen. Der *Tiktaalik* kann als Brückentier angesehen werden.
Er besitzt Merkmale eines Fisches, z. B. die Flossen an den Hintergliedmaßen. Er besitzt aber auch Merkmale eines früheren Landwirbeltieres, z. B. die Vorderbeine.

3.2.4 **Homologe** Strukturen zeigen einen gemeinsamen Grundbauplan, haben aber verschiedene Funktionen. Der gemeinsame Grundbauplan beruht auf gemeinsamen Vorfahren, wurde aber in der Funktion durch unterschiedliche Umwelteinflüsse und -anforderungen abgewandelt.
- Das **Kriterium der Lage** ist erfüllt, da die Lage der Vordergliedmaßen übereinstimmt.
- Das **Kriterium der Stetigkeit** ist erfüllt, da die Vordergliedmaßen in ihrer Entwicklung durch Zwischenformen *(Tiktaalik)* miteinander verbunden sind.

Alternative: Das Kriterium der spezifischen Qualität von Merkmalen ist erfüllt, da es Übereinstimmungen in spezifischen Details (z. B. anatomischer Bau der Vorderextremitäten) gibt.

3.2.5 Dieses Phänomen heißt **Atavismus**. Atavismen sind typische Strukturen der Vorfahren, die bei heute lebenden Organismen nur in sehr seltenen Fällen noch auftreten. Die genetische Information hierfür wurde nicht entfernt, sondern stillgelegt. Diese inaktiven Gene können dann wieder exprimiert werden und führen in diesem Fall zur Ausbildung von Hintergliedmaßen. Damit stellen sie ein Indiz für das Vorhandensein von Gliedmaßen bei den Vorfahren dar. Die Abstammung von Schlangen von frühen Landwirbeltieren kann so belegt werden.

3.2.6 Eine geeignete Methode für eine Überprüfung von Verwandtschaftsverhältnissen stellt die **DNA-Hybridisierung** dar.
Dabei werden entsprechende DNA-Abschnitte zweier Organismen denaturiert, d. h. in Einzelstränge gespalten. Beim Abkühlen legen sich die komplementären DNA-Stränge aneinander. Je mehr komplementäre Basensequenzen sich bilden, desto höher ist die Schmelztemperatur des DNA-Hybrids, d. h., desto höher ist der Verwandtschaftsgrad.

Als Alternative können Aminosäuresequenzen verglichen werden. Je weniger sich die Aminosäuresequenz bestimmter Proteine zwischen zwei Organismen unterscheidet bzw. je mehr sich diese gleicht, desto näher ist der Verwandtschaftsgrad.

Profil-/Neigungsfach Biologie (Baden-Württemberg): Abituraufgaben 2018
Aufgabe I: Human- und Molekulargenetik, Gentechnologie, Evolution

BE

1.1 Galaktosämie ist eine erblich bedingte Stoffwechselerkrankung, welche bei Patienten einen angeborenen Mangel an D-Galaktose-1-Phosphat-Uridyltransferase (GALT) hervorruft. Der Einfachzucker Galaktose wird größtenteils bei der Spaltung von Laktose im Dünndarm freigesetzt. Durch den Enzymmangel wird der Umbau von Galaktose zu Glucose in der Leber jedoch empfindlich gestört. Neugeborene, die mit (Mutter-)Milch ernährt werden und an der Galaktosämie leiden, zeigen bereits nach wenigen Tagen schwere Symptome wie häufiges Erbrechen und Gewichtsabnahme.

1.1.1 Veronika und Stefan wünschen sich Kinder. Sie sind beide gesund, machen sich aber dennoch Sorgen, denn in beiden Familien sind Fälle der Galaktosämie aufgetreten. Stefans Schwester Sandra ist ebenso erkrankt wie seine Mutter. Auch Veronikas Bruder Günther leidet unter Galaktosämie. Veronikas Eltern und Stefans Vater sind gesund.
Erstellen Sie einen Stammbaum der beschriebenen Familie mit allen genannten Personen und definieren Sie die von Ihnen verwendeten Symbole. 2

1.1.2 Geben Sie anhand des Stammbaums an, wie die Galaktosämie vererbt wird. Begründen Sie Ihre Aussagen, indem Sie nicht mögliche Erbgänge ausschließen, und geben Sie für die Personen aus Aufgabe 1.1.1 alle möglichen Genotypen an. 4

1.1.3 Wie groß ist die Wahrscheinlichkeit für zukünftige Kinder von Veronika und Stefan, an der Galaktosämie zu erkranken? Begründen Sie Ihre Antwort mithilfe von Erbschemata. 2

1.2 Die Ursache für die Galaktosämie sind Mutationen des GALT-Gens. Bisher wurden über 150 verschiedene Mutationen dieses Gens beschrieben. In der Bevölkerung Europas tritt die Q188R-Mutation am häufigsten auf. Etwa 60–70 % aller mutierten Allele zeigen diese Mutation.

Ausschnitt des nicht-codogenen DNA-Einzelstrangs (Nicht-Matrizenstrangs) des GALT-Gens:

(A): 5' … CCC CAC TGC CAG GTA AGG … 3'

Ausschnitt des mutierten nicht-codogenen DNA-Einzelstrangs (Nicht-Matrizenstrangs) des GALT-Gens:

(B): 5' … CCC CAC TGC CGG GTA AGG … 3'

1.2.1 Ermitteln Sie zu beiden DNA-Sequenzen die jeweilige mRNA und die zugehörige Aminosäuresequenz. 3

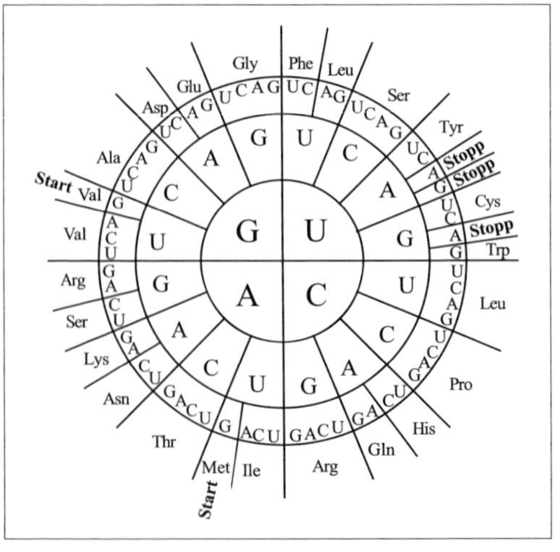

1.2.2 Geben Sie an, welche Mutationsart bei der Q188R-Mutation vorliegt, und beschreiben Sie die Konsequenzen, die sich aus dieser Mutation ergeben. 2

1.3 Um die Q188R-Mutation nachzuweisen, macht man sich die Methode der Gelelektrophorese zu Nutze. Es handelt sich dabei um das sogenannte Mutationsscreening auf die Q188R-Mutation. Dabei wird mittels PCR ein DNA-Abschnitt aus dem GALT-Gen mit einer Länge von 183 Basenpaaren (bp) vervielfältigt.
Durch die Q188R-Mutation entsteht im GALT-Gen eine Schnittstelle für das Restriktionsenzym Hpa II. Das PCR-Fragment wird durch den Schnitt in zwei Fragmente mit den Längen 68 bp und 115 bp zerlegt.
Skizzieren und begründen Sie die zu erwartenden Bandenmuster der Gelelektrophorese von Stefans Vater und Stefans Mutter aus Aufgabe 1.1.1. Geben Sie in Ihrer Skizze die Laufrichtung sowie die Pole an. 4

1.4 Anders als Galaktosämie werden viele Erkrankungen durch bakterielle Infektionen hervorgerufen. Mit zunehmendem Einsatz von Antibiotika erhöht sich die Zahl der antibiotikaresistenten Bakterien.

1.4.1 Erläutern Sie zwei der in Abbildung 1 dargestellten Resistenzmechanismen. 2

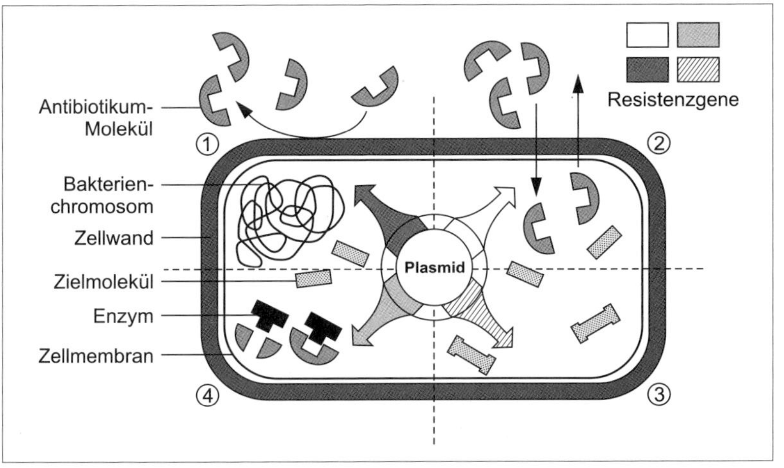

Abb. 1: Quelle: eigene Darstellung nach Heil, I.: Zündstoff Antibiotika-Resistenz – Beispiel MRSA. In: Unterricht Biologie, 359/2010, S. 38–43, Friedrich Verlag

1.4.2 Bakterien können Resistenzen auch erwerben, indem sie ein entsprechendes Resistenzgen von einem anderen Bakterium aufnehmen.
Nennen und erklären Sie diesen Vorgang anhand von beschrifteten Skizzen. 3

1.4.3 Erklären Sie die Resistenzentwicklung von Bakterien anhand der Evolutionstheorien von Lamarck und Darwin. 4

1.4.4 Anders als bei Bakterien ist der Erwerb von Resistenzgenen bei Nutzpflanzen durchaus gewünscht. Oft geht es dabei darum, eine erhöhte Resistenz der Pflanzen gegenüber Herbiziden wie Glyphosat zu erreichen. Für die Genübertragung verwendet man häufig *Agrobacterium tumefaciens*.

* 1.4.4.1 Beschreiben Sie die notwendigen Schritte bei der Übertragung eines Resistenzgens auf Zellen der Sojabohne. 2

1.4.4.2 Breiter Herbizideinsatz führt zur Selektion resistenter Wildkräuter. Mindestens vierzehn verschiedene Wildpflanzenarten mit Glyphosatresistenz sind mittlerweile bekannt.
Beurteilen Sie diese Entwicklung unter Angabe von zwei Aspekten. 2

30

* Aufgabe stellt Anforderungen, die ab dem Abitur 2024 nicht oder nur mehr eingeschränkt prüfungsrelevant sind.

Lösungen

1.1.1

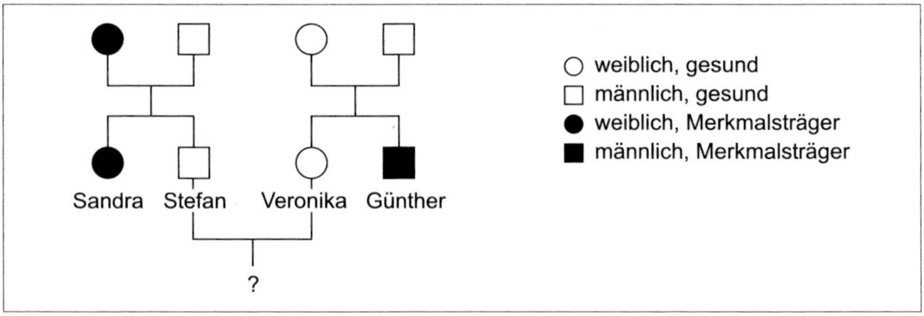

1.1.2 Die Galaktosämie wird **autosomal-rezessiv** vererbt.
Ein dominanter Erbgang kann ausgeschlossen werden, da die Eltern von Veronika gesund sind, aber ihr Bruder Günther krank ist. Bei einem dominanten Erbgang müsste mindestens ein Elternteil krank sein.
Ein X-chromosomal-rezessiver Erbgang kann ebenfalls ausgeschlossen werden. In diesem Fall müsste Stefans Schwester Sandra gesund sein, denn sie bekommt das X-Chromosom ihres gesunden Vaters.

Alternative Begründung: Stefan müsste krank sein, da er das X-Chromosom von seiner kranken Mutter erhält.

Legende:
A: normales Allel   a: mutiertes Allel

Genotypen:
Stefans Mutter: aa   Veronikas Mutter: Aa
Sandra: aa   Veronika: AA oder Aa
Stefans Vater: Aa   Veronikas Vater: Aa
Stefan: Aa   Günther: aa

1.1.3 Ist der Genotyp von Veronika **homozygot** (AA), liegt die Wahrscheinlichkeit für die Erkrankung eines gemeinsamen Kindes bei **0 %**.

		Veronika	
		A	A
Stefan	A	AA	AA
	a	Aa	Aa

Ist der Genotyp von Veronika **heterozygot** (Aa), liegt die Wahrscheinlichkeit für die Erkrankung eines gemeinsamen Kindes bei **25 %**.

		Veronika	
		A	a
Stefan	A	AA	Aa
	a	Aa	aa

1.2.1 *Zuerst muss der codogene Strang gebildet werden, denn dieser trägt die Information für das Enzym GALT. Aus diesem können die mRNA und anschließend die Aminosäuresequenz (AS-Sequenz) mithilfe der Code-Sonne ermittelt werden.*

(A) Ermittlung der mRNA und der AS-Sequenz des GALT-Gens:

5' … CCC CAC TGC CAG GTA AGG … 3'	nicht-codogener Strang
3' … GGG GTG ACG GTC CAT TCC … 5'	codogener Strang
5' … CCC CAC UGC CAG GUA AGG … 3'	mRNA
… Pro – His – Cys – Gln – Val – Arg …	AS-Sequenz

(B) Ermittlung der mRNA und der AS-Sequenz des mutierten GALT-Gens:

5' … CCC CAC TGC C**G**G GTA AGG … 3'	nicht-codogener Strang
3' … GGG GTG ACG G**C**C CAT TCC … 5'	codogener Strang
5' … CCC CAC UGC C**G**G GUA AGG … 3'	mRNA
… Pro – His – Cys – **Arg** – Val – Arg …	AS-Sequenz

1.2.2 Hier handelt es sich um eine **Genmutation** (möglich auch: Punktmutation, Missense-Mutation), da es an der Position 11 zu einer Änderung der Basensequenz kommt – Austausch der Base Adenin (A) gegen die Base Guanin (G). Dies hat zur Folge, dass die Aminosäure Arginin (Arg) statt der Aminosäure Glutamin (Gln) eingebaut wird. Damit wird die Struktur des Enzyms entscheidend verändert und somit auch seine Funktion.

1.3

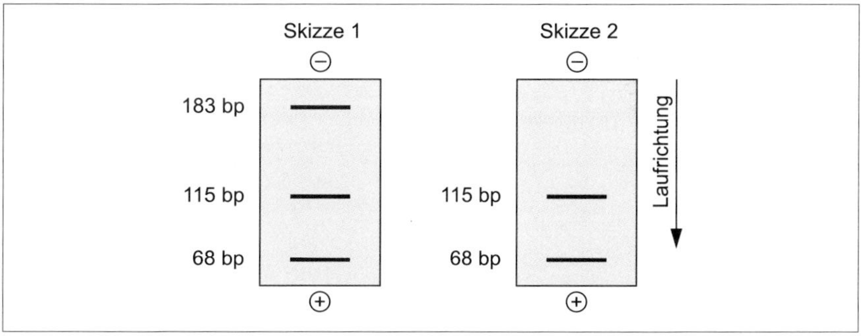

Skizze 1 zeigt das Bandenmuster von Stefans Vater (heterozygot, Aa). Hier sind drei Banden zu sehen. Neben den beiden Banden des geschnittenen PCR-Produktes (68 bp, 115 bp) ist auch das ungeschnittene PCR-Produkt 183 bp vorhanden. Da ein Allel nicht mutiert ist, wird es durch das Restriktionsenzym nicht geschnitten.

Skizze 2 zeigt das Bandenmuster von Stefans Mutter (homozygot, aa). Es sind zwei Banden zu erkennen, da das mutierte GALT-Gen eine Schnittstelle für das Restriktionsenzym aufweist. Hierbei handelt es sich um die beiden Fragmente mit den Längen 115 bp und 68 bp des geschnittenen PCR-Produktes.

1.4.1 *Es müssen nur zwei der vier dargestellten Resistenzmechanismen erläutert werden.*

1: Das Antibiotikum-Molekül kann die Zellwand (bzw. Zellmembran) des Bakteriums nicht passieren.
2: Das in die Zelle gelangte Antibiotikum-Molekül wird wieder nach außen transportiert.
3: Das Antibiotikum-Molekül kann nicht an das Zielmolekül andocken, da dessen Struktur verändert ist (Schlüssel-Schloss-Prinzip).
4: Das Antibiotikum-Molekül wird durch ein Enzym gespalten und verliert somit seine Wirkung.

1.4.2 Diesen Vorgang nennt man **Konjugation**. Hierbei wird genetisches Material über eine Plasmabrücke zwischen den beiden Bakterien ausgetauscht.
Das Plasmid des „Spender-Bakteriums" wird vervielfältigt. Nach Ausbildung der Plasmabrücke gelangt das Plasmid mit dem Resistenzgen in das „Empfänger-Bakterium" und kann dort seine Wirkung entfalten.

Nur diejenige Bakterienzelle, die das F-Plasmid besitzt, kann eine Plasmabrücke ausbilden.

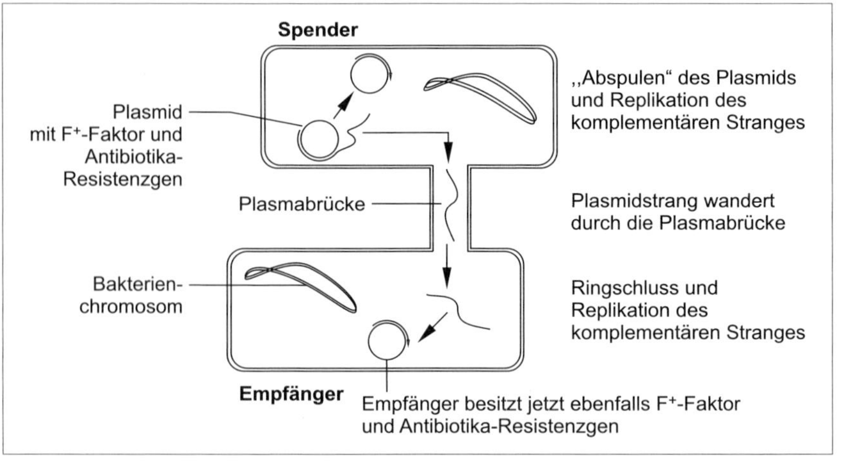

1.4.3 Nach **Lamarck** haben Bakterien das Bestreben, gegen Antibiotika resistent zu werden. Durch den wiederholten Kontakt mit dem Antibiotikum werden die Abwehrmechanismen verstärkt. Diese werden dann an die Nachkommen weitergegeben.

Nach **Darwin** sorgt eine Mutation in der Bakterienkolonie dafür, dass ein einzelnes Bakterium resistent gegen das Antibiotikum wird. Bei Kontakt mit diesem Antibiotikum hat dieses Bakterium mit Mutation einen Vorteil; es überlebt, während alle anderen sterben. Anschließend vermehrt es sich und diese Mutation findet sich in vielen Bakterien.

1.4.4.1 Um ein Resistenzgen auf Zellen der Sojabohne zu übertragen, nutzt man ein modifiziertes Ti-Plasmid aus *Agrobacterium tumefaciens*. Das Resistenzgen und das Ti-Plasmid werden mit dem gleichen Restriktionsenzym geschnitten. Die Fragmente werden mit Ligase verbunden und das neukombinierte Plasmid wird in *Agrobacterium tumefaciens* eingeschleust. Danach werden Sojabohnenzellen mit diesen genetisch veränderten Bakterien infiziert. So kann DNA in Pflanzenzellen übertragen und diese genetisch verändert werden.

1.4.4.2 **1. Aspekt:** Für die Landwirte ist diese Entwicklung problematisch, da sich die resistenten Wildkräuter schlechter bekämpfen lassen und so der Ertrag sinkt. Entwicklung und Einsatz neuer Herbizide sind die Folge. Somit steigen auch die Kosten für den Landwirt und die Wirkung der neuen Herbizide auf die Umwelt ist schwer abzuschätzen.

2. Aspekt: Die Selektion resistenter Wildpflanzen durch Herbizideinsatz stellt einen Eingriff in das Ökosystem dar. Die Folgen sind schwer abzuschätzen. So könnte die vermehrte Ausbreitung der resistenten Wildpflanzen andere, nicht resistente Arten verdrängen.

BE

2.1 Am 25. November 1901 wurde die völlig verwirrte Auguste Deter in die „Städtische Anstalt für Irre und Epileptische“ in Frankfurt am Main eingewiesen. Die Patientin hatte jeden Bezug zum täglichen Leben verloren und konnte sich selbst an elementare Dinge kaum erinnern. Der Arzt ALOIS ALZHEIMER fand heraus, dass Veränderungen in Augustes Gehirn für diese schwerste Form der Demenz verantwortlich waren. Die „Krankheit des Vergessens“ wurde 1910 nach ihm benannt.
Nervenzellen von Alzheimer-Patienten sind nicht mehr in der Lage, den Neurotransmitter Acetylcholin in ausreichender Menge herzustellen.

Abb. 1: Aufnahme von Auguste Deter aus dem Jahr 1902

*2.1.1 Die Abbildung 2 zeigt den schematischen Aufbau des menschlichen Gehirns. Übernehmen Sie die Ziffern 1 bis 5 auf Ihr Lösungsblatt und benennen Sie die entsprechenden Strukturen. Geben Sie begründet an, welche Hirnstruktur bei Auguste Deter besonders betroffen war. 3

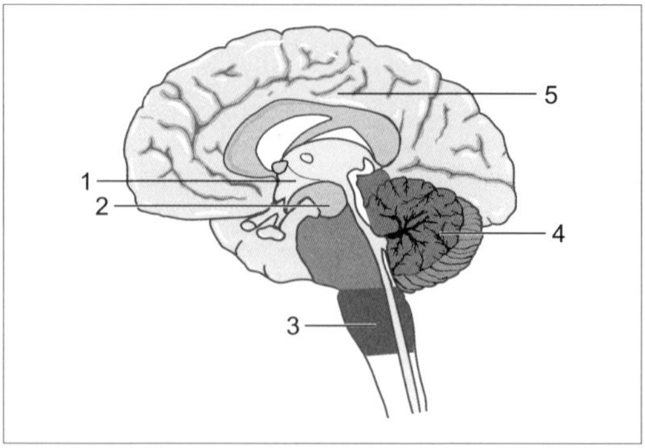

Abb. 2: Längsschnitt eines menschlichen Gehirns, Quelle: eigene Darstellung nach Johannes Sobotta, Atlas der Anatomie des Menschen

2.1.2 Stellen Sie den Aufbau einer chemischen Synapse anhand einer beschrifteten Skizze dar (Größe: mindestens eine halbe Seite). 3

2.1.3 Erläutern Sie die Auswirkungen des in 2.1 erwähnten Acetylcholinmangels bei Alzheimer-Patienten auf die Erregungsweiterleitung. 2

2.1.4 Um den Verlauf der Alzheimer-Krankheit zu mildern, wird den Patienten unter anderem Donepezil verabreicht. Donepezil ist ein Wirkstoff, der die Aktivität der Acetylcholinesterase zeitweise hemmt.
Beschreiben Sie die Auswirkungen von Donepezil auf die Synapse und erläutern Sie, weshalb die Einnahme von Donepezil oftmals positive Auswirkungen auf die Denkleistungen von Alzheimer-Patienten hat. 2

2.1.5 Neben Donepezil gehört auch Soman zu den Acetylcholinesterasehemmern. Soman wurde gegen Ende des 2. Weltkrieges als Nervengift entwickelt und gilt als einer der gefährlichsten chemischen Kampfstoffe überhaupt. Im Gegensatz zu Donepezil hemmt Soman die Aktivität der Acetylcholinesterase dauerhaft. Menschen, die mit Soman in Kontakt kommen, sterben aufgrund von Sauerstoffmangel. Erklären Sie diesen Sachverhalt. 2

∗ 2.2 Der Energiebedarf des Menschen wird vorwiegend durch die beim Glucoseabbau freiwerdende Energie gedeckt. Tritt ein Glucosemangel in den Zellen auf, so wird dieser über das Blut sofort ausgeglichen. Die Abbildungen 3 a und 3 b zeigen schematisch die Regulation der Glucosekonzentration im Blut durch die Hormone Insulin und Glucagon. Insulin wird in den β-Zellen und Glucagon in den α-Zellen der Bauchspeicheldrüse gebildet. In den β-Zellen wird die Glucosekonzentration im Blut gemessen und stetig mit dem idealen Wert von ca. 100 mg Glucose pro 100 mL Blut verglichen. Glykogen ist ein Speichermolekül, das aus mehreren tausend Glucoseeinheiten aufgebaut ist.

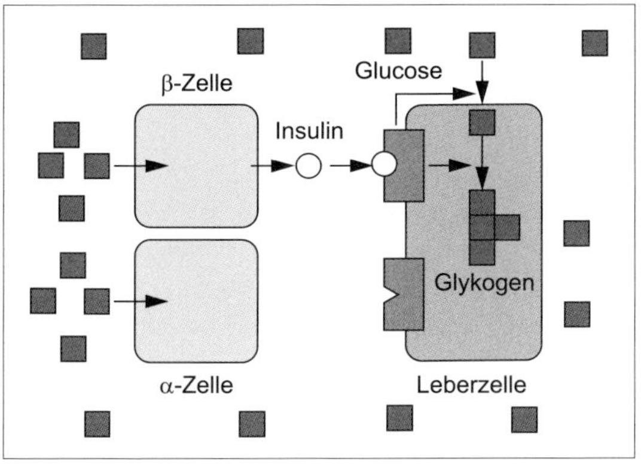

Abb. 3 a: Regulation der Glucosekonzentration im Blut durch Insulin

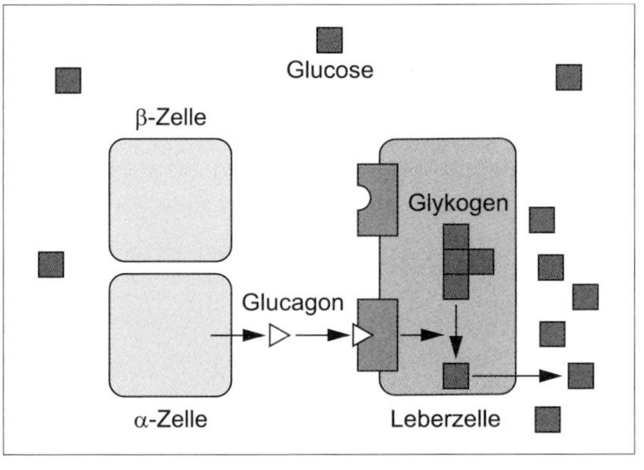

Abb. 3 b: Regulation der Glucosekonzentration im Blut durch Glucagon

∗ 2.2.1 Nennen Sie vier Eigenschaften von Hormonen. 2

∗ 2.2.2 Beschreiben Sie anhand der Abbildungen 3 a und 3 b, wie die Glucosekonzentration im Blut eines Menschen einerseits gesenkt und andererseits erhöht wird. 4

* Aufgabe stellt Anforderungen, die ab dem Abitur 2024 nicht oder nur mehr eingeschränkt prüfungsrelevant sind.

∗ 2.2.3 Erklären Sie anhand dieses Beispiels, was man unter einer negativen Feedback (Rückkopplungs)-Regulation versteht. 2

2.2.4 In Deutschland leiden mehrere Millionen Menschen an der „Zuckerkrankheit“ *Diabetes mellitus*.
Bei Verdacht auf *Diabetes mellitus* wird die entsprechende Person einem Glucose-Toleranztest unterzogen. Dabei muss die Person nüchtern 75 g gelöste Glucose trinken. Unmittelbar vor der Einnahme der Glucoselösung und in bestimmten Zeitabständen danach wird der Person Blut entnommen und die entsprechenden Glucosekonzentrationen werden bestimmt.
In Tabelle 1 sind die Messergebnisse von zwei Personen (A: gesund; B: mit *Diabetes mellitus*) dargestellt.

Zeit nach Einnahme in Minuten	**mg Glucose pro 100 mL Blut**	
	Person A	**Person B**
0	90	130
30	150	250
60	120	230
90	110	220
120	100	210

Tab. 1: Glucosekonzentration im Blut von Person A und B

2.2.4.1 Stellen Sie die Werte aus Tabelle 1 mithilfe eines geeigneten Diagramms grafisch dar. 3

∗ 2.2.4.2 Erstellen Sie zwei begründete Hypothesen, die die erhöhten Blutzuckerwerte bei Person B erklären. 3

∗ 2.2.5 Glucagon ist ein Proteinhormon. Erläutern Sie die Primärwirkung von Glucagon an Leberzellen. 2

∗ 2.2.6 Neben der Bauchspeicheldrüse gibt es im menschlichen Körper weitere Hormondrüsen. Geben Sie den Bildungsort für folgende Hormone an:
a) Thyroxin
b) Cortisol
c) Adrenalin
d) Steuerungshormone 2

30

∗ Aufgabe stellt Anforderungen, die ab dem Abitur 2024 nicht oder nur mehr eingeschränkt prüfungsrelevant sind.

Lösungen

2.1.1 **1:** Zwischenhirn
2: Mittelhirn
3: Nachhirn (Stammhirn)
4: Kleinhirn
5: Großhirn

Bei Auguste Deter war insbesondere das **Großhirn** betroffen, da Denken und Erinnerung Funktionen des Großhirns sind.

2.1.2

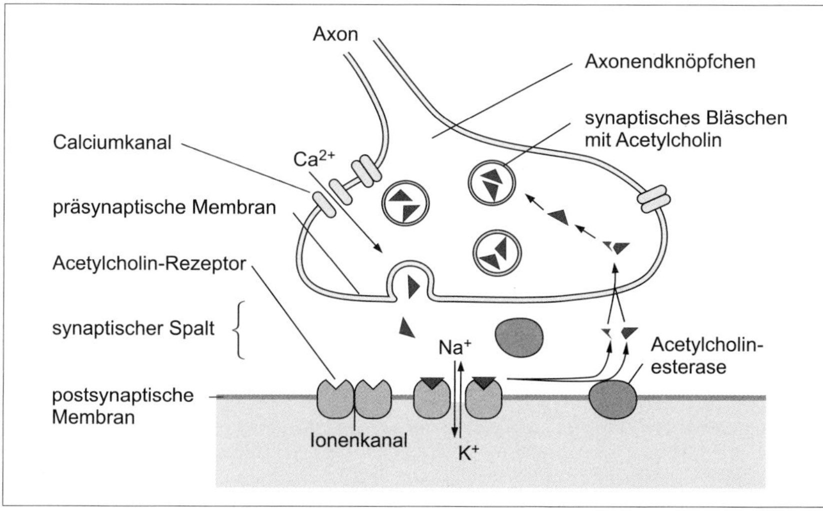

2.1.3 Nur wenige Acetylcholin-Moleküle werden in den synaptischen Spalt freigesetzt. Dadurch binden diese auch nur an wenige Rezeptoren und wenige Natriumionenkanäle werden geöffnet, sodass der geringe postsynaptische Natriumionen-Einstrom ein schwaches postsynaptisches Potenzial (EPSP) erzeugt. Letztendlich reicht dieses Membranpotenzial nicht aus, um am Axonhügel der postsynaptischen Zelle ein Aktionspotenzial auszulösen.

2.1.4 Die **zeitweise Hemmung der Acetylcholinesterase** bewirkt, dass die Acetylcholin-Moleküle nicht so schnell gespalten werden und länger im synaptischen Spalt verweilen. Dort können sie an die Rezeptoren binden, sodass die Natriumionenkanäle geöffnet werden und mehr Natriumionen in die postsynaptische Zelle gelangen. Dadurch wird das EPSP verstärkt. Infolgedessen kann die Erregungsleitung weiterlaufen, da am Axonhügel der postsynaptischen Zelle ein Aktionspotenzial ausgelöst wird. Dies führt zu einer besseren Denkleistung.

2.1.5 Durch die **dauerhafte Hemmung der Acetylcholinesterase** werden die Acetylcholin-Moleküle im synaptischen Spalt nicht mehr abgebaut und es kommt aufgrund der permanenten Öffnung der Natriumionenkanäle zu einer Dauererregung. Diese führt zu einer Verkrampfung der Atemmuskulatur und zum Tod aufgrund von Sauerstoffmangel.

2.2.1 **Eigenschaften von Hormonen:**
- sind nicht artspezifisch
- wirken in geringen Konzentrationen
- werden von spezifischen Zellen gebildet
- werden vom Blut transportiert

alternativ:
- wirken durch Bindung an einen Rezeptor
- haben eine relativ kurze Halbwertszeit
- haben oft eine länger anhaltende Wirkung

2.2.2 **Abbildung 3a** zeigt, dass eine hohe Glucosekonzentration im Blut eine Ausschüttung von Insulin durch die β-Zellen der Bauchspeicheldrüse bewirkt. Insulin bindet an spezifische Rezeptoren der Leberzelle. Dadurch wird vermehrt Glucose in die Leberzelle aufgenommen und in Form von Glykogen gespeichert. Insgesamt **sinkt** dadurch die Glucosekonzentration im Blut.

Abbildung 3b zeigt eine niedrige Glucosekonzentration im Blut. α-Zellen der Bauchspeicheldrüse schütten Glucagon aus. Dieses bindet an einen spezifischen Rezeptor der Leberzellen, wodurch in den Leberzellen Glykogen zu Glucose abgebaut wird. Diese Glucose-Moleküle werden ins Blut abgegeben, dadurch **steigt** die Glucosekonzentration an.

2.2.3 Eine **negative Feedback (Rückkopplungs)-Regulation** ist dann zu beobachten, wenn ein Hormon seine eigene Ausschüttung selbst negativ regulieren kann. In diesem Beispiel bewirkt eine hohe Glucosekonzentration im Blut eine Freisetzung von Insulin. Dadurch sinkt die Glucosekonzentration im Blut und durch diese niedrige Glucosekonzentration wird die weitere Insulinfreisetzung gehemmt.

Alternatives Beispiel: Niedrige Glucosekonzentration führt zur Freisetzung von Glucagon, Blutzuckerspiegel steigt und hemmt die Freisetzung von Glucagon.

2.2.4.1

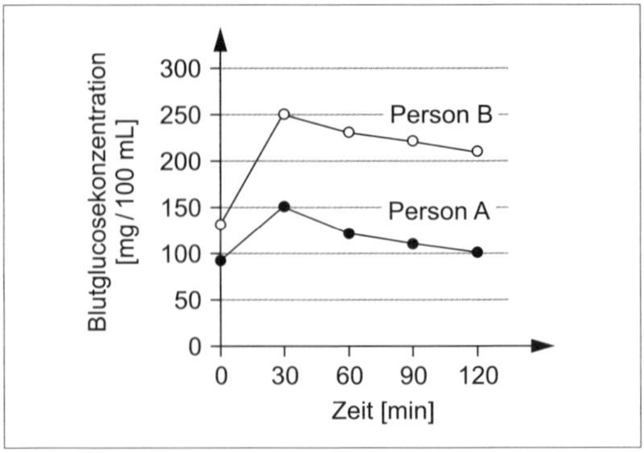

2.2.4.2 **Hypothese 1:** Die Insulinrezeptoren sind nicht mehr funktionstüchtig. Daher kann Insulin nicht mehr binden und die Glucoseaufnahme unterbleibt.

Hypothese 2: Die β-Zellen sind defekt und produzieren kaum oder kein Insulin. Hierdurch können die Zielzellen wenig oder keine Glucose aus dem Blut aufnehmen.

2.2.5 **Glucagon** bindet an den membranständigen Rezeptor der Zielzellen und aktiviert hierdurch die Adenylatcyclase. Diese bildet im Zellplasma cAMP, welches inaktive Enzyme, die den Glykogenabbau bewirken, aktiviert. Infolgedessen werden Glucosemoleküle freigesetzt.

2.2.6 a) Thyroxin: Schilddrüse
b) Cortisol: Nebennierenrinde
c) Adrenalin: Nebennierenmark
d) Steuerungshormone: Hypothalamus/Hypophyse

BE

3.1 Neben dem Spitz- und Feldahorn gehört auch der Bergahorn *(Acer pseudoplatanus)* zur botanischen Familie der Seifenbaumgewächse. In vielen Bergregionen prägt der Bergahorn das Landschaftsbild.
Abbildung 1 zeigt Querschnittskizzen zweier Blätter eines Bergahorns.

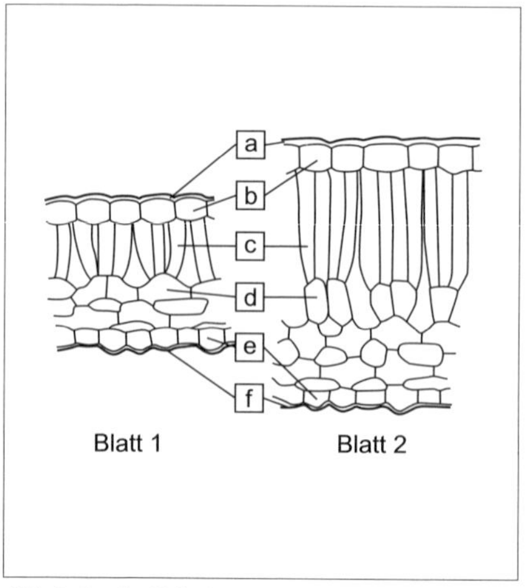

Abb. 1: Quelle: Haberlandt, Fig. 122, Physiologische Pflanzenanatomie, 1924

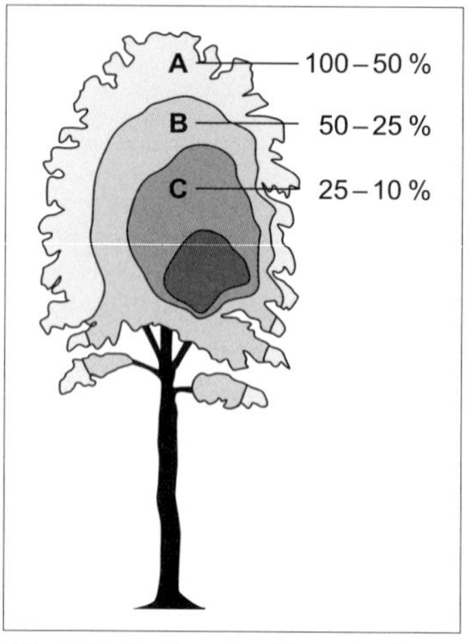

Abb. 2: Quelle: Cornelsen Gesamtband, Biologie Oberstufe, 2010, S. 135, verändert

3.1.1 Übernehmen Sie die Buchstaben a bis f in Abbildung 1 auf Ihr Lösungsblatt, benennen Sie die zugehörigen Strukturen mit Fachbegriffen und geben Sie die jeweiligen Funktionen an. 3

3.1.2 In Abbildung 1 sind zwei für die Fotosynthese wichtige Strukturen nicht abgebildet. Nennen Sie diese und geben Sie deren Lage und Funktion an. 2

3.1.3 Abbildung 2 zeigt die verschieden belichteten Zonen eines Laubbaums aus einem mitteleuropäischen Wald; die Prozentzahlen geben an, welcher Lichtmengenanteil die Blätter dort erreicht.
Ordnen Sie die beiden Blätter in Abbildung 1 den Zonen in Abbildung 2 begründet zu. 2

3.1.4 Der Lichtkompensationspunkt einer Pflanze bzw. eines Blattes ist die Lichtstärke, bei der die CO_2-Aufnahme der Fotosynthese gleich groß ist wie die CO_2-Abgabe durch Atmung.
Drei Blätter des Baumes in Abbildung 2 wurden hinsichtlich Lichtkompensationspunkt und Lichtsättigung untersucht; die Ergebnisse sehen Sie in der folgenden Tabelle 1.

	Lichtkompensationspunkt (klx)	Lichtsättigung (klx)
Blatt 1	0,8	22
Blatt 2	0,3	10
Blatt 3	1,5	50

Tab. 1: Quelle: Linder, H.: Linder Biologie Arbeitsbuch, S. 15, Schroedel, 2005, verändert

Ordnen Sie die Blätter 1 bis 3 der Tabelle 1 den Zonen A, B oder C der Abbildung 2 zu und begründen Sie mit Bezug zur Tabelle 1. 2

3.1.5 In einem alten, teilweise unleserlichen Versuchsprotokoll ist zu lesen:

„Ich habe eine grüne Pflanze in ein Glasgefäß gepflanzt, es luftdicht verschlossen und der Luft im Gefäß das Kohlenstoffdioxid entzogen. Die Pflanze wird jedoch mit Mineralstoffen, XXXX und XXXX stets ausreichend versorgt. Es geht ihr seit Tagen gut!"

Die beiden mit XXXX gekennzeichneten Stellen sind leider nicht mehr lesbar.

3.1.5.1 Geben Sie auf Ihrem Lösungsblatt an, was an den beiden nicht mehr lesbaren Stellen im Text ursprünglich stand.
Formulieren Sie die Reaktionsgleichung der Fotosynthese. 2

3.1.5.2 Begründen Sie, ob die Pflanze unter den im Versuchsprotokoll genannten Bedingungen längerfristig überleben kann. 2

3.1.5.3 Die Fotosynthese ist einer der wichtigsten Stoffwechselprozesse auf der Erde. Nennen Sie vier Aspekte, welche die Bedeutung der Fotosynthese für uns Menschen zeigen. 2

3.2.1 Auch die Zellatmung ist ein wichtiger Stoffwechselprozess. Das Schema in Abbildung 3 stellt Teilprozesse (Ziffern) und Stoffe (Buchstaben) der Zellatmung vereinfacht dar. Übernehmen Sie die Ziffern 1 bis 4 und die Buchstaben A bis F auf Ihr Lösungsblatt und benennen Sie diese. 3

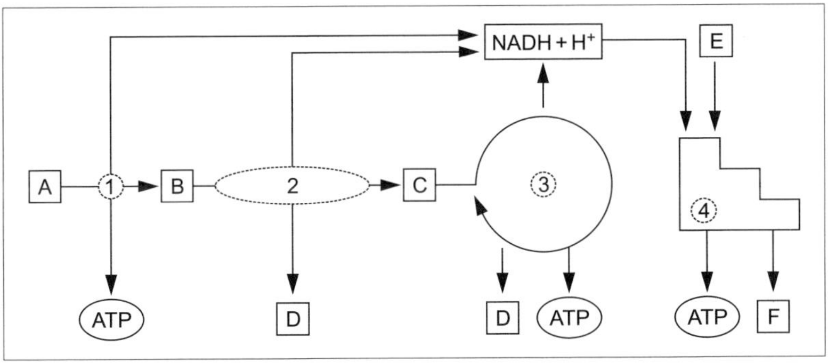

Abb. 3

3.2.2 Geben Sie für die Stoffe A und B aus der Abbildung 3 jeweils die Strukturformel an. 2

3.3.1 Birkenblätter sind im Gegensatz zu den meisten anderen Baumblättern essbar. Da der Birkensaft zuckerhaltig ist, lässt er sich in vergorener Form als Birkenwein genießen.

In einem begleitenden Experiment zur Herstellung von Birkenwein hat man die abfiltrierte Birkenblattmaischelösung mit Hefepilzen beimpft und die Gärgefäße bei verschiedenen Temperaturen inkubiert (Abbildung 4).

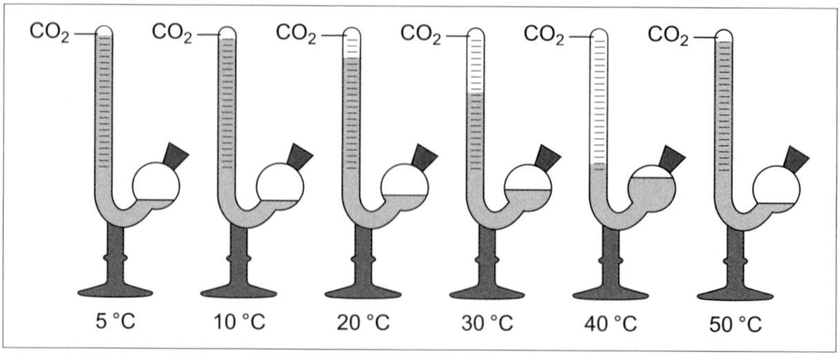

Abb. 4

Stellen Sie das Ergebnis in einem Diagramm grafisch dar und erklären Sie den Kurvenverlauf. Ein Teilstrich entspricht dem Volumen von einem Milliliter. 3

∗ 3.3.2 Begründen Sie, weshalb die Hefepilze unter Sauerstoffabschluss zur Bildung von Ethanol gezwungen sind, und geben Sie das Reaktionsschema ausgehend von Brenztraubensäure / Pyruvat unter Nennung der Coenzyme an. 3

3.4 Bei Kletterpflanzen lassen sich unterschiedliche Rankenarten beobachten, z. B. Blattranken und Sprossranken.
Begründen Sie, ob die Blattranke der Erbse (Abbildung 5 a) und die Sprossranke der Passionsblume (Abbildung 5 b) homolog oder analog sind. 2

Abb. 5 a: Blattranken der Erbse

Abb. 5 b: Sprossranke der Passionsblume

3.5 Definieren Sie die Begriffe „Rudiment“ und „Atavismus“ und nennen Sie jeweils ein Beispiel. 2

30

* Aufgabe stellt Anforderungen, die ab dem Abitur 2024 nicht oder nur mehr eingeschränkt prüfungsrelevant sind.

Lösungen

3.1.1 **a:** obere Kutikula: Verdunstungsschutz
b: obere Epidermis: Schutz (Stabilität)
c: Palisadengewebe: Fotosynthese
d: Schwammgewebe: Gasaustausch (Fotosynthese)
e: untere Epidermis: Schutz (Stabilität)
f: untere Kutikula: Verdunstungsschutz

3.1.2 **1. Chloroplasten:** Diese befinden sich in großer Anzahl im Palisadengewebe, in geringerer Anzahl auch im Schwammgewebe. Die Chloroplasten sind die Zellorganellen, die das für die Lichtabsorption notwendige Chlorophyll enthalten. Sie ermöglichen somit die Fotosynthese.

2. Spaltöffnungen (Stomata): Sie befinden sich auf der Unterseite des Blattes in der unteren Epidermis. Sie sind verantwortlich für den Gasaustausch (z. B. Kohlenstoffdioxidaufnahme, Sauerstoffabgabe) und werden von zwei Schließzellen gebildet.

3.1.3 **Blatt 1** befindet sich in **Zone C**. Hier ist der Schattenbereich mit typischen Schattenblättern. Kennzeichnend für ein **Schattenblatt** ist das insgesamt dünnere Blatt mit wenig ausgeprägtem Palisaden- und Schwammgewebe.
Blatt 2 befindet sich in **Zone A**. In dieser Zone erreicht ein großer Lichtmengenanteil die Blätter. Hier befinden sich Sonnenblätter. Kennzeichnend für ein **Sonnenblatt** ist die Dicke des Blattes sowie ein ausgeprägtes Palisaden- und Schwammgewebe.

3.1.4 **Blatt 1** befindet sich in Zone B, **Blatt 2** in Zone C und **Blatt 3** in Zone A.
Die Blätter sind an die Lichtmenge bzw. Sonneneinstrahlung angepasst. Je größer die zur Verfügung stehende Lichtintensität ist, desto höher ist der Lichtsättigungswert und damit der Lichtkompensationspunkt.

Ein Lichtkompensationspunkt von 1,5 bedeutet, dass mehr CO_2 durch die Fotosynthese gebunden wird, als CO_2 durch die Zellatmung abgegeben wird.

3.1.5.1 In dem Text stand ursprünglich: **Licht** und **Wasser**

Reaktionsgleichung der Fotosynthese:

$$6\,CO_2 + 6\,H_2O \longrightarrow C_6H_{12}O_6 + 6\,O_2$$

3.1.5.2 Ja, das ist möglich. Aufgrund der Zellatmung der Pflanze mit dem in der Luft enthaltenen Sauerstoff entsteht Kohlenstoffdioxid, welches dann für die Fotosynthese zur Verfügung steht.

3.1.5.3
- Erzeugung des zum Leben notwendigen Sauerstoffs
- Bindung des in der Luft vorhandenen Kohlenstoffdioxids
- Herstellung von Nahrungsmitteln durch die Landwirtschaft
- abgestorbene Pflanzenreste bildeten Grundlage für Erdöl-Entstehung

alternativ:
- Herstellung von Biodiesel
- Algen als Grundlage der Nahrungsketten im Meer
- Holzwirtschaft
- Textilwirtschaft

3.2.1 **1:** Glykolyse
2: oxidative Decarboxylierung der Brenztraubensäure (Pyruvat)
3: Zitronensäurecyclus
4: Atmungskette
A: Glucose
B: Brenztraubensäure (Pyruvat)
C: Acetyl-CoA
D: Kohlenstoffdioxid
E: Sauerstoff
F: Wasser

3.2.2

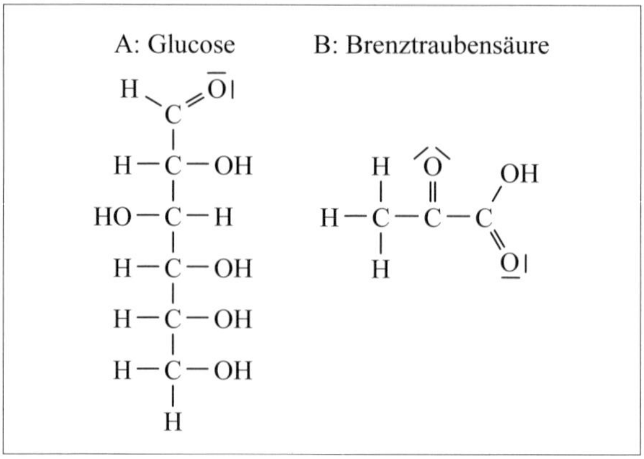

3.3.1

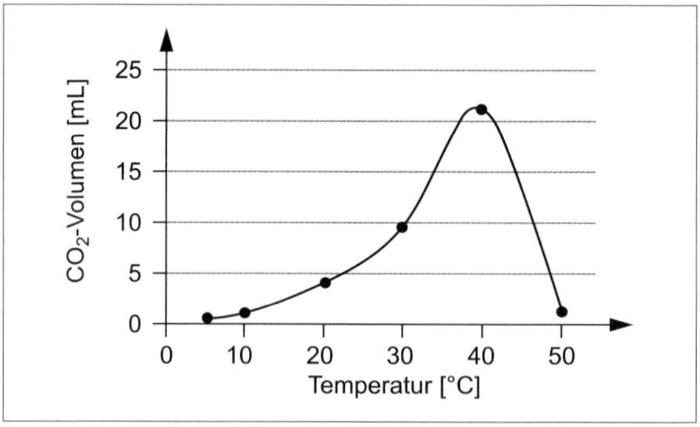

Zunächst steigt der Kohlenstoffdioxid-Gehalt bis zu einem Optimum von 40 °C an – aufgrund der Reaktions-Geschwindigkeits-Temperatur-Regel (RGT-Regel: eine Erhöhung der Temperatur um 10 °C bewirkt etwa eine Verdopplung der Reaktionsgeschwindigkeit). Danach fällt der Kohlenstoffdioxid-Gehalt ab, da die Enzyme bei Temperaturen über 40 °C denaturiert werden.

3.3.2 Da kein Sauerstoff für die Zellatmung zur Verfügung steht, muss eine Gärung stattfinden. Diese liefert ATP durch die Glykolyse.
Das dabei entstehende $NADH + H^+$ muss durch die alkoholische Gärung wieder zu NAD^+ recycelt werden.

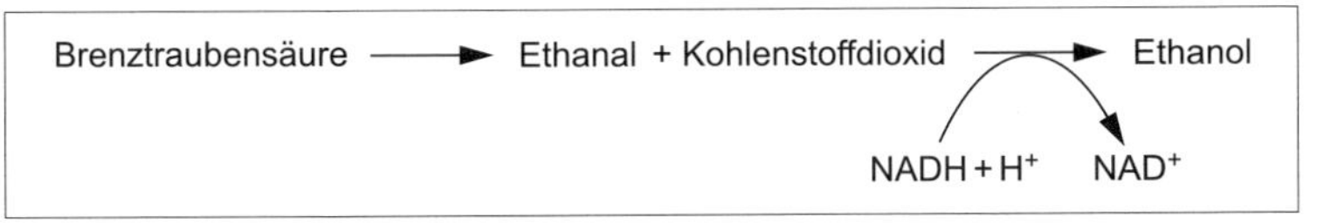

Statt Brenztraubensäure können Sie natürlich auch Pyruvat schreiben.

3.4 Die zwei Ranken sind **analog**, da sie unterschiedliche Ausgangsformen haben. Bei der Erbse handelt es sich um ein Blatt, bei der Passionsblume um die Sprossachse. Gleichzeitig erfüllen sie die gleiche Funktion, nämlich Festhalten der Pflanze an einer Stütze.

3.5 *Es muss jeweils nur ein Beispiel genannt werden.*

Rudiment: Rückbildung eines Organs, z. B. beim Menschen Steißbein, Wurmfortsatz und Haaraufrichtemuskel.

Atavismus: Wiederauftreten eines in der Evolution verschwundenen Merkmals, z. B. beim Menschen Halsfistel, extreme Körperbehaarung, Schwimmhäute an den Händen.

Aufgabe I: Genetik

BE

1 Das Retinoblastom ist ein vor allem im Kindesalter auftretender rasch wachsender bösartiger Tumor in der Netzhaut des Auges. Ohne Behandlung verläuft die Krankheit tödlich, da der Tumor schnell ins Gehirn einwandert. In 10 bis 15 % der Fälle ist das Retinoblastom genetisch bedingt. Bei frühzeitigem Erkennen und Entfernen des Tumors haben die Betroffenen in den meisten Fällen eine normale Lebenserwartung.
In Abbildung 1 ist der Stammbaum einer betroffenen Familie dargestellt.

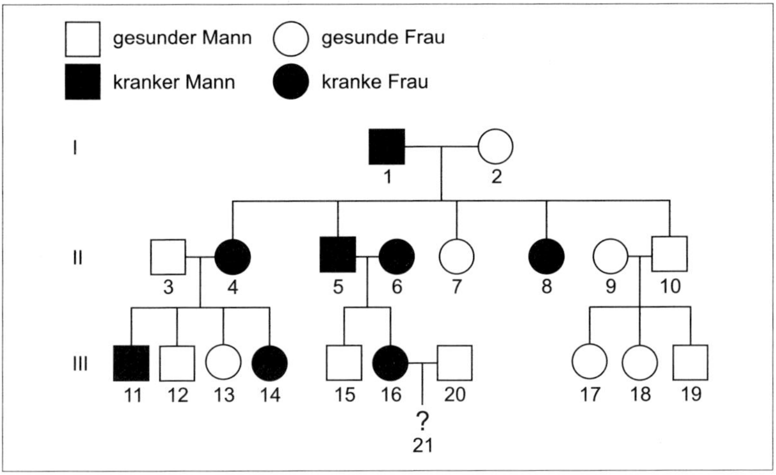

Abb. 1

1.1.1 Erklären Sie, wie die Krankheit vererbt wird, indem Sie nicht-mögliche Erbgänge ausschließen. 2

1.1.2 Geben Sie für die Personen 1 bis 8 alle möglichen Genotypen an. 2

1.1.3 Die Personen 16 und 20 möchten ein Kind (21). Geben Sie die Wahrscheinlichkeit an, mit der das Kind am Retinoblastom erkranken wird. Begründen Sie Ihre Antwort mithilfe von Erbschemata. 2

1.1.4 Die Abbildung 2 zeigt eine mögliche Ursache für das Entstehen eines Retinoblastoms.

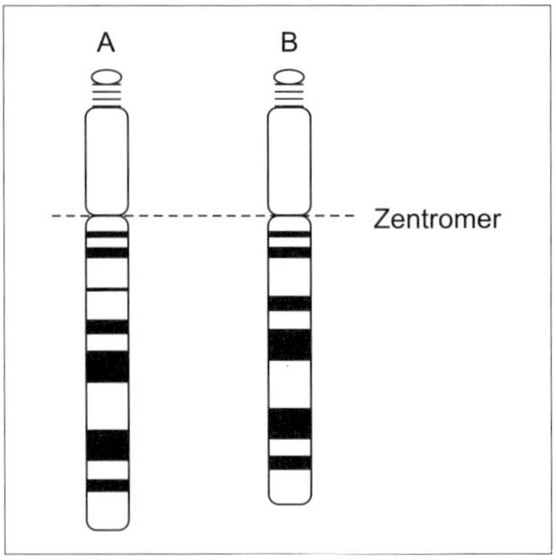

Abb. 2: Vergleich des Chromosoms 13 eines gesunden (A) und eines erkrankten (B) Menschen
Quelle: Stark Verlag, Unterrichtsmaterialien für Lehrkräfte, Beitragsnummer G 1.26, Seite 84, verändert

Begründen Sie anhand der Abbildung 2 die Art der Mutation und erklären Sie eine mögliche Ursache für diese Mutation. 2

1.2 Im Folgenden ist jeweils ein Ausschnitt des codogenen DNA-Strangs der Personen 1 und 2 dargestellt:

Person 1: 3' GAT CTT GTT AAA CAA TCA 5'
Person 2: 3' GAT CTT GTT AAA TAA TCA 5'

Person 1 ist gesund; bei Person 2 liegt eine Mutation im dargestellten DNA-Abschnitt vor.
Ermitteln Sie mithilfe des genetischen Codes die Aminosäuresequenzen der beiden DNA-Stränge. Geben Sie begründet die Art der Mutation an und erklären Sie die möglichen Auswirkungen auf die Funktionsfähigkeit des Proteins. 3

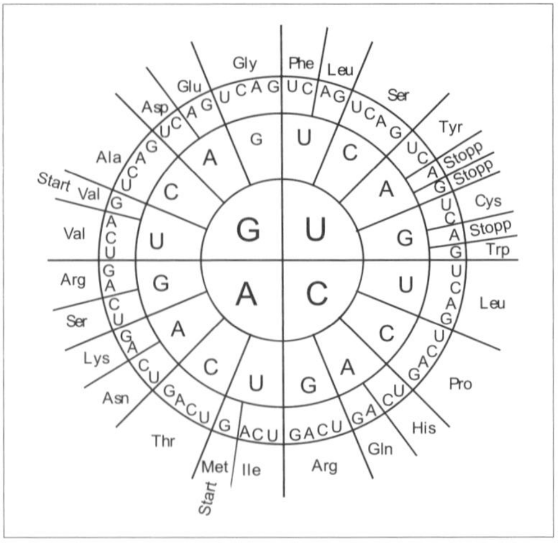

1.3 Nach einer Schlägerei hat die Polizei drei Tatverdächtige festgenommen. G. N., D. W. und P. B. stehen dringend im Verdacht, K. K. schwer verletzt zu haben. Alle drei Tatverdächtigen beteuern Ihre Unschuld und geben an, nicht am Tatort gewesen zu sein. DNA-Spuren am Tatort wurden sichergestellt und kriminaltechnisch untersucht.

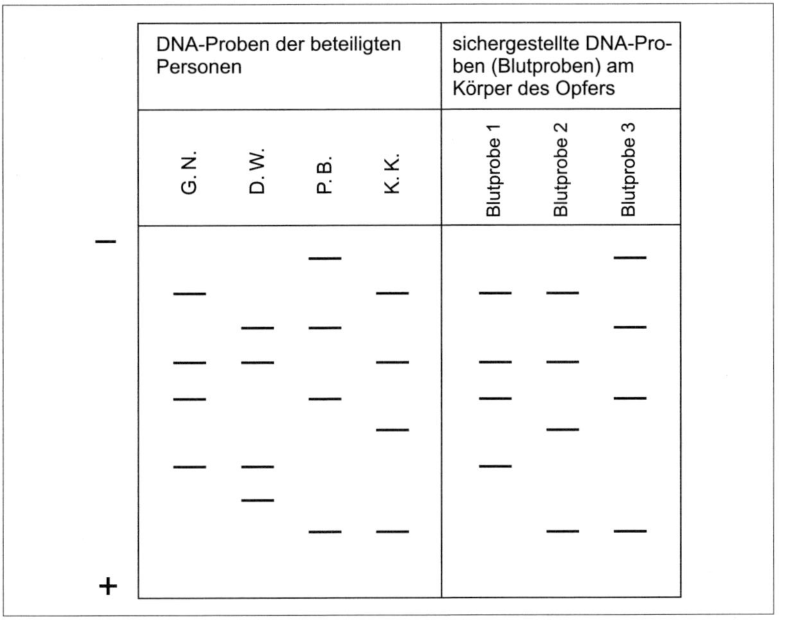

Abb. 3: Ergebnis der kriminaltechnischen Untersuchung

1.3.1 Nennen Sie die beteiligten Reagenzien einer PCR und beschreiben Sie deren Ablauf. 3

1.3.2 Interpretieren Sie das Ergebnis der kriminaltechnischen Untersuchung aus Abbildung 3. 2

1.4 Das Hautpigment Melanin schützt die Haut vor UV-Licht. Menschen mit Albinismus zeigen meist eine hohe Lichtempfindlichkeit, die mit weißblonden Haaren, Wimpern und Augenbrauen, einer hellrosa Haut, einer Sehschwäche und einem erhöhten Hautkrebsrisiko einhergeht. Bei der Erbkrankheit Albinismus ist die Fähigkeit zur Melaninsynthese verloren gegangen.

1.4.1 Erklären Sie den Begriff Polyphänie am Beispiel des Albinismus. 2

1.4.2 Erklären Sie das erhöhte Hautkrebsrisiko bei Menschen mit Albinismus. 2

1.4.3 Zellen können in gewissem Umfang DNA-Schäden reparieren.
Beschreiben Sie einen Mechanismus der DNA-Reparatur. 2

1.4.4 In einer Stuttgarter Klinik sind Zwillinge auf die Welt gekommen. Der eine Junge ist hell-, der andere dunkelhäutig. Die Hautfarbe der Mutter ist dunkler, die des Vaters heller als die der beiden Kinder.
Die Hautfarbe des Menschen wird von mehr als zwei Genen bestimmt. Erstellen Sie eine Hypothese, wie das unterschiedliche Aussehen beider Kinder zustande gekommen ist. Gehen Sie von einem System mit drei Allelpaaren aus, die gleichermaßen zur Hautfarbe beitragen. Belegen Sie unter Angabe konkreter Genotypen der Eltern und ihrer Zwillinge Ihre Hypothese. 3

* 1.5 Vom menschlichen Stoffwechsel fehlerhaft oder nicht produzierte Proteine können mithilfe der Gentechnik künstlich hergestellt werden. Abbildung 4 zeigt den DNA-Abschnitt eines Proteins, das gentechnologisch hergestellt werden soll.
Zur Verfügung stehen humane Papillomviren, Hefezellen, Hamsterzellen und *Agrobacterium tumefaciens*.

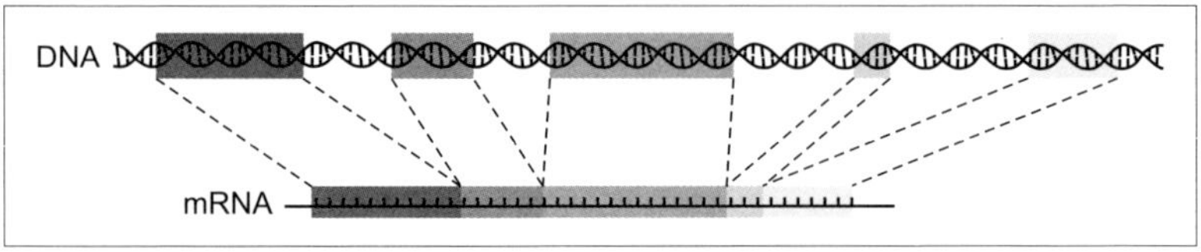

Abb. 4: DNA-Abschnitt des Proteins
Quelle: eigene Darstellung nach: https://www.genome.gov/edkit/bio2i.html

Bewerten Sie die humanen Papillomviren, Hefezellen, Hamsterzellen und *Agrobacterium tumefaciens* begründet hinsichtlich ihrer Eignung zur Herstellung des gewünschten Proteins. 2

* 1.6 In der modernen Tierzüchtung werden gezielt Eigenschaften gentechnisch verändert. Mitte der 1990er-Jahre hat ein kanadisches Unternehmen die Zulassung von transgenem Lachs für den Verzehr in den USA beantragt.
Benennen Sie zwei mögliche Eigenschaften, die beim Lachs durch Gentechnik verbessert werden könnten, und erklären Sie die sich daraus ergebenden Vorteile für den Erzeuger. Erläutern Sie ein mögliches Argument von Gegnern der Zucht genetisch veränderter Lachse. 3

30

* Aufgabe stellt Anforderungen, die ab dem Abitur 2024 nicht oder nur mehr eingeschränkt prüfungsrelevant sind.

Lösungen

1.1.1 Das Retinoblastom wird **autosomal-dominant** vererbt.
Ein rezessiver Erbgang kann ausgeschlossen werden, da die erkrankten Personen 5 und 6 einen gesunden Sohn (15) haben. Bei Rezessivität müssten alle ihre Kinder erkrankt sein.
Ein X-chromosomal-dominanter Erbgang kann ebenfalls ausgeschlossen werden. In diesem Fall müsste die weibliche Person 7 erkrankt sein, da sie das mutierte X-Chromosom ihres Vaters (1) erhalten hätte.

1.1.2 **Allele:**

A: mutiertes Allel a: normales Allel

Genotypen:

Person 1: Aa	Person 5: Aa
Person 2: aa	Person 6: Aa
Person 3: aa	Person 7: aa
Person 4: Aa	Person 8: Aa

1.1.3 Ist der Genotyp von Person 16 homozygot, liegt die Wahrscheinlichkeit für eine Erkrankung des gemeinsamen Kindes (21) bei 100 %.

		Person 16	
		A	A
Person 20	a	Aa	Aa
	a	Aa	Aa

Ist der Genotyp von Person 16 heterozygot, liegt die Wahrscheinlichkeit für eine Erkrankung des gemeinsamen Kindes (21) bei 50 %.

		Person 16	
		A	a
Person 20	a	Aa	aa
	a	Aa	aa

1.1.4 Es handelt sich um eine **Chromosomenmutation**. Da Chromosom B ein Stück fehlt, liegt eine Deletion vor. Eine Ursache könnte z. B. radioaktive Strahlung sein.

Auch durch mutagene Substanzen und Fehler bei der Meiose können Deletionen verursacht werden.

1.2

Person 1		
DNA	3' GAT CTT GTT AAA CAA TCA 5'	
mRNA	5' CUA GAA CAA UUU **G**UU AGU 3'	
AS-Sequenz	Leu Glu Gln Phe **Val** Ser	
Person 2		
DNA	3' GAT CTT GTT AAA TAA TCA 5'	
mRNA	5' CUA GAA CAA UUU **A**UU AGU 3'	
AS-Sequenz	Leu Glu Gln Phe **Ile** Ser	

Es handelt sich hier um eine **Genmutation**, und dabei um eine Punktmutation, da an der Position 13 die Base Cytosin (C) gegen die Base Thymin (T) ausgetauscht ist. Dies hat zur Folge, dass bei der Translation an dieser Stelle statt der Aminosäure Valin (Val) Isoleucin (Ile) eingesetzt wird; man kann also von einer Missense-Mutation sprechen. Mit der Veränderung der Aminosäuresequenz wird wahrscheinlich auch die Tertiärstruktur des Enzyms entscheidend verändert, sodass es zu einem Funktionsverlust oder zu einer Funktionsänderung des Enzyms kommt.

1.3.1 **Reagenzien:**
DNA-Matrize, Nukleotide, Primerpaar, (Taq-)Polymerase

Ablauf der PCR:
- Bei ca. 94 °C werden die Wasserstoffbrücken gelöst, sodass zwei Einzelstränge vorliegen **(Denaturierung)**.
- Bei ca. 60 °C erfolgt die Primerzugabe. Die einzelsträngigen Primer lagern sich komplementär an die DNA-Einzelstränge an **(Hybridisierung)**.
- Bei ca. 72 °C werden mithilfe der Taq-Polymerase ausgehend von den Primern die komplementären Stränge synthetisiert **(Polymerisation)**.

Aufgrund der hohen Temperaturen muss eine hitzebeständige DNA-Polymerase verwendet werden. Die Taq-Polymerase stammt aus Bakterien, die in heißen Quellen leben.

1.3.2 Das DNA-Bandenmuster von Blutprobe 1 entspricht demjenigen der DNA-Probe des Verdächtigen G. N., die Banden von Blutprobe 2 gleichen denjenigen der Probe des Opfers (K. K.) und die Banden von Blutprobe 3 denjenigen der Probe des bzw. der Verdächtigen P. B. Es wurden offensichtlich keine Blutspuren des bzw. der Verdächtigen D. W. am Opfer sichergestellt. G. N. und P. B. stehen also unter dringendem Tatverdacht.

1.4.1 Polyphänie bedeutet, dass ein Gen, wenn es exprimiert wird, mehrere Merkmale bestimmt, d. h. diverse Auswirkungen auf den Phänotyp hat.
Beim Albinismus wirkt sich der Funktionsverlust eines Gens, dessen Genprodukt an der Melaninsynthese beteiligt ist, u. a. auf die Haut- und die Haarfarbe sowie auf die Sehfähigkeit aus.

1.4.2 Da Menschen mit Albinismus über eine geringere Menge oder kein schützendes Hautpigment (Melanin) verfügen, kann das UV-Licht die DNA der Hautzellen leichter erreichen und schädigen. In der Folge kann es zu Mutationen in Genen kommen, deren Genprodukte den Zellzyklus steuern. Bei Verlust der Kontrolle über die Zellteilung kann sich Krebs entwickeln.

1.4.3 Spezielle Enzyme des Reparatursystems erkennen die beschädigte Base und ein Enzym (Endonuklease) schneidet die betroffene Stelle sowie einige benachbarte Basen aus. Anschließend fügt eine DNA-Polymerase die richtigen Basen durch eine komplementäre Basenanlagerung ein. Eine DNA-Ligase verknüpft anschließend die neu synthetisierte DNA.

Sie können hier alternativ auch die UV-Reparatur anführen, bei der spezielle DNA-Reparaturenzyme mithilfe von UV-Strahlung z. B. Thymin-Dimere auflösen können.

1.4.4 Die drei Gene besitzen die Allelpaare Aa, Bb und Cc. Die dominanten Allele A, B, und C tragen zu einer dunkleren Pigmentierung der Haut bei, die Allele a, b und c zu einer helleren.

Mögliche Genotypen:

	Mutter	**Vater**
Phänotyp	dunkle Haut	helle Haut
Genotyp	AaBbCc	aabbcc

	Kind 1	**Kind 2**
Phänotyp	dunkle Haut	helle Haut
Genotyp	AaBbcc	aabbCc

Auch andere Varianten sind möglich.

1.5 Für die Herstellung des menschlichen (eukaryotischen) Proteins sind Hamster- und Hefezellen geeignet, da sie eukaryotische Zellen sind und daher prä-mRNA spleißen können.

Die in Abb. 4 dargestellte DNA ist länger als die mRNA, da sie auch Introns, nicht-codierende DNA-Sequenzen, enthält.

Ungeeignet sind humane Papillomviren, da Viren Proteine nicht eigenständig herstellen können. *Agrobacterium tumefaciens* ist ebenfalls nicht geeignet, da Bakterien keine Fähigkeit zum Spleißen besitzen.

1.6 Mögliche Verbesserungen bzw. Vorteile:
- Schnelleres Wachstum und damit höhere Erträge
- Kälteresistenz und damit die Möglichkeit für ein ganzjähriges Wachstum
- Verbesserter Geschmack und damit höherer Absatz
- Resistenzen gegen Krankheiten und damit geringere Kosten für Medikamente

Mögliche Argumente der Gegner:
- Transgene Lachse könnten aus den Zuchtanlagen entkommen und sich mit der Wildform kreuzen. Die Wildform könnte benachteiligt sein und aussterben. Die Folgen für das Ökosystem sind nicht abzuschätzen.
- Gesundheitsrisiken für den Konsumenten können nicht völlig ausgeschlossen werden. Es könnten z. B. Allergien gegen das fremde Protein auftreten.
- Der Eingriff in die DNA von Tieren ist ethisch bedenklich. Es kann bei den Tieren zu Beeinträchtigungen, z. B. Fehlbildungen und Erkrankungen, und damit zu Leid und höherer Sterblichkeit kommen.

Nur zwei Vorteile und ein Gegenargument sind erforderlich.

BE

2 Laufen lernen gilt als Meilenstein der kindlichen Entwicklung. Im Alter von 16 Monaten können 90 % aller Kleinkinder laufen. Zwischen den ersten freien Schritten und gutem Laufen liegen durchschnittlich 8 Wochen, die begleitet sind von häufigem Stolpern und Stürzen. Nicht nur die Knochen und Muskeln, sondern auch das Nervensystem muss für das perfekte Laufen entsprechend entwickelt sein.

*2.1 Nennen Sie zwei Gehirnteile, die beim Laufen maßgeblich beteiligt sind, und begründen Sie Ihre Auswahl. 2

2.2 Muskeln erhalten Signale vom Gehirn über motorische Nervenfasern. Diese Fasern leiten die Erregung mit einer Geschwindigkeit von bis zu 120 m/s. Langsame Schmerzfasern leiten Signale dagegen nur mit 0,2 bis 1 m/s zum Gehirn. Die beiden entsprechenden Zelltypen sind in Abbildung 1 dargestellt.

2.2.1 Übernehmen Sie die Ziffern der Abbildung 1 B auf Ihr Lösungsblatt und nennen Sie die jeweiligen Fachbegriffe. 2

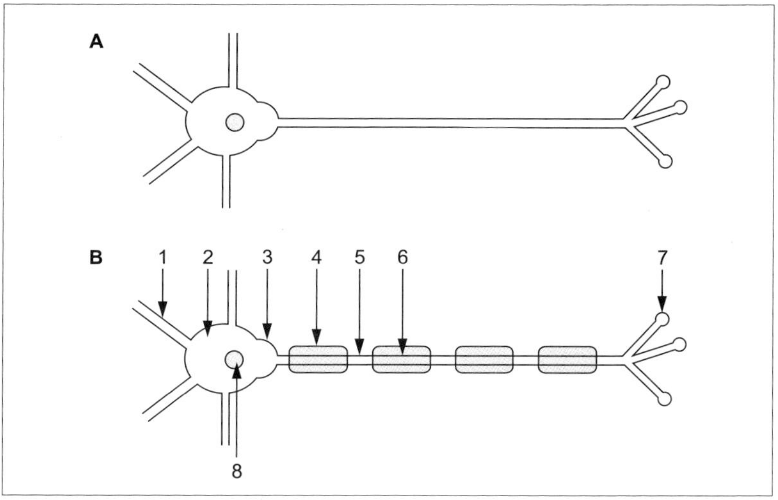

Abb. 1: Unterschiedliche Nervenzelltypen

2.2.2 Ordnen Sie der Nervenzelle B aus Abbildung 1 eine der in 2.2 genannten Leitungsgeschwindigkeiten begründet zu. 2

2.2.3 Nennen und erklären Sie die Erregungsleitung im Axon der Nervenzelle B. 2

* Aufgabe stellt Anforderungen, die ab dem Abitur 2024 nicht oder nur mehr eingeschränkt prüfungsrelevant sind.

2.3 Muskeln werden von Motoneuronen erregt. Jedes Motoneuron erhält Signale von vielen anderen Neuronen. Abbildung 2 zeigt die Verschaltung mehrerer Neuronen auf ein Motoneuron.

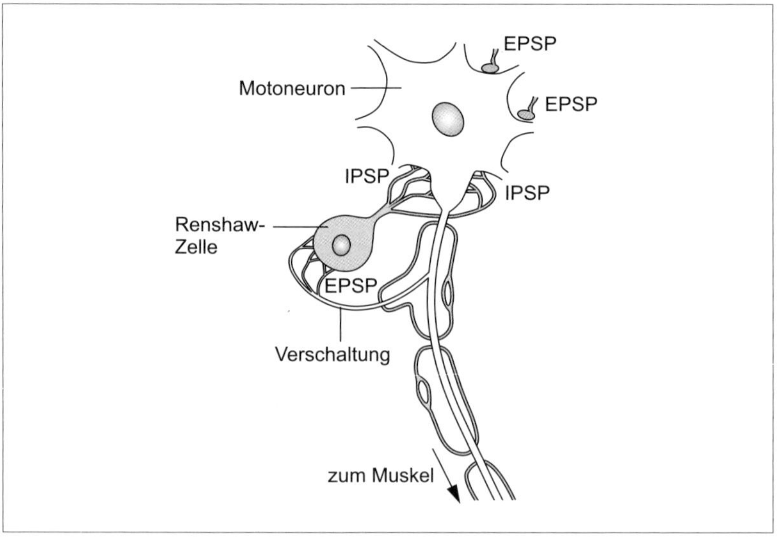

Abb. 2: Neuronale Verschaltung eines Motoneurons über die Renshaw-Zelle
Quelle: Lehrermaterialien Biologie heute SII, Schroedel, verändert

2.3.1 Stellen Sie IPSP und EPSP in zwei Aspekten einander vergleichend gegenüber. 2

2.3.2 Entwickeln Sie mithilfe der Abbildung 2 eine Hypothese zur Funktion der Renshaw-Zelle für die Muskelkontraktion. 3

2.3.3 Nennen und erklären Sie die Codierungen der Reizstärke in den Bereichen 1 bis 3 der Abbildung 3. 3

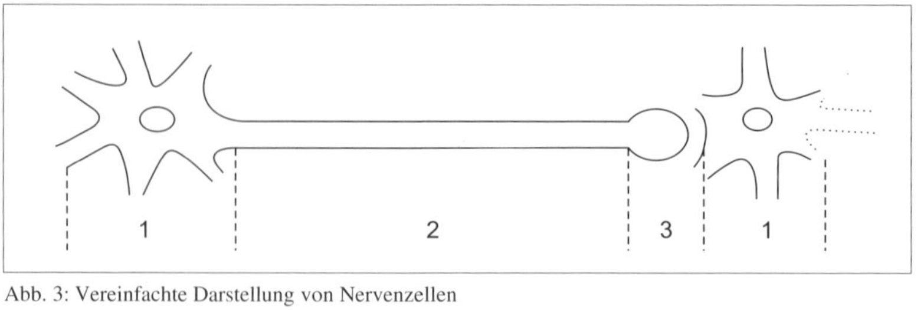

Abb. 3: Vereinfachte Darstellung von Nervenzellen

2.4 Tritt man auf einen spitzen Gegenstand, so wird der Fuß schnell zurückgezogen. In Abbildung 4 ist die Verschaltung der beteiligten Neuronen dargestellt. Benennen Sie die Neuronen a bis c und erläutern Sie das dargestellte Reiz-Reaktionsschema. 4

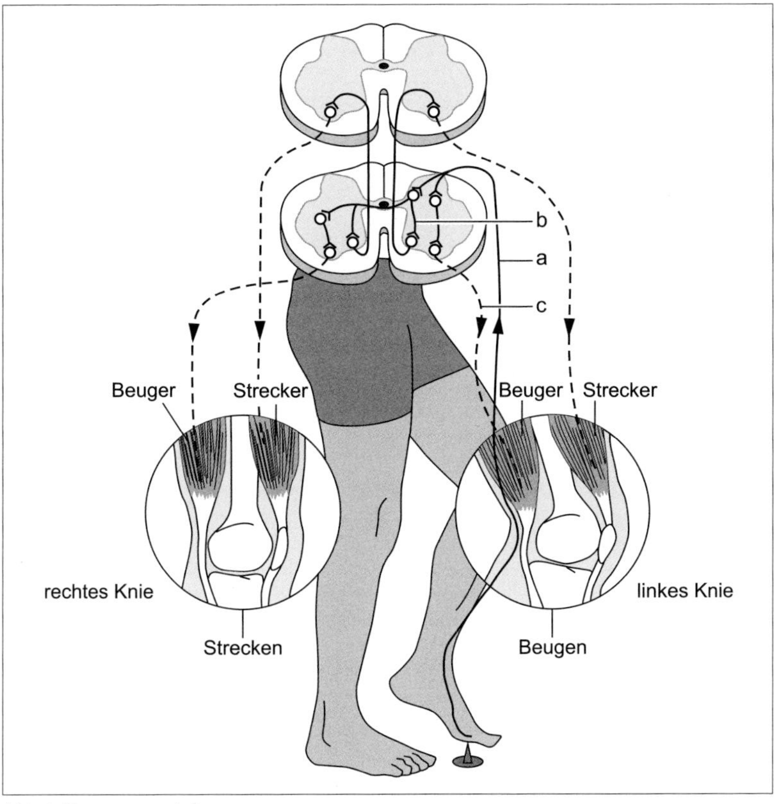

Abb. 4: Neuronenverschaltung
Quelle: Prof. Dr. Jürgen Markl (Hrsg.), Biologie Oberstufe, Markl, Klett Verlag Stuttgart, 2010, verändert

∗ 2.5 Ein beliebter Aquarienfisch ist der Schwertträger *(Xiphophorus hellerii)*. Die geschlechtsreifen Männchen entwickeln als sekundäres Geschlechtsmerkmal ein sogenanntes Schwert, indem sich der untere Teil der Schwanzflosse verlängert. Um die Wirkung des männlichen Geschlechtshormons Testosteron zu erforschen, wurde es mit dem Fischfutter ins Wasser des Aquariums gegeben. Abbildung 5 zeigt das Ergebnis dieses Experiments.

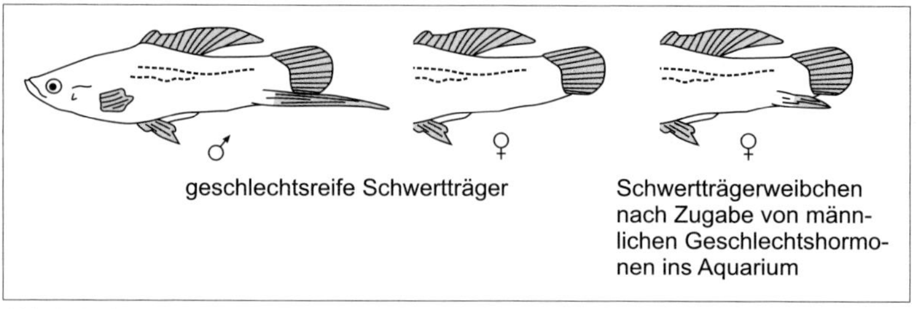

Abb. 5: Quelle: Hedewig, Roland, Unterricht Biologie Nr. 58, 5. Jahrgang, Juni 1981, Friedrich Verlag Seelze

∗ 2.5.1 Beschreiben und interpretieren Sie das Ergebnis des Experiments. 3

∗ 2.5.2 Testosteron ist ein lipophiles Hormon. Erklären Sie dessen Wirkungsweise in den Zellen der Schwanzflosse auf molekularer Ebene. 3

∗ 2.5.3 Bestimmte angeborene Erkrankungen begünstigen einen erhöhten Testosteronspiegel, was zu Folgeerkrankungen führen kann.
Der Testosteronspiegel wird über einen komplexen Regelkreis zwischen Hypothalamus (Zwischenhirn), Hypophyse und Hoden gesteuert. Stellen Sie die Regelung des Testosteronspiegels im Blut schematisch dar und erklären Sie daran eine Möglichkeit, die Testosteronwirkung durch Medikamente zu hemmen. 4

30

* Aufgabe stellt Anforderungen, die ab dem Abitur 2024 nicht oder nur mehr eingeschränkt prüfungsrelevant sind.

Lösungen

2.1 Das **Großhirn** steuert bewusstes Handeln und damit bewusste Bewegung.
Das **Kleinhirn** ist zuständig für die Koordination der Bewegung.

2.2.1 **1:** Dendrit
2: Zellkörper
3: Axonhügel
4: Schwannsche Zelle/Myelin
5: Ranvierscher Schnürring
6: Axon
7: Endknöpfchen
8: Zellkern

2.2.2 Die Nervenzelle B ist eine **markhaltige** Nervenzelle. Diese Zellen ermöglichen eine schnelle Erregungsleitung von bis zu 120 m/s.

2.2.3 Hier handelt es sich um die **saltatorische Erregungsleitung**. Aktionspotenziale entstehen dabei nur an nicht myelinisierten Axonstellen, den Ranvierschen Schnürringen. Wird dort, nach Überschreiten des Schwellenwerts, infolge Na^+-Ioneneinstrom durch spannungsabhängige Kanäle ein Aktionspotenzial erzeugt, ist das Axoninnere an dieser Stelle positiv geladen. Am benachbarten Ranvierschen Schnürring ist das Axoninnere aufgrund des Ruhepotenzials negativ geladen. Ausgleichsströmchen (Ionenwanderung) bewirken am benachbarten Schnürring eine Potenzialänderung, sodass sich dort ebenfalls Na^+-Ionenkanäle öffnen und ein Aktionspotenzial hervorrufen.

Die Entstehung von Aktionspotenzialen ist gekennzeichnet durch das Alles-oder-Nichts-Gesetz: Öffnen sich spannungsgesteuerte Na^+-Ionenkanäle, kommt es durch positive Rückkopplung immer zu einer vollständigen Umpolung der Membran.

2.3.1

IPSP	**EPSP**
Öffnen von K^+-Ionenkanälen *alternativ:* Öffnen von Cl^--Ionenkanälen	Öffnen von Na^+-Ionenkanälen
an der postsynaptischen Membran strömen K^+-Ionen aus *alternativ:* an der postsynaptischen Membran strömen Cl^--Ionen ein	an der postsynaptischen Membran strömen Na^+-Ionen ein
Hyperpolarisation	Depolarisation
Hemmung der postsynaptischen Nervenzelle	Erregung der postsynaptischen Nervenzelle

Es sind nur zwei Vergleichsaspekte erforderlich.

2.3.2 Die Renshaw-Zelle bewirkt eine **negative Rückkopplung** auf das signalgebende Motoneuron: Je stärker das Motoneuron erregt wird, desto stärker wird auch die Renshaw-Zelle erregt und desto stärker hemmt sie das Motoneuron.
Diese negative Rückkopplung soll eine Übererregung (oder auch Hemmung) der Muskelfaser verhindern.

2.3.3 **Bereich 1:** Modulation der Amplitude am Zellkörper: Eine hohe Reizstärke bewirkt eine hohe Amplitude des Rezeptorpotenzials durch mehr und länger geöffnete Ionenkanäle an der postsynaptischen Membran.

Bereich 2: Modulation der Frequenz am Axon: Je stärker der Reiz (und infolgedessen das Rezeptorpotenzial), desto höher ist die Frequenz der Aktionspotenziale.

Bereich 3: Modulation der Transmittermenge am Endknöpfchen: Je stärker der Reiz, desto mehr Aktionspotenziale treffen pro Zeit ein und desto mehr Transmittermoleküle werden freigesetzt.

2.4 Benennung der Neurone:
a: sensorisches Neuron
b: Interneuron
c: motorisches Neuron (Motoneuron)

Hier handelt es sich um einen **Reflexbogen**. Über das sensorische Neuron wird der Schmerzreiz (in Form von Aktionspotenzialen) über ein Interneuron im Rückenmark auf ein nachfolgendes Motoneuron an den Beuger weitergeleitet. Dadurch erfolgt eine Muskelkontraktion und eine Beugung des linken Beines. Gleichzeitig wird über ein weiteres, Neuron a nachgeschaltetes Interneuron (b) der Strecker des linken Beines gehemmt.

Eine genaue Angabe, ob Interneuron b selbst oder das ihm nachgeschaltete Neuron hemmend wirkt, ist aufgrund der relativ komplexen Verschaltung nicht erforderlich. Am rechten Bein wird durch die Verschaltung entsprechend der Strecker aktiviert und der Beuger gehemmt, sodass der Stand bei der Rückziehbewegung stabilisiert wird.

2.5.1 Bei Weibchen wird nach Testosteronzugabe ein kleines Schwert ausgebildet.
Dieses Ergebnis deutet darauf hin, dass Testosteron für die Bildung der verlängerten Schwanzflosse verantwortlich ist. Auch weibliche Schwertträger besitzen Zielzellen für das männliche Geschlechtshormon. Da Weibchen selbst nur wenig oder kein Testosteron produzieren, entsteht jedoch normalerweise kein Schwert.
Durch die Aufnahme von Testosteron gelangt das Hormon zu den Zielzellen mit den entsprechenden Rezeptoren im unteren Bereich der Schwanzflosse und induziert dort das Wachstum.

2.5.2 Testosteron durchdringt als lipophiles Hormon die Zellmembran und bindet in den Zielzellen an einen spezifischen Rezeptor, der im Zellplasma liegt. Der Hormon-Rezeptor-Komplex gelangt in den Zellkern, lagert sich dort an spezifische DNA-Abschnitte an und bewirkt auf diese Weise die Expression bestimmter Gene. Infolgedessen wird das Zellwachstum der unteren Schwanzflosse angeregt und ein Schwert wächst.

2.5.3 *Greifen Sie bei der Anfertigung der Skizze auf Ihr Fachwissen zurück. Auch alternative Darstellungsformen sind möglich.*

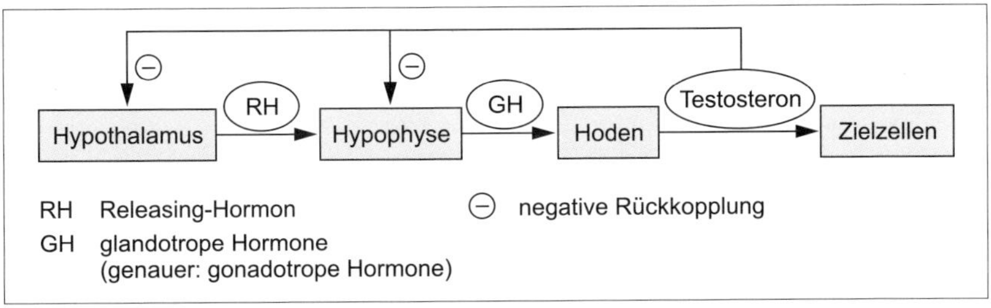

Der Hypothalamus aktiviert über das Releasing-Hormon die Hypophyse, die daraufhin glandotrope Hormone *(alternativ: LH und FSH)* ausschüttet. Dies bewirkt, dass die Hoden Testosteron produzieren. Eine zu hohe Testosteronkonzentration wiederum wirkt hemmend auf die Produktion von RH und GH.

Die Formulierung eines Textes ist nicht erforderlich, kann aber zur Beschreibung des Schemas hilfreich sein.

Eine Möglichkeit, die Testosteronwirkung zu hemmen, wären Medikamente, die die Testosteronrezeptoren der Zielzellen blockieren.

Ebenso denkbar sind z. B. auch die Hemmung der RH- oder GH-Ausschüttung sowie eine Blockade der Rezeptoren der glandotropen Hormone.

BE

3 Der zur Adventszeit sehr beliebte Weihnachtsstern *(Euphorbia pulcherrima)* ist ursprünglich in Mexiko beheimatet, wo er in tropischen Laubwäldern zu großen Büschen heranwächst.
Die charakteristischen roten Blätter bilden sich nur in der Blühperiode, wenn die Tageslänge kürzer als 12 Stunden ist. Diese roten Blätter, die dem Anlocken von Tieren dienen, sind jedoch keine Blütenblätter. Sie bilden sich aus normalen Laubblättern und werden dann als Hochblätter bezeichnet.

3.1 Die bei uns verkauften Weihnachtssterne werden in Gewächshäusern aus Stecklingen herangezogen. Damit sie rechtzeitig zur Adventszeit rote Hochblätter ausbilden, müssen die abiotischen Faktoren im Gewächshaus genau reguliert werden.

3.1.1 Abbildung 1 zeigt den Blattquerschnitt eines normalen Laubblattes des Weihnachtssterns.

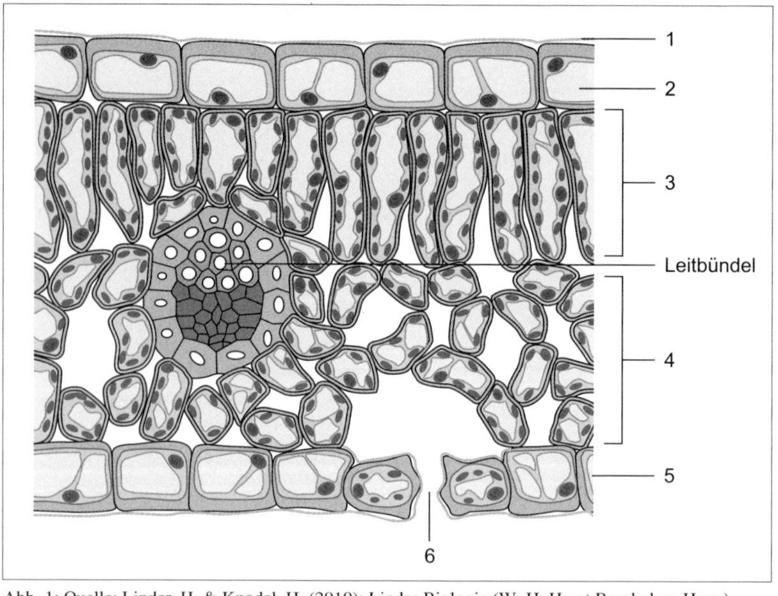

Abb. 1: Quelle: Linder, H. & Knodel, H. (2010): Linder Biologie (W. H. Horst Bayrhuber, Hrsg.), Braunschweig, Schroedel, verändert

Übertragen Sie die Ziffern der Abbildung 1 auf Ihr Lösungsblatt und benennen Sie die entsprechenden Strukturen. 3

3.1.2 Geben Sie die Funktionen der Strukturen 3 und 4 aus Abbildung 1 in Bezug auf die Fotosynthese an und erklären Sie daran jeweils den Zusammenhang zwischen Funktion und Struktur. 2

3.1.3 In den roten Hochblättern des Weihnachtssterns wird der rote Farbstoff Anthocyan in die Zellen der Epidermis eingelagert. Stellen Sie eine begründete Hypothese auf, wie der rote Farbstoff die Fotosynthese beeinflussen könnte. 2

3.1.4 Formulieren Sie die Summengleichung der Fotosynthese. Beschreiben Sie ein Experiment, mit dem Sie nachweisen können, ob die roten Hochblätter Fotosynthese betreiben können. 4

3.1.5 Um gezüchtete Weihnachtssterne rechtzeitig zur Adventszeit erröten zu lassen, muss die Temperatur im Gewächshaus rechtzeitig angepasst werden. Außerdem gibt es bei der Anzucht Temperaturunterschiede je nach gewünschter Pflanzengröße. Abbildung 2 zeigt einen typischen Temperaturverlauf im Gewächshaus.

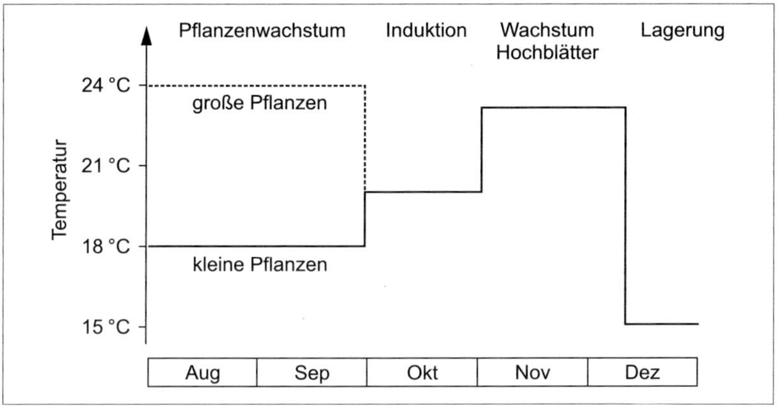

Abb. 2: Temperaturverlauf zur Induktion von Hochblättern im Gewächshaus
Quelle: eigene Darstellung nach: http://greencommons.de/images/1/11/Tag-nachttemp_Poins.png, Ulrich Harm nach LVG Ahlem

3.1.5.1 Beschreiben Sie den Temperaturverlauf in Abbildung 2. 2

3.1.5.2 Erklären Sie, warum bei höheren Tagestemperaturen im August/September größere Pflanzen entstehen. 2

3.2.1 In Abbildung 3 sind die Vorgänge bei der lichtabhängigen Reaktion an der Thylakoidmembran dargestellt. Übertragen Sie die Buchstaben auf Ihr Lösungsblatt und nennen Sie zu jedem Buchstaben den korrekten Begriff. 3

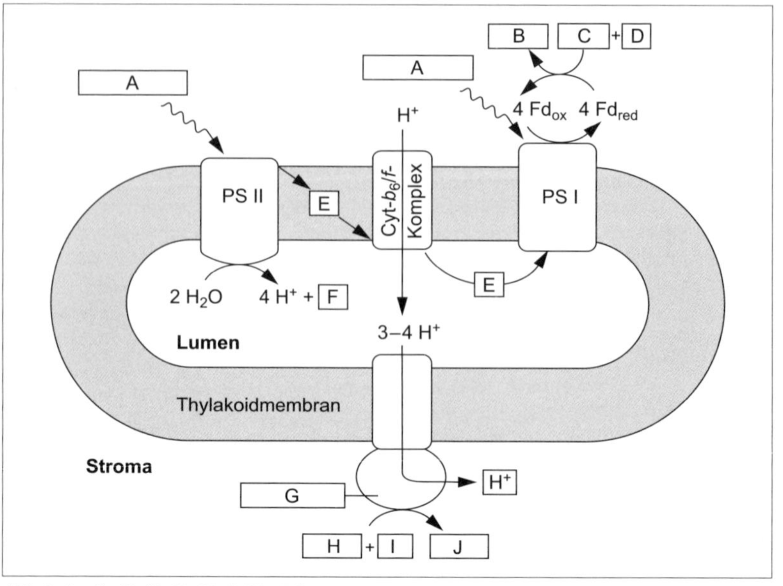

Abb. 3: Quelle: Heldt, H.-W. (2003): Pflanzenbiochemie, Heidelberg, Spektrum Akademischer Verlag GmbH, verändert

3.2.2 Lichtabhängige und lichtunabhängige Reaktion stehen miteinander in einem engen Zusammenhang. Stellen Sie die Wechselwirkung zwischen beiden Reaktionen mithilfe einer beschrifteten Übersichtsskizze dar. Geben Sie dabei alle Ausgangs- und Endstoffe sowie die abiotischen Faktoren der oben genannten Reaktionen an. 3

3.2.3 Nennen Sie den zyklischen Stoffwechselprozess, in dem CO_2 fixiert wird. Geben Sie den CO_2-Akzeptor an und notieren Sie die Strukturformel von PGS. 2

3.2.4 Die Fotosynthese ist nicht nur von der Temperatur und der Lichtstärke abhängig, sondern auch von der CO_2-Konzentration. Erklären Sie, welchen Einfluss ein CO_2-Mangel auf die Konzentration von $NADP^+$ und ADP im Chloroplasten sowie die Sauerstoffproduktion einer Pflanze hat. 2

3.2.5 DCPIP (Dichlorphenolindophenol) ist ein Farbstoff, der als künstlicher Elektronenakzeptor in die Thylakoidmembran eingebracht werden kann. Vor der Elektronenaufnahme ist DCPIP tiefblau gefärbt, nach der Elektronenaufnahme erscheint es farblos. Wird ein Elektron einmal aufgenommen, wird es vom DCPIP-Molekül nicht wieder abgegeben, sodass die Elektronentransportkette durch diesen Farbstoff unterbunden wird.

In einer Versuchsreihe wird DCPIP zu drei Reagenzgefäßen (A–C) gegeben, in denen sich unterschiedlich behandelte Chloroplastensuspensionen befinden:

A: abgekochte Chloroplastensuspension
B: ungekochte, belichtete Chloroplastensuspension
C: ungekochte, unbelichtete Chloroplastensuspension

3.2.5.1 Geben Sie für jedes Reaktionsgefäß begründet an, welche Farbe der Farbstoff DCPIP annimmt. 3

3.2.5.2 Da die Elektronentransportkette durch das DCPIP-Molekül unterbrochen wird, wirkt der Farbstoff in intakten Pflanzen als Herbizid, also als Pflanzenvernichtungsmittel. Nennen Sie zwei weitere Möglichkeiten, wie Herbizide auf molekularer Ebene die Fotosynthese hemmen können, und begründen Sie Ihre Aussagen. 2

30

Lösungen

3.1.1 **1:** obere Kutikula **3:** Palisadengewebe **5:** untere Epidermis
2: obere Epidermis **4:** Schwammgewebe **6:** Spaltöffnung / Stoma

3.1.2 Das **Palisadengewebe** ist der Hauptort der Fotosynthese. Die dicht gelagerten Zellen des Palisadengewebes, die sehr viele Chloroplasten besitzen, nutzen das einfallende Licht optimal. Das **Schwammgewebe** ermöglicht den Transport der gasförmigen Stoffe (CO_2, H_2O, O_2). Dort befindet sich ein zusammenhängendes System aus Interzellularräumen, in denen die Gase diffundieren können und somit ein Austausch mit der Umgebungsluft möglich ist.

3.1.3 Ein roter Farbstoff absorbiert die Wellenlängen des weißen Lichts bis auf den roten Spektralbereich. Chlorophyll absorbiert rotes und blaues Licht, reflektiert grünes. Da der rote Farbstoff in die Zellen der Epidermis eingelagert ist und das Licht diese zuerst passiert, wird der blaue Anteil des Lichts bereits absorbiert und gelangt nicht zu den Chloroplasten des Palisadengewebes; er fehlt somit dem Chlorophyll.
Damit ist die Fotosyntheseleistung insgesamt herabgesetzt.

3.1.4 $6\,CO_2 + 6\,H_2O \longrightarrow C_6H_{12}O_6 + 6\,O_2$

Die Fähigkeit zur Fotosynthese kann z. B. durch einen **Stärkenachweis** belegt werden. Dazu wird ein Hochblatt, das für einen gewissen Zeitraum mit einer Aluminiumfolie vom Licht abgeschirmt wurde, mit Ethanol entfärbt. Ebenso verfährt man mit einem belichteten Hochblatt. Anschließend werden die Blätter mit Lugolscher Lösung (Iod-Kaliumiodid-Lösung) behandelt, die mit Stärke einen blauvioletten Farbkomplex bildet. Ist das belichtete Hochblatt intensiver gefärbt als das abgeschirmte Blatt, bedeutet dies eine höhere Konzentration an Stärke und weist auf fotosynthetische Aktivität des Hochblatts hin. Zeigen beide Blätter die gleiche Farbstärke und damit die gleiche Stärkekonzentration, so wird im Hochblatt keine Fotosynthese betrieben.

Alternativ ist auch ein O_2-Nachweis z. B. durch einen Sauerstoff-Sensor, die Bestimmung des CO_2-Verbrauchs, z. B. mit Kalkwasser, oder ein mikroskopischer Chloroplasten-Nachweis möglich.

3.1.5.1 Das Diagramm zeigt den Temperaturverlauf im Gewächshaus von August bis Dezember. Im August und September gibt es zwei Temperaturstufen: Kleine Weihnachtssterne werden bei 18 °C herangezogen, große Pflanzen bei 24 °C. Die Induktion der Ausbildung von Hochblättern erfolgt im Oktober für alle Pflanzen bei etwa 20 °C. Für die Wachstumsphase der Hochblätter werden im November und Anfang Dezember etwa 23 °C eingestellt. Die Pflanzen werden ca. ab dem 10. Dezember bei etwa 15 °C gelagert.

3.1.5.2 Nach der **RGT-Regel** (Reaktionsgeschwindigkeits-Temperatur-Regel) laufen chemische Reaktionen bei höherer Temperatur schneller ab. Daher ist bei höheren Temperaturen auch die Fotosyntheserate gesteigert, was zu einem verstärkten Aufbau von Glucose führt. Da Glucose zur Erzeugung von Energie für den Stoffaufbau genutzt werden kann, ermöglicht eine hohe Verfügbarkeit von Glucose ein schnelleres Wachstum.

3.2.1 **A:** Licht
B: 2 $NADPH + H^+$
C: 2 $NADP^+$
D: 4 H^+
E: 4 e^-
F: O_2
G: ATP-Synthase
H: ADP
I: P_i
J: ATP

Exakte stöchiometrische Angaben sind nicht erforderlich.

3.2.2

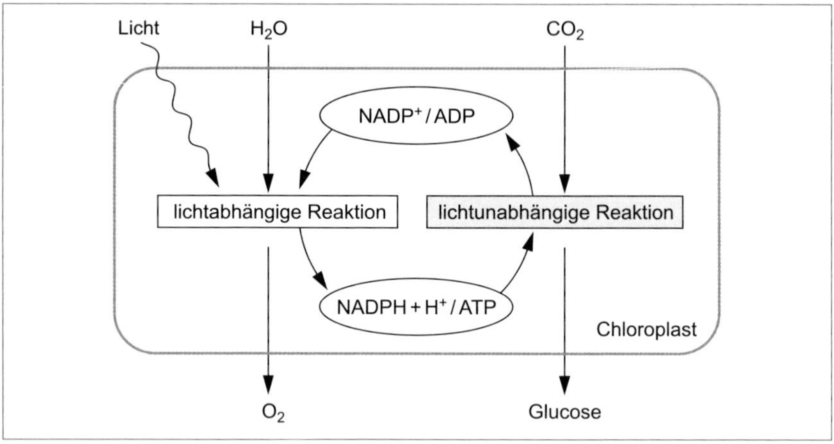

3.2.3 Zyklischer Prozess der CO_2-Fixierung: **Calvin-Zyklus**
CO_2-Akzeptor: **Ribulose-1,5-bisphosphat**

Strukturformel von Phosphoglycerinsäure (PGS):

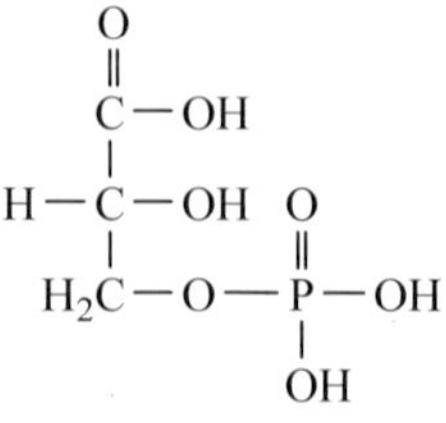

3.2.4 Liegt ein CO_2-Mangel vor, wird keine Phosphoglycerinsäure gebildet. Damit findet auch keine Reduktion von PGS zu PGA (Phosphoglycerinaldehyd) statt. Bei dieser Reaktion wird $NADPH + H^+$ zu $NADP^+$ oxidiert sowie ATP zu ADP und P_i verbraucht. Als Konsequenz sind die Konzentrationen von $NADP^+$ und ADP niedrig, sie fehlen daher als Reaktionspartner für die Lichtreaktion. Daher nimmt die Produktion von Sauerstoff, der bei der Lichtreaktion entsteht, ab.

3.2.5.1 **Reaktionsgefäß A:** blaue Farbe
Die Fotosyntheseenzyme wurden beim Kochen denaturiert. Daher findet keine Elektronenaufnahme bzw. kein Elektronentransport statt.

Reaktionsgefäß B: farblos
Die lichtabhängige Reaktion kann ablaufen und der Farbstoff nimmt über die Elektronentransportkette Elektronen auf.

Reaktionsgefäß C: blaue Farbe
Ohne Einstrahlung von Licht erfolgt keine Energiezufuhr, daher ist kein Elektronentransport möglich.

3.2.5.2 Weitere Möglichkeiten:
- Hemmung der Fotolyse des Wassers, sodass die Elektronenzufuhr für die Lichtreaktion unterbrochen wird. Infolgedessen wird kein NAHPH / H^+ für die Dunkelreaktion gebildet, es findet also keine Fotosynthese statt.
- Blockade der ATP-Synthase: Wird kein ATP gebildet, findet keine Reduktion von PGS zu PGA statt, es läuft also keine Fotosynthese ab.
- Hemmung der Ribulose-1,5-bisphosphat-Carboxylase (Rubisco): Ohne Fixierung des CO_2 läuft die Dunkelreaktion nicht ab, somit ist auch keine Fotosynthese möglich.

Zwei Möglichkeiten müssen genannt werden.

Profil-/Neigungsfach Biologie (Baden-Württemberg): Abituraufgaben 2020
Aufgabe I: Genetik

BE

1.1 Morbus Parkinson ist eine Nervenkrankheit, die 1817 durch den britischen Arzt JAMES PARKINSON erstmals beschrieben wurde. Sie betrifft vor allem bestimmte Bereiche im Gehirn, die einen Mangel an Dopamin aufweisen. Da diese Hirnbereiche willkürliche und unwillkürliche Bewegungen des Körpers kontrollieren, leiden die Betroffenen hauptsächlich unter starken Bewegungsstörungen.

In einer Familie tritt seit mehreren Generationen eine bestimmte Form von Morbus Parkinson auf. Auch Herr P. ist von der Krankheit betroffen. Er hat mit seiner gesunden Frau Anna zwei Kinder. Seine Tochter Dorothe ist gesund, während sein Sohn Peter schon Symptome der Krankheit aufweist und somit als erkrankt gilt. Eva, die Schwester seiner Frau, ist wie ihre Eltern nicht von der Krankheit betroffen. Die Eltern von Herrn P. sind beide krank, genauso wie sein Bruder Paul. Seine Schwester Esther ist nicht von der Krankheit betroffen.

1.1.1 Erstellen Sie einen Stammbaum mit den genannten Familienmitgliedern. 2

1.1.2 Geben Sie anhand des Stammbaums an, wie diese Form von Morbus Parkinson vererbt wird. Begründen Sie Ihre Aussage, indem Sie nicht mögliche Erbgänge ausschließen. 3

1.1.3 Geben Sie für sämtliche Familienmitglieder alle möglichen Genotypen an. 2

1.1.4 Paul, der Bruder von Herrn P., möchte mit seiner gesunden Frau Kinder haben. Mit welcher Wahrscheinlichkeit sind gesunde Kinder zu erwarten? Belegen Sie Ihre Aussagen mit Erbschemata. 2

1.2 Bei bestimmten Formen von Morbus Parkinson kommt es zu einer intrazellulären Ablagerung eines fehlgefalteten und somit wasserunlöslichen Proteins namens α-Synuclein in verschiedenen Gehirnregionen. Dieses Protein hat eine toxische Wirkung auf bestimmte Nervenzellen, sodass es die Dopamin-Ausschüttung hemmt. Ursache hierfür ist eine Mutation des entsprechenden Gens.

Abbildung 1 zeigt einen kurzen Abschnitt des α-Synuclein-Gens. Dargestellt ist der codogene DNA-Strang des intakten Gens (A) und der des mutierten Gens (B).

(A)	intaktes α-Synuclein-Gen	3' … GTACCTCACCGTTGT … 5'
(B)	mutiertes α-Synuclein-Gen	3' … GTACCTCAC**T**GTTGT … 5'

Abb. 1

1.2.1 Ermitteln Sie die den beiden Genabschnitten (A) und (B) entsprechenden mRNA- und Aminosäuresequenzen. 3

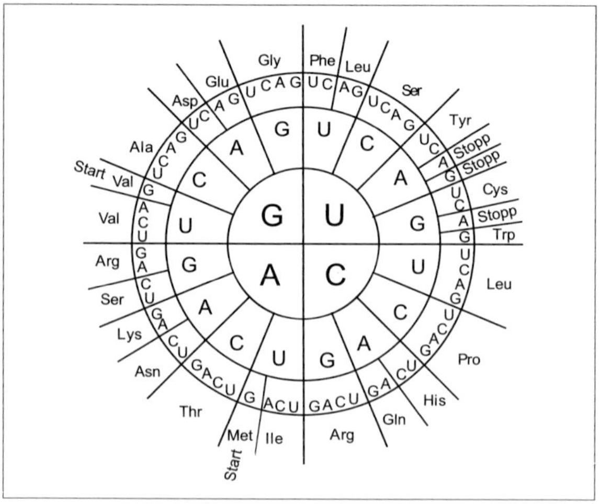

Code-Sonne

1.2.2 Erklären Sie, um welche Mutationsart es sich handelt, und erläutern Sie die Auswirkungen dieser Mutation auf das α-Synuclein-Protein. 2

1.3 Seit 2017 vertreibt die kanadische Firma „Okanagan Specialty Fruits" in Kanada und den USA Apfelschnitze aus transgenen Äpfeln, die trotz Luftsauerstoff nicht braun werden. In diesen ist die Synthese des Enzyms Polyphenyloxidase (PPO) so stark vermindert, dass die Menge an PPO nicht mehr ausreicht, Polyphenole des Apfels in gelbbraune Katechine umzuwandeln.

1.3.1 Die Expression des PPO-Gens wird durch das sogenannte „Gene Silencing" gehemmt. Dazu wird mithilfe des Ti-Plasmids durch *Agrobacterium tumefaciens* ein DNA-Abschnitt in die Pflanze eingeschleust, der für einen kurzen RNA-Abschnitt codiert, eine sogenannte Mikro-RNA (miRNA). Diese ist komplementär zu einem Teil der mRNA des PPO-Gens.

1.3.1.1 Erklären Sie, warum durch diese miRNA die Synthese von PPO verhindert wird. 2

1.3.1.2 Die folgende Sequenz zeigt einen Ausschnitt aus der natürlichen PPO-mRNA:

3' GGAUAACAU 5'

Leiten Sie daraus den künstlich eingeschleusten DNA-Abschnitt unter Angabe der miRNA-Sequenz ab. 2

* 1.3.2 Das Einschleusen eines Gens mithilfe von *Agrobacterium tumefaciens* ist eine grundlegende Methode gentechnologischer Pflanzenzucht.
Beschreiben Sie eine Technik, mit der man transformierte Agrobakterien, die zur Herstellung gentechnisch veränderter Pflanzen geeignet sind, von nicht geeigneten unterscheiden kann. 3

* 1.3.3 Erklären Sie je einen Vor- und Nachteil von transgenen Pflanzen. 2

1.3.4 Erläutern Sie mithilfe von beschrifteten Skizzen eine Möglichkeit des natürlichen Gentransfers zwischen Bakterien. 3

* Aufgabe stellt Anforderungen, die ab dem Abitur 2024 nicht oder nur mehr eingeschränkt prüfungsrelevant sind.

1.3.5 Der Apfel gehört wie z. B. auch die Birne und die Erdbeere zu den Rosengewächsen. Zur Bestimmung der Verwandtschaftsverhältnisse existieren verschiedene Verfahren.

1.3.5.1 Beschreiben Sie die Methode der DNA-Hybridisierung. 2

1.3.5.2 Morphologisch gesehen ist der Apfel näher mit der Birne als mit der Erdbeere verwandt. Bestätigen Sie diese Verwandtschaftsverhältnisse durch das Ergebnis eines entsprechenden DNA-Hybridisierungsexperiments. 2

30

Lösungen

1.1.1

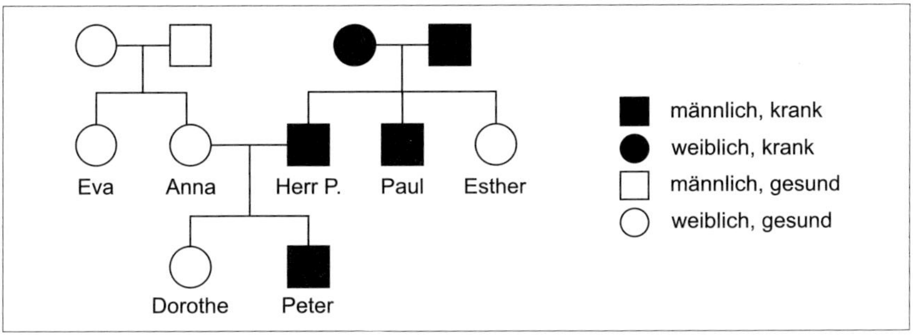

1.1.2 Diese Form von Morbus Parkinson wird **autosomal-dominant** vererbt.
Ein rezessiver Erbgang kann ausgeschlossen werden, da die Eltern von Paul erkrankt sind und ihre Tochter Esther gesund ist.
Ein X-chromosomal-dominanter Erbgang kann ebenfalls ausgeschlossen werden, da in diesem Fall Esther ebenfalls krank sein müsste.

Alternative Begründung: Ein X-chromosomal dominanter Erbgang kann ausgeschlossen werden, da Dorothe das mutierte Allel von ihrem Vater Herrn P. geerbt hätte und somit auch erkrankt sein müsste.

1.1.3 **Legende:**
A: mutiertes Allel (krank)
a: normales Allel (gesund)

Genotypen:

Eltern von Anna: beide aa	Anna: aa	Esther: aa
Eltern von Herrn P.: beide Aa	Herr P.: Aa	Dorothe: aa
Eva: aa	Paul: AA/Aa	Peter: Aa

1.1.4 Ist der Genotyp von Paul homozygot (AA), liegt die Wahrscheinlichkeit für gesunde Kinder bei 0 %.

		Paul	
		A	A
Frau von Paul	a	Aa	Aa
	a	Aa	Aa

Ist der Genotyp von Paul heterozygot (Aa), liegt die Wahrscheinlichkeit für gesunde Kinder bei 50 %.

		Paul	
		A	a
Frau von Paul	a	Aa	aa
	a	Aa	aa

1.2.1 **Intaktes α-Synuclein-Gen (A):**

DNA	3'	GTA	CCT	CAC	CGT	TGT	5'
mRNA	5'	CAU	GGA	GUG	GCA	ACA	3'
AS-Sequenz		His	Gly	Val	Ala	Thr	

Mutiertes α-Synuclein-Gen (B):

DNA	3'	GTA	CCT	CAC	**T**GT	TGT	5'
mRNA	5'	CAU	GGA	GUG	**A**CA	ACA	3'
AS-Sequenz		His	Gly	Val	**Thr**	Thr	

1.2.2 Hier handelt es sich um eine **Genmutation**, und dabei genauer um eine Punktmutation (oder auch Missense-Mutation), da durch den Austausch einer Base (Cytosin ist gegen Thymin ausgetauscht) eine andere Aminosäure (Threonin statt Alanin) codiert wird.
Damit wird die Tertiärstruktur des Proteins entscheidend verändert und somit auch seine Funktion bzw. in diesem Falle lagert sich das Protein aufgrund seiner falschen Faltung intrazellulär ab.

1.3.1.1 Die miRNA lagert sich an komplementäre Bereiche der mRNA des PPO-Gens und bildet einen RNA-Doppelstrang. Dadurch kann an dieser Stelle keine Translation erfolgen. In der Folge kann kein vollständiges Genprodukt PPO entstehen.

1.3.1.2

PPO-mRNA:	3'	GGA UAA	CAU	5'
miRNA:	5'	CCU AUU	GUA	3'
eingeschleuste DNA:	3'	GGA TAA	CAT	5'
	5'	CCT ATT	GTA	3'

1.3.2 Das Ti-Plasmid enthält zwei Antibiotika-Resistenzgene. Die Schnittstelle des Restriktions-Enzyms liegt im zweiten Resistenzgen. Das gewünschte Gen, das mit demselben Restriktions-Enzym ausgeschnitten wurde, wird in das Plasmid eingebaut (Enzym: Ligase). Das so neu kombinierte Plasmid wird zu den Agrobakterien gegeben (Transformation). Diese werden auf zwei Nährböden ausplattiert: Nährboden 1 mit Antibiotikum 1 und Nährboden 2 mit Antibiotikum 2 (Stempeltechnik). Kolonien, die auf dem Nährboden 1 wachsen, aber nicht auf dem Nährboden 2, enthalten das gewünschte Plasmid, da das Resistenzgen 2 durch den Einbau des gewünschten Gens verändert wurde und somit die Resistenzwirkung verloren gegangen ist.

1.3.3 *Zur Lösung der Aufgabe ist nur die Erklärung eines Vorteils und eines Nachteils verlangt. Weitere Alternativen sind hier möglich (z. B. Vorteile: Qualitätssteigerung, Herbizidresistenz; Nachteile: unkontrollierte Ausbreitung, Schädigung von Insekten).*

Vorteil:
Transgene Pflanzen mit einer Schädlingsresistenz können einen erhöhten Ertrag bei geringerem bzw. keinem Spritzmitteleinsatz ermöglichen.

Nachteil:
Eine gesundheitsgefährdende Wirkung von transgenen Pflanzen aufgrund neuer Proteine, die Nahrungsunverträglichkeiten oder Allergien auslösen können, ist nicht ganz auszuschließen.

1.3.4

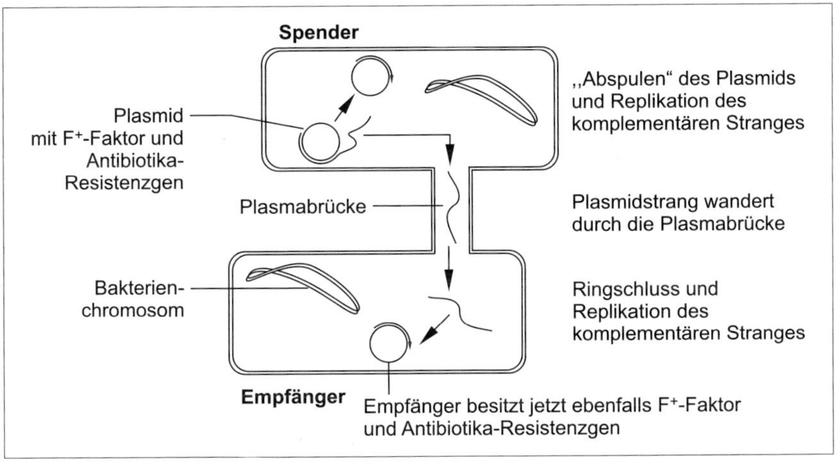

Eine Möglichkeit des natürlichen Gentransfers zwischen Bakterien ist die **Konjugation**. Hierbei wird genetisches Material über eine Plasmabrücke zwischen den beiden Bakterien ausgetauscht.

Das Plasmid des „Spender-Bakteriums“ wird vervielfältigt. Nach Ausbildung der Plasmabrücke gelangt das Plasmid mit dem Resistenzgen in das „Empfänger-Bakterium“ und kann dort seine Wirkung entfalten.

Alternativ zur Konjugation können Sie auch die Transformation erläutern.

1.3.5.1 Zunächst wird die DNA der zu untersuchenden Organismen isoliert. Danach folgt eine Denaturierung der entsprechenden DNA-Abschnitte in Einzelstränge (95 °C). Nun werden die DNA-Einzelstränge gemischt und die Temperatur gesenkt, damit eine Hybridisierung stattfinden kann. Je unterschiedlicher die DNA-Sequenzen sind, desto weniger Wasserstoffbrücken werden ausgebildet, und desto niedriger ist die Schmelztemperatur der Hybrid-DNA. Eine niedrigere Schmelztemperatur des DNA-Hybrids lässt wiederum auf einen niedrigen Verwandtschaftsgrad schließen.

1.3.5.2 Die Schmelztemperatur der Hybrid-DNA von Apfel und Birne ist höher als die von Apfel und Erdbeere, weil im ersten Fall mehr komplementäre Basenpaarungen aufgrund einer näheren Verwandtschaft vorliegen.

BE

2.1 Abbildung 1 zeigt einen Frontalschnitt durch ein menschliches Gehirn. Die Schnittebene ist unten links im kleinen Bild eingezeichnet.

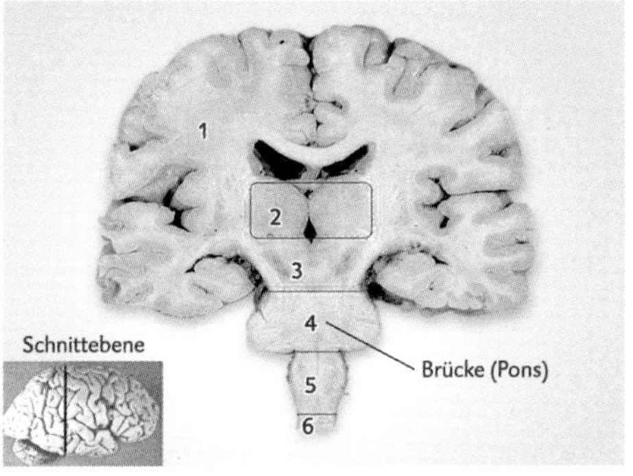

Abb. 1
Quelle: John A Beal/Wikipedia, CC BY 2.5 (verändert)

*2.1.1 Übertragen Sie die Ziffern 1 bis 4 der Abbildung 1 auf Ihr Lösungsblatt, benennen Sie die Gehirnteile und geben Sie jeweils eine wichtige Funktion an. 3

*2.1.2 Nennen Sie den Gehirnteil, der bei dem Frontalschnitt der Abbildung 1 nicht dargestellt ist. Begründen Sie, warum dieser hier fehlt und welche Hauptfunktion er hat. 2

2.1.3 1998 hat ein Forscherteam um JONATHAN GASTEL vom „National Institute of Child Health and Human Development" (Maryland, USA) gezeigt, dass Licht kurz vor dem Schlaf und während des Schlafes diesen empfindlich stören kann, weil dadurch die Ausschüttung des Schlafhormons Melatonin aus der Epiphyse gehemmt wird.

2.1.3.1 Beschreiben Sie die Abbildung 2. 2

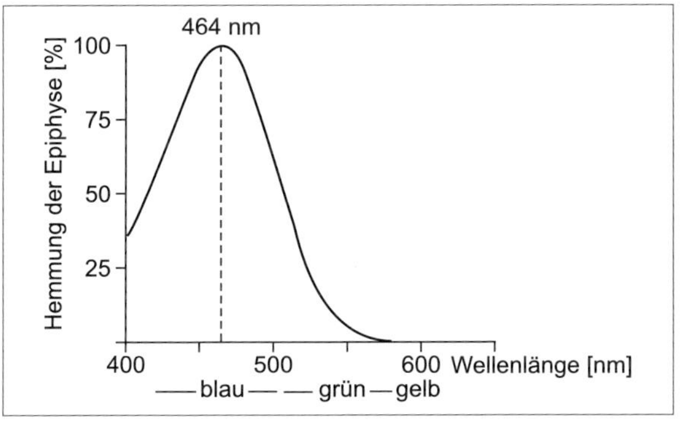

Abb. 2
Quelle: Brainard, G. C.; Hanifin, J. P.; Greeson, J. M.; Byrne, B.; Glickman, G.; Gerner, E.; Rollag, M. D.: Action Spectrum for Melatonin Regulation in Humans: Evidence for a Novel Circadian Photoreceptor, Journal of Neuroscience, 15 August 2001, 21 (16) 6405-6412

* Aufgabe stellt Anforderungen, die ab dem Abitur 2024 nicht oder nur mehr eingeschränkt prüfungsrelevant sind.

2.1.3.2 E-Book-Reader und Smartphones erfreuen sich immer größerer Beliebtheit. Erklären Sie mithilfe von Abbildung 2, welchen Vorteil für die Gesundheit der Einbau von Blaulichtfiltern in diese Geräte brachte. 2

*2.2.1 Chronischer Schlafmangel führt zu anhaltendem Stress. Dabei lassen sich erhöhte Cortisolwerte im Blut messen. Erläutern Sie anhand von zwei Beispielen, welche Folgen eine langfristige Erhöhung des Cortisolspiegels für den Körper hat. 2

*2.2.2 Während einer Tiefschlafphase ertönt plötzlich die Sirene des Feuermelders über Ihnen. Beschreiben Sie stichpunktartig, wie Ihr Körper auf diese akute Stresssituation reagiert. 2

*2.2.3 Die Abbildung 3 zeigt die beiden Bestandteile des vegetativen Nervensystems. Übernehmen Sie die Buchstaben A und B auf Ihr Lösungsblatt und benennen Sie diese. Geben Sie tabellarisch den Einfluss der beiden Bestandteile auf die Organe mit den Ziffern 1 bis 4 an. 3

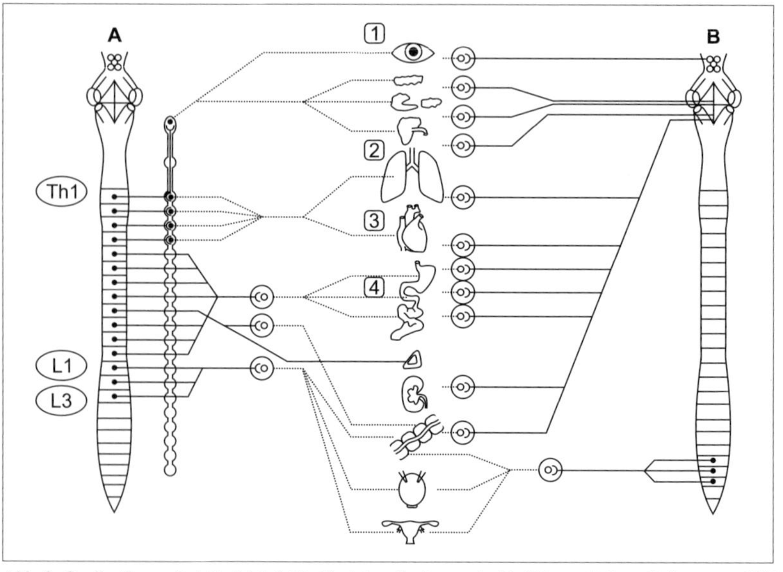

Abb. 3: Quelle: Samandari, F.; Mai, J. K.: Funktionelle Anatomie für Zahnmediziner, Quintessenz 2008

2.3 Epileptische Anfälle entstehen durch die unkontrollierte, gleichzeitige Aktivierung größerer Nervenzellverbände an der Hirnoberfläche. Dies kann im schwersten Fall zu einer Verkrampfung des gesamten Körpers mit anschließenden Zuckungen führen (Grand mal-Anfall).
Eine sehr seltene und besonders schwere Form der Epilepsie ist das Dravet-Syndrom, das erstmals 1978 von der französischen Ärztin Dr. Charlotte Dravet beschrieben wurde.

* Aufgabe stellt Anforderungen, die ab dem Abitur 2024 nicht oder nur mehr eingeschränkt prüfungsrelevant sind.

Als Ursache für das Dravet-Syndrom lässt sich in den meisten Fällen eine Mutation bzw. Deletion im SCN1A-Gen ausmachen, das für einen spannungsgesteuerten Na^+-Kanal codiert. Dieser Kanal kommt besonders häufig bei hemmenden Interneuronen im Gehirn vor, die die Aktivität von sogenannten Pyramidenzellen regulieren (Abbildung 4). Überaktive Pyramidenzellen führen schließlich zum epileptischen Anfall.

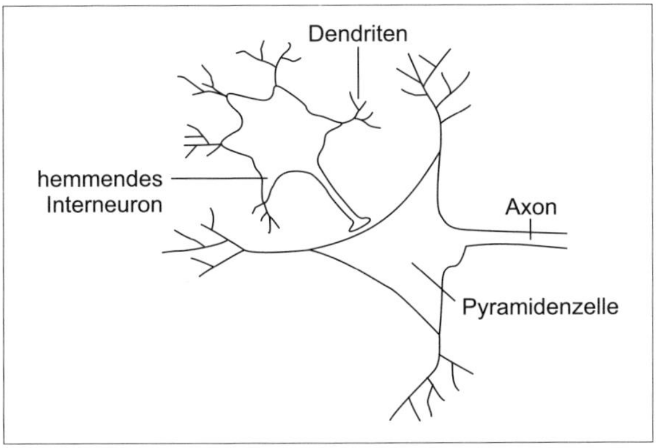

Abb. 4: Pyramidenzelle, die von einem hemmenden Interneuron innerviert wird.

2.3.1 Beschreiben Sie die Vorgänge an einer hemmenden Synapse. 2

2.3.2 Erläutern Sie zwei prinzipiell unterschiedliche Möglichkeiten, wie am Axonhügel der Pyramidenzelle in Abbildung 5 ein Aktionspotenzial ausgelöst werden kann. Setzen Sie dabei eine schwache Aktivität des hemmenden Interneurons voraus. 3

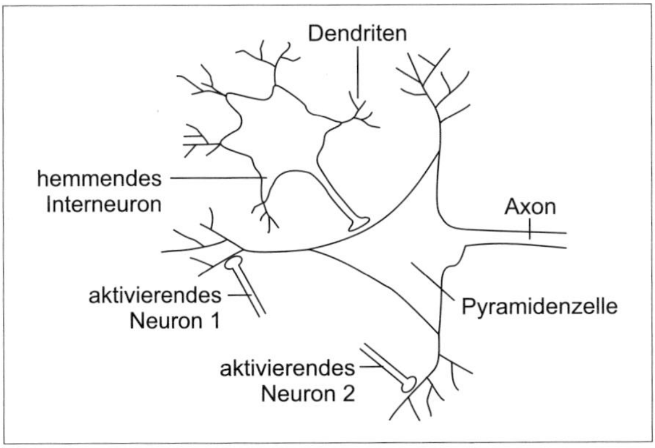

Abb. 5: Pyramidenzelle, die von zwei aktivierenden Neuronen und einem hemmenden Interneuron innerviert wird.

2.3.3 Stellen Sie eine begründete Hypothese auf, wie eine Mutation, die einen Funktionsverlust des SCN1A-Na^+-Kanals zur Folge hat, zu den epileptischen Anfällen beim Dravet-Syndrom führt. 3

∗2.4.1 Hormone lassen sich aufgrund ihrer Löslichkeit in zwei Gruppen einteilen. Die Abbildung 6 zeigt schematisch die Wirkungsweisen dieser beiden Gruppen (A und B). Geben Sie für A und B begründet die entsprechende Hormongruppe an. Übertragen Sie die Ziffern 1 bis 9 auf Ihr Lösungsblatt und benennen Sie die dargestellten Strukturen. 3

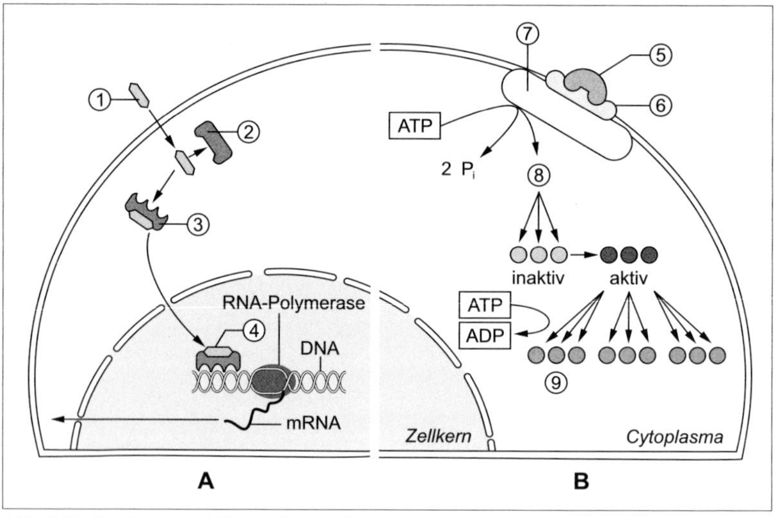

Abb. 6: Quelle: Braun, Paul, Westendorf-Bröring, Biologie heute SII, Schroedel Schulbuchverlag, 2013, S. 275, verändert

∗2.4.2 Abbildung 7 zeigt drei Hormone, die zu unterschiedlichen chemischen Stoffgruppen gehören.
Geben Sie für diese Hormone 1 bis 3 jeweils die zugehörige chemische Stoffgruppe an. Ordnen Sie einem dieser Hormone die Wirkungsweise A oder B aus Aufgabe 2.4.1 zu.

∗ Aufgabe stellt Anforderungen, die ab dem Abitur 2024 nicht oder nur mehr eingeschränkt prüfungsrelevant sind.

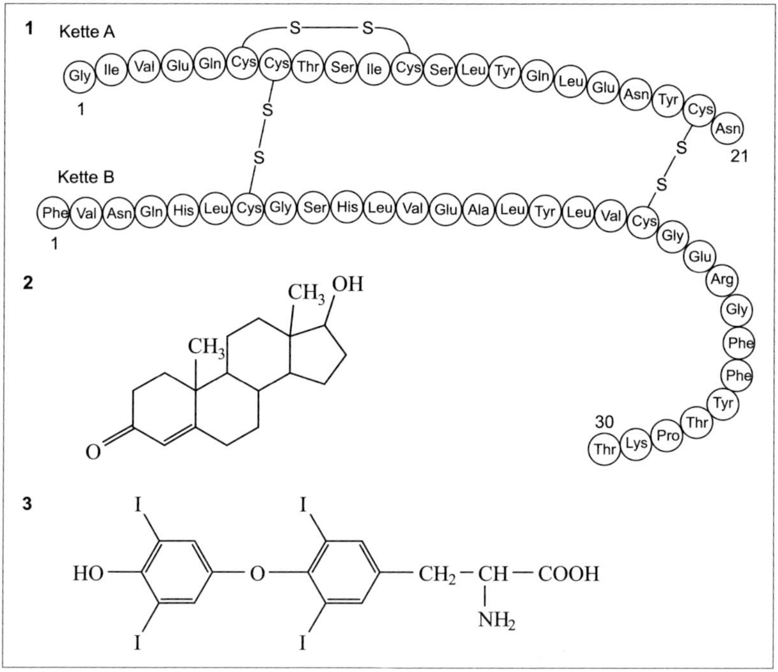

Abb. 7

$\frac{3}{30}$

Lösungen

2.1.1 *Zur Lösung der Aufgabe müssen Sie für jeden Gehirnteil nur jeweils eine wichtige Funktion angeben. Im Folgenden sind mehrere Beispiele notiert.*

1 **Großhirn:** z. B. steuert bewusste Bewegung, Gedächtnis, Sprache, Bewusstsein
2 **Zwischenhirn:** z. B. Regelung von hormonellen Vorgängen, Regelung von vegetativen Vorgängen, Emotionen
3 **Mittelhirn:** z. B. Schaltstelle für Hören und Sehen, Weiterleitung von Informationen an das Großhirn
4 **Nachhirn:** Regelung vegetativer Funktionen wie z. B. Atmung, Herzschlag

2.1.2 Es fehlt das **Kleinhirn**. Da das Kleinhirn nicht in der Schnittebene liegt, ist es beim Frontalschnitt nicht zu sehen.
Das Kleinhirn ist für Bewegungskoordination und Gleichgewicht verantwortlich.

2.1.3.1 Die **Abbildung 2** zeigt die prozentuale Hemmung der Epiphyse in Abhängigkeit von der Wellenlänge. Hier liegt eine Optimumskurve mit Optimum im Blaubereich vor. Bei 400 nm beträgt die Hemmung etwa 35 %, bei 464 nm liegt das Optimum mit 100 %, danach nimmt die Hemmung stark ab und beträgt bei ca. 570 nm 0 %.

2.1.3.2 Das Optimum der Hemmung liegt im Blaubereich (vgl. Abb. 2), sodass ein Blaulichtfilter die Hemmung der Epiphyse reduzieren kann. Geräte mit Blaulichtfilter können auch abends vor dem Schlafengehen genutzt werden, ohne dass die Epiphyse stark gehemmt wird und die Ausschüttung des Schlafhormons Melatonin gestört ist.

2.2.1 Eine längerfristige **Erhöhung des Cortisolspiegels** kann zu einer Schwächung des Immunsystems und damit zu einer erhöhten Infektanfälligkeit führen.
Eine andere Folge ist die Erhöhung der Blutzuckerwerte, sodass eine Diabetes gefördert werden kann.

Alternative Beispiele, wie Erhöhung des Blutdrucks, gesteigertes Schlaganfall- und Herzinfarktrisiko oder Abnahme der Muskulatur durch Proteinabbau, sind hier auch möglich.

2.2.2
- Wahrnehmung der Sirene des Feuermelders als Stressfaktor durch das Großhirn
- Sympathikus aktiviert Nebennierenmark
- Adrenalin wird ausgeschüttet
- Wirkung auf Zielorgane, z. B. Erhöhung des Blutzuckerspiegels, Beschleunigung des Herzschlags, Erweiterung der Bronchien

Bei dieser Aufgabe wäre zusätzlich auch die Nennung des Hypothalamus möglich.

2.2.3 **A:** Sympathikus, **B:** Parasympathikus

Organ	Sympathikus	Parasympathikus
1	Erweiterung der Pupille	Verengung der Pupille
2	Erweiterung der Bronchien	Verengung der Bronchien
3	Steigerung der Herzfrequenz	Verlangsamung der Herzfrequenz
4	Hemmung der Verdauung	Aktivierung der Verdauung

2.3.1 Nachdem Aktionspotenziale das Endknöpfchen erreichen, öffnen sich spannungsgesteuerte Ca^{2+}-Ionenkanäle und Ca^{2+}-Ionen strömen in das Zellinnere des Endknöpfchens. Dieser Einstrom bewirkt eine Verschmelzung der Vesikel mit der präsynaptischen Membran und die Neurotransmitter werden in den synaptischen Spalt freigesetzt. Die Neurotransmitter diffundieren durch den synaptischen Spalt, sodass sie an der postsynaptischen Membran an spezifische Rezeptoren binden können und sich anschließend rezeptorabhängige K^+-Ionenkanäle öffnen. K^+-Ionen strömen aus der postsynaptischen Nervenzelle in den synaptischen Spalt. Dies führt zu einer Hyperpolarisation und damit zu einem hemmenden postsynaptischen Potenzial (IPSP).

Alternative Möglichkeit: Rezeptorabhängige Cl^--Ionenkanäle öffnen sich, Cl^--Ionen strömen in die postsynaptische Nervenzelle und führen dort zu einem hemmenden postsynaptischen Potenzial (IPSP).

2.3.2 **Möglichkeit 1:**
Nur ein aktivierendes Neuron ist aktiv. Dieses bewirkt eine Depolarisation der Membran der Pyramidenzelle. Die Depolarisation muss dabei größer sein als die durch das hemmende Interneuron bewirkte Hyperpolarisation, da der Schwellenwert am Axonhügel überschritten werden muss. Diese Art der Verrechnung bezeichnet man als zeitliche Summation.

Möglichkeit 2:
Beide aktivierenden Neurone erreichen für sich genommen nicht den notwendigen Schwellenwert, um eine Depolarisation auszulösen; aber aufgrund der räumlichen Summation wird trotz der hemmenden Wirkung des Interneurons (schwache Aktivität) der Schwellenwert am Axonhügel überschritten.

2.3.3 Die hemmenden Interneurone regulieren im Normalfall die Aktivität der Pyramidenzellen, indem sie diese mindern. An der Pyramidenzelle wird nur dann ein Aktionspotenzial ausgelöst, wenn weitere Neuronen diese aktivieren. Bei einem defekten SCN1A-Na^+-Kanal kann kein Aktionspotenzial im hemmenden Interneuron gebildet werden und es kommt an der hemmenden Synapse nicht mehr zur Ausschüttung von Neurotransmittern. Die Pyramidenzelle ist dadurch leichter zu depolarisieren. In der Folge bilden sich viele Aktionspotenziale, die dann zu einem epileptischen Anfall führen.

2.4.1 **A:** lipophile Hormone – können durch die Zellmembran diffundieren
B: hydrophile Hormone – binden an die Rezeptoren der Zellmembranoberfläche
1: lipophiles Hormon
2: Rezeptor
3: Hormon-Rezeptor-Komplex
4: Anlagerung des Hormon-Rezeptor-Komplexes an die DNA

5: hydrophiles Hormon
6: Rezeptor
7: Adenylatcyclase
8: cAMP
9: aktivierte Enzyme

2.4.2 **1:** Peptidhormon, wirkt nach Mechanismus B
2: Steroidhormon, wirkt nach Mechanismus A
3: Aminosäureabkömmling (hier Thyroxin), wirkt nach Mechanismus A

Peptid- und Proteinhormone wirken über spezifische Membranrezeptoren und cAMP auf die Aktivität von Enzymen. Steroidhormone wirken über einen intrazellulären Rezeptor auf die Transkriptionsrate.

BE

3.1 Terrestrische und marine Ökosysteme sind durch Stoffkreisläufe grundsätzlich zur Selbstregulation fähig.

3.1.1 Stellen Sie mithilfe einer Skizze unter Verwendung entsprechender Fachbegriffe den Stoffkreislauf mit möglichen Nahrungsbeziehungen für ein marines Ökosystem dar. 3

3.1.2 Laut Umweltbundesamt überfluten jährlich rund 30 Millionen Tonnen Plastikmüll die Weltmeere. Große Teile davon werden zu feinem Mikroplastik zerrieben. Den größten Anteil an Plastikmaterialien haben die erdölbasierten Polyethylenterephthalate (PET)-Produkte, die u. a. als Verpackungen von Lebensmitteln dienen. Es dauert etwa 450 Jahre bis eine PET-Flasche abgebaut ist. Daher reichert sich dieser Stoff in der Umwelt an und wird so zu einem globalen Problem.
Einer Studie der Universität Wien zufolge konnte 2018 erstmals Mikroplastik in den Ausscheidungen von Menschen nachgewiesen werden.
Entwickeln Sie unter Einbeziehung der oben genannten Informationen eine Hypothese, die diesen Befund erklärt. 2

3.1.3 Wissenschaftler der Universität Kyoto haben 2016 im Boden um eine Recyclingstation für PET-Flaschen Proben entnommen und eine neue Bakterienart *(Ideonella sakaiensis)* identifiziert.
Ideonella sakaiensis stellt ein Enzym mit Namen PETase her, das PET zur Energiegewinnung spaltet.

3.1.3.1 Erklären Sie die Entstehung von *Ideonella sakaiensis* sowohl nach der Theorie von JEAN BAPTISTE DE LAMARCK als auch nach der Theorie von CHARLES DARWIN. 3

3.1.3.2 Begründen Sie die folgende Aussage: Mutationen sind die Motoren der Evolution. 2

3.1.3.3 Von der Entstehung von PET-Produkten bis zum ersten Auffinden des PET-abbauenden Bakteriums hat es 60 Jahre gedauert. *Ideonella sakaiensis* hat also eine verhältnismäßig kurze Zeit benötigt, um sich an diese Umweltbedingungen anzupassen. Stellen Sie eine Hypothese auf, warum die Anpassung bei Bakterien schneller erfolgt als bei eukaryotischen Organismen. 2

3.1.3.4 Forscher arbeiten daran, das Gen der PETase in *E. coli* zu klonieren, um es anschließend zu exprimieren und das Enzym zum Abbau von PET zu nutzen. Nennen Sie die prinzipiellen Schritte zur Klonierung des PETase-Gens. 3

3.2 Die Äsche *(Thymallus thymallus)*, dargestellt in Abbildung 1, gehört zu den Lachsfischen. Ihr Verbreitungsgebiet erstreckt sich über Europa, Sibirien, die Mongolei und Nordamerika. Die Süßwasserbewohner sind in kalten Seen und Flüssen zu Hause. Vor rund 100 Jahren wurde die Äsche zu Fischfangzwecken in zwei Seen in Mittel-Norwegen ausgesetzt.

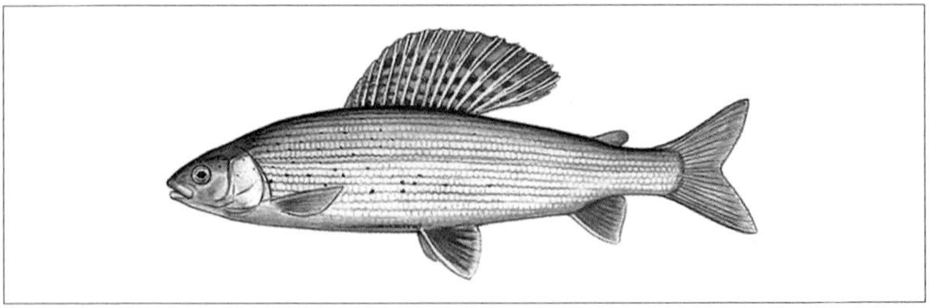

Abb. 1: Europäische Äsche
Quelle: Zsoldos Márton / Wikipedia, CC BY-SA 3.0

3.2.1 Die Maschenweite der Fischfangnetze wird von der Fischereibehörde genau festgelegt (Tabelle 1).

Zeitraum	1900–1926	1927–1974	1975–1981	1982–1992	ab 1993
Netzmaschenweite	32 mm	28 mm	26 mm	30 mm	30 mm

Tab. 1

Stellen Sie die Ergebnisse der Tabelle 1 in Form eines Säulendiagramms dar (Größe: ca. ⅓ Seite). 2

3.2.2 Norwegische Wissenschaftler untersuchten die Fische ab 1903 im Hinblick auf das Alter und die Länge beim Eintritt in die Geschlechtsreife (Tabelle 2).

Jahr	1903	1951	1981	1998
Alter bei Geschlechtsreife (Jahre)	6,0	5,0	4,4	4,8
Länge beim Eintreten der Geschlechtsreife (mm)	300	276	240	260

Tab. 2

3.2.2.1 Beschreiben Sie die Auswirkungen der erlaubten Netzmaschenweite (Tabelle 1) auf die Größe und den Zeitpunkt der Geschlechtsreife der Tiere (Tabelle 2). 2

3.2.2.2 Geben Sie für die Ergebnisse aus 3.2.2 eine Begründung. 2

3.3 Äschen suchen bei Gefahr keine Deckung unter Steinen, weshalb sie für Kormorane (Abbildung 2) zur leichten Beute werden. Kormorane sind ausgezeichnete Jäger mit außergewöhnlich leistungsfähiger Muskulatur.

Abb. 2: Kormoran
Quelle: Frank Schwichtenberg / Wikipedia, CC BY-SA 3.0

3.3.1 Erstellen Sie eine Tabelle, die folgende Informationen zum aeroben Glucoseabbau im Muskelgewebe enthält:
- Bezeichnung der Teilschritte
- ATP-Ausbeute
- Ausbeute an Reduktionsäquivalenten (reduzierte Coenzyme) 3

* 3.3.2 Bei starker Belastung kommt es in den Muskeln des Kormorans zu Sauerstoffmangel. Abbildung 3 zeigt die schematische Darstellung des Stoffwechselwegs, der unter Sauerstoffmangel in den Muskelzellen des Kormorans abläuft.

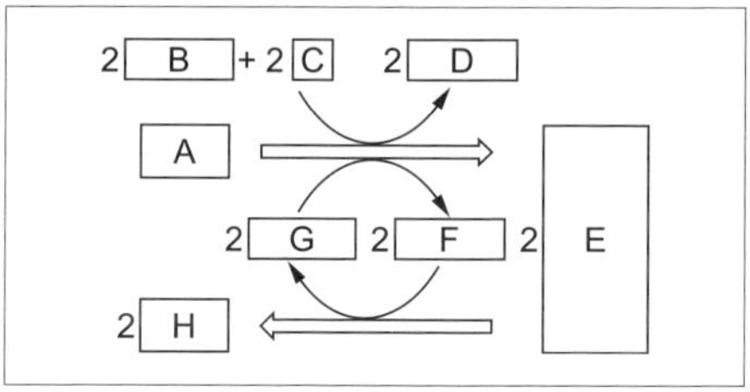

Abb. 3

* 3.3.2.1 Geben Sie die Bezeichnung dieses Stoffwechselwegs an. Übernehmen Sie die Buchstaben A bis H auf Ihr Lösungsblatt und nennen Sie die entsprechenden Stoffe. 3

* 3.3.2.2 Geben Sie für die Stoffe A und E die Strukturformeln sowie den biologischen Sinn dieses Stoffwechselwegs an. 3

30

---

* Aufgabe stellt Anforderungen, die ab dem Abitur 2024 nicht oder nur mehr eingeschränkt prüfungsrelevant sind.

3.1.1

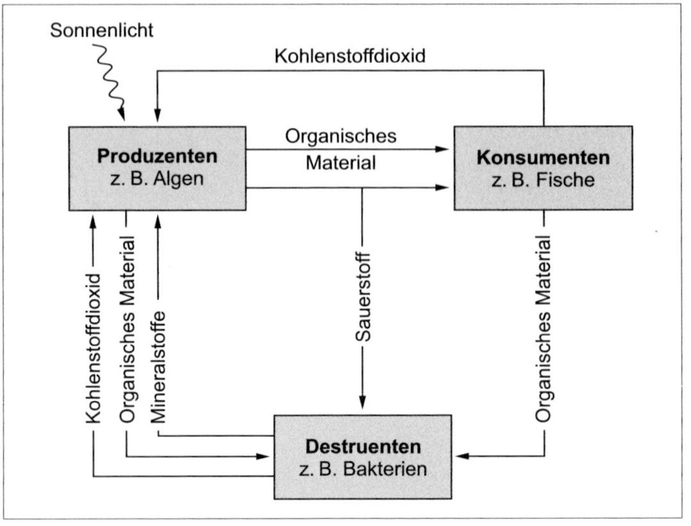

3.1.2 Da das **Mikroplastik** in Lebewesen nicht abgebaut wird, reichert es sich in der Nahrungskette an. Im Meer wird das Mikroplastik von Kleinstlebewesen (Konsumenten 1. Ordnung) aufgenommen. Diese dienen kleinen Fischen (Konsumenten 2. Ordnung) als Nahrung. Die kleineren Fische wiederum werden von größeren räuberischen Fischen (Konsumenten 3. Ordnung) gefressen. Wenn nun der Mensch als Endkonsument Fisch isst, nimmt er auch das Mikroplastik mit auf und als Folge ist dieses Mikroplastik in seinen Ausscheidungen nachweisbar.

3.1.3.1 Nach **Lamarck** haben die Bakterien das Bestreben, das PET in der Umgebung zur Energiegewinnung nutzen zu können. Der neue Stoffwechselweg wurde angepasst (Enzym PETase) und durch den ständigen Gebrauch optimiert. Diese neu erworbene Eigenschaft wurde an die Nachkommen weitergegeben.

Nach **Darwin** besteht eine Überproduktion bei den ursprünglichen Bakterien. Die vielen Individuen der Population unterscheiden sich voneinander (Variabilität), wobei die Unterscheide zufällig auftreten. Eine dieser Variationen war, dass PET als eine neue Energiequelle genutzt werden konnte. Dies war ein Selektionsvorteil, da zusätzlich Energie gewonnen werden konnte, und die Bakterien mit dem Enzym PETase vermehrten sich stärker und setzten sich im Laufe der Zeit durch.

3.1.3.2 Mutationen sind die Motoren der Evolution, da sie die Variabilität innerhalb einer Population erhöhen. Sie sind eine Grundlage für weitere Evolutionsprozesse: Durch Selektion und vermehrte Reproduktion der am besten angepassten Organismen können neue Arten entstehen.

3.1.3.3 Bakterien verdoppeln sich sehr schnell und erzeugen so eine große Nachkommenzahl. Die Wahrscheinlichkeit für ein Auftreten einer günstigen Mutation ist bei Bakterien daher sehr hoch und Anpassungen finden schneller statt.

3.1.3.4 Zunächst wird das PETase-Gen mit einem Restriktionsenzym isoliert. Dann wird ein Plasmid mit dem gleichen Restriktionsenzym geschnitten (Erzeugung von sticky ends). Mithilfe von Ligase wird das PETase-Gen in das Plasmid eingebaut.
Anschließend erfolgt die Transformation mit *E. coli*. Als letzten Schritt wird der erfolgreiche Einbau durch Selektion auf z. B. Antibiotika enthaltenden Nährboden überprüft.

3.2.1

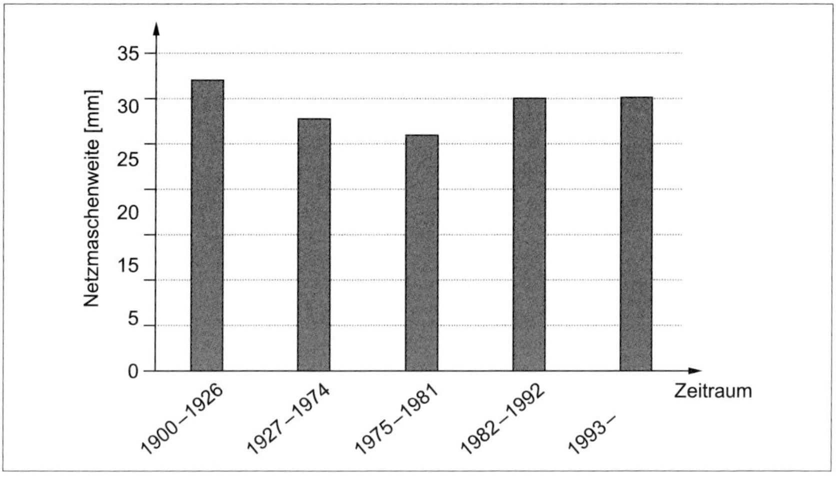

3.2.2.1 Bis 1981 wurden immer kleinere Netzmaschenweiten erlaubt mit der Konsequenz, dass das Alter der Fische bei Geschlechtsreife von 6 auf 4,4 Jahre sank, ebenso die Länge beim Eintreten der Geschlechtsreife von 300 mm auf 240 mm. Ab 1982 wurde die Maschenweite auf 30 mm erhöht. Diese Erhöhung hatte eine Zunahme des Alters bei Geschlechtsreife (4,8 Jahre) sowie der Länge der Tiere (260 mm) zur Folge.

3.2.2.2 Fische, die größer als die Netzmaschenweite waren, blieben im Netz hängen und wurden aus den Seen entnommen. Dabei handelte es sich um große, geschlechtsreife Fische und nur die kleineren Fische verblieben in den Seen. Kleine Fische, die zufällig früher die Geschlechtsreife erreichten und Nachwuchs produzierten, konnten sich so durchsetzen. Durch diesen Selektionsdruck veränderte sich das Alter und die Länge beim Eintritt in die Geschlechtsreife über die Jahre.

3.3.1

Teilschritt	ATP-Ausbeute	Ausbeute an Reduktionsäquivalenten $NADH/H^+$
Glykolyse	2	2
oxidative Decarboxylierung	0	2
Citratcyclus	2	6+2 $FADH_2$
Atmungskette	34	0

Statt Citratcyclus kann auch der Begriff Zitronensäurezyklus verwendet werden.
Aus dem Citratcyclus stammendes GTP entspricht ATP.
1 $NADH/H^+$ liefert in der Atmungskette 3 ATP und 1 $FADH_2$ 2 ATP.

3.3.2.1 Der Stoffwechselweg bei Sauerstoffmangel im Muskel ist die **Milchsäuregärung**.

A: Glucose
B: ADP
C: P_i
D: ATP
E: Brenztraubensäure (Pyruvat)
F: $NADH/H^+$
G: NAD^+
H: Milchsäure (Lactat)

3.3.2.2

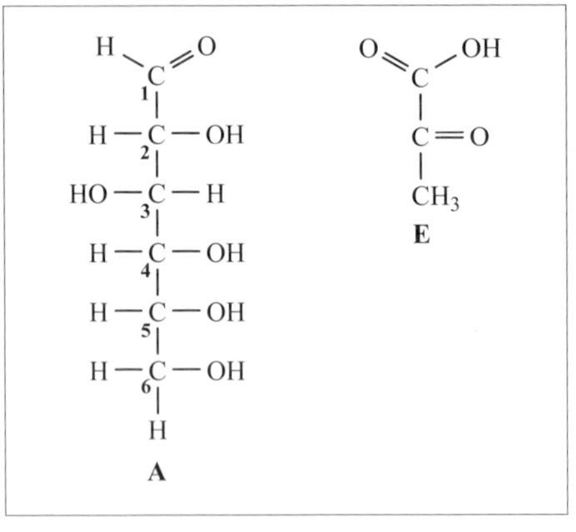

Die freien Elektronenpaare müssen nicht angegeben werden.

Der biologische Sinn dieses Stoffwechselwegs liegt in dem Recyceln des NAD^+, welches für die Glykolyse benötigt wird.

Profil- / Neigungsfach Biologie (Baden-Württemberg): Abituraufgaben 2021
Aufgabe I: Human- und Molekulargenetik, Gentechnologie

BE

1.1 Laminin-332 ist ein Protein, das aus drei Untereinheiten besteht und dafür sorgt, dass die Deck- und Bindegewebsschichten der Haut verbunden werden. Die drei Untereinheiten von Laminin-332 werden von den Genen LAMA3 (Alpha-Kette), LAMB3 (Beta-Kette) und LAMC2 (Gamma-Kette) codiert. Ist das Protein defekt, so löst sich die Ober- von der Lederhaut und es entstehen überall auf dem Körper sowie den inneren Schleimhäuten schmerzhafte großflächige Wunden, die sich infizieren können. Die Krankheit wird Epidermolysis bullosa genannt und kann verschiedene genetische Ursachen haben.
In Hassans Familie tritt Epidermolysis bullosa vermehrt auf. Hassan sowie sein Vater sind davon betroffen, seine kleinere Schwester Aleyna und seine Mutter nicht. Hassans Tante Aische väterlicherseits und die beiden Großeltern väterlicherseits sind ebenfalls an Epidermolysis bullosa erkrankt. Hakim, der Bruder von Hassans Mutter, ist nicht betroffen, während Hassans Großmutter mütterlicherseits Merve und ihr Ehemann Muhammed an Epidermolysis bullosa leiden.

nach: Kat Arney: Eine neue Haut, Spektrum 17. 07. 2019,
https://www.spektrum.de/magazin/eine-neue-haut/ 1654776

1.1.1 Erstellen Sie den zugehörigen Stammbaum von Hassans Familie. 2

1.1.2 Ermitteln Sie den Erbgang dieser Krankheit, indem Sie nicht mögliche Erbgänge ausschließen. 2

1.1.3.1 Nennen Sie die möglichen Genotypen von Hassan, Aleyna, Hassans Oma väterlicherseits und Muhammed unter Angabe Ihrer verwendeten Symbolik. 2

1.1.3.2 Hassans Eltern erwarten ein drittes Kind. Mit welcher Wahrscheinlichkeit wird Hassans Geschwisterchen gesund sein? Begründen Sie mithilfe eines Kreuzungsschemas (Erbschemas). 2

1.1.4 Die Ursache der Erkrankung in Hassans Familie ist ein Verlust von 50 Basenpaaren (bp) im Gen der Beta-Kette. Dieser lässt sich mithilfe einer PCR und anschließender Gelelektrophorese nachweisen.
Dazu wird der betroffene Genabschnitt bei drei Personen jeweils mithilfe einer PCR vermehrt.

1.1.4.1 Abbildung 1 zeigt den Temperaturverlauf eines PCR-Zyklus. Erläutern Sie die Vorgänge, die jeweils in den Phasen 1, II und III ablaufen. 3

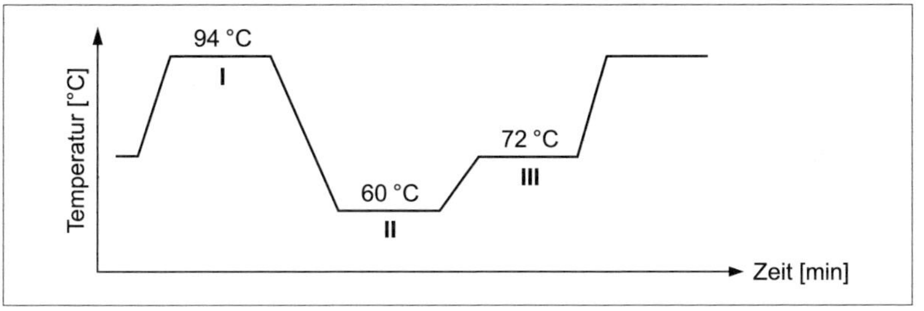

Abb. 1: Phasen eines PCR-Zyklus

1.1.4.2 Erklären Sie die Folgen der Verwendung einer nicht hitzebeständigen DNA-Polymerase bei Durchführung einer PCR. 2

1.1.4.3 Von drei Personen aus Hassans Familie wurde das LAMB3-Gen mittels PCR untersucht. Die intakte Sequenz weist eine Basenpaarlänge von 367 bp auf. Die Abbildung 2 zeigt das Ergebnis der anschließenden Gelelektrophorese. Ordnen Sie Hassan, Hakim und Aische den Personen 1 bis 3 begründet zu. 3

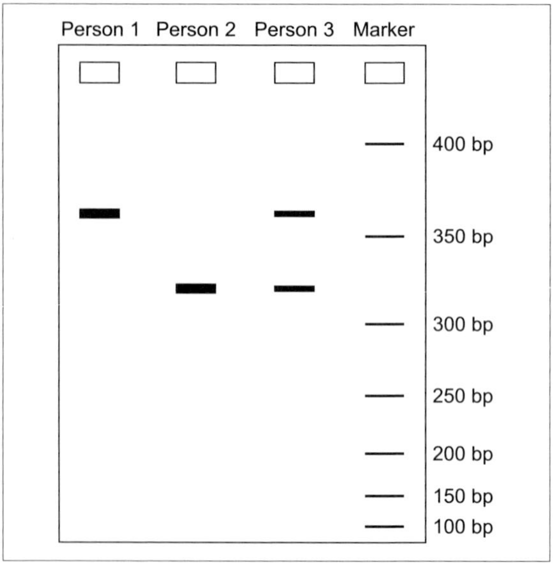

Abb. 2: Ergebnis der Gelelektrophorese

1.2 Für die Verlängerung der Haltbarkeit einer bestimmten Tomatensorte wurde in den 90er-Jahren ein bestimmtes Enzym, das für das Matschigwerden der Tomate verantwortlich ist, mit der in der Abbildung 3 dargestellten Methode, ausgeschaltet.

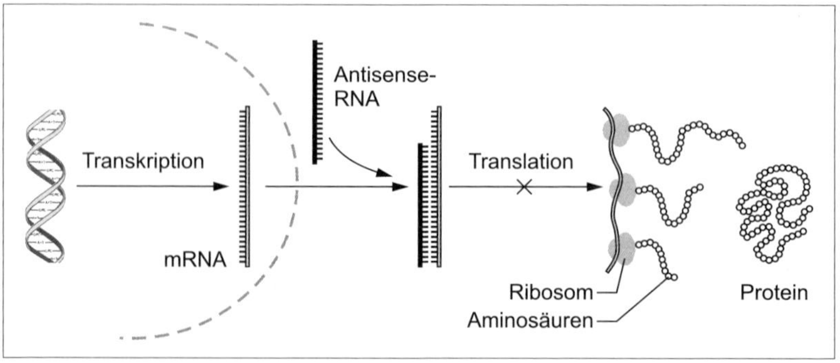

Abb. 3: Antisense-Technik
Quelle: Robinson R / Wikipedia, CC BY 2.5

* 1.2.1 Erklären Sie mithilfe der Abbildung 3, wie verhindert wird, dass die Tomaten matschig werden. 2

1.2.2 RNA hat im Cytoplasma nur eine geringe Halbwertszeit. In Abbildung 3 fehlt ein wichtiger Schritt, um ein dauerhaftes Ergebnis der Methode zu erzielen. Erklären Sie zwei Möglichkeiten, die langfristig verhindern könnten, dass die Tomate matschig wird. 2

1.3 Antithrombin III ist ein in der Leber synthetisiertes Protein und einer der wichtigsten natürlichen Hemmstoffe der Blutgerinnung. Für Menschen mit Herzinfarkt oder Schlaganfall wird es als Medikament produziert, um Blutgerinnsel im Gefäßsystem aufzulösen. Zur Produktion können beispielsweise transgene Tiere verwendet werden.

* 1.3.1 Beschreiben Sie den Ablauf zur Herstellung einer transgenen Ziege, die Antithrombin III produziert. 2

* 1.3.2 Die Herstellung transgener Tiere ist sehr aufwändig. Mithilfe des reproduktiven Klonens können Tiere in großer Zahl vermehrt werden. Stellen Sie mit einer beschrifteten Skizze dar, wie eine transgene Ziege, die Antithrombin III produziert, geklont werden kann (Größe der Skizze: ca. ½ DIN-A4-Seite). 3

1.3.3 Auch Bakterien werden zur Herstellung menschlicher Proteine verwendet. Erklären Sie, welcher Unterschied zwischen der pro- und eukaryotischen Proteinsynthese die Verwendung von Bakterien für die Produktion menschlicher Proteine erschwert. 2

1.3.4 Während Bakterien in der Gentechnik nützliche Produkte liefern, können andere Bakterien schwere Krankheiten hervorrufen.
Die Abbildung 4 zeigt das Ergebnis eines Hemmhoftests. Ein Patient ist mit dem gleichen Bakterienstamm infiziert, der für den Hemmhoftest verwendet wurde.

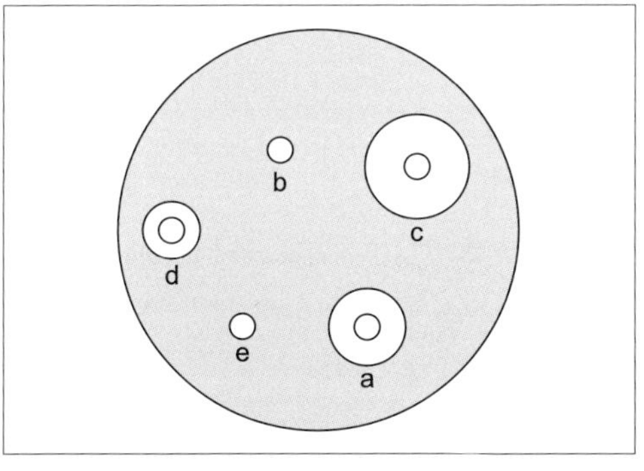

Abb. 4: Hemmhoftest

Erläutern Sie mithilfe der Abbildung 4, welches Antibiotikum (a–e) zur Behandlung des Patienten besonders geeignet ist und welche ungeeignet sind. 3

30

* Aufgabe stellt Anforderungen, die ab dem Abitur 2024 nicht oder nur mehr eingeschränkt prüfungsrelevant sind.

Lösungen

1.1.1

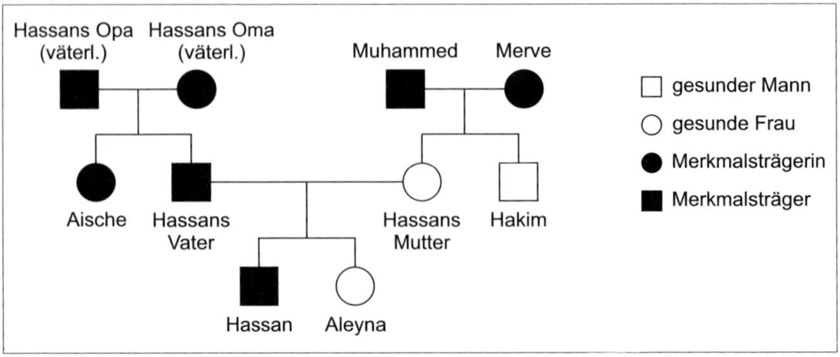

1.1.2 Es liegt ein **autosomal-dominanter Erbgang** vor.
Da die an Epidermolysis bullosa erkrankten Großeltern von Hassan Muhammed und Merve gesunde Kinder (Hassans Mutter und Hakim) haben, ist ein rezessiver Erbgang ausgeschlossen.
Ein X-chromosomaler Erbgang ist auch nicht möglich, da Hassans Mutter gesund ist. Im Falle eines X-chromosomalen Erbganges müsste sie Merkmalsträgerin sein, da sie von ihrem Vater Muhammed, der selbst Merkmalsträger ist, ein defektes X-Chromosom erhalten würde.

1.1.3.1 **Legende:**
A: mutiertes Allel; a: intaktes Allel

Genotypen:

Hassan:	Aa
Aleyna:	aa
Hassans Oma väterlicherseits:	AA oder Aa
Muhammed:	Aa

1.1.3.2 Die Wahrscheinlichkeit für ein gesundes Kind (aa) beträgt **50 %**.

		Mutter a	a
Vater	A	Aa	Aa
	a	aa	aa

1.1.4.1 I: **Denaturierung:** Bei 94 °C erfolgt die Trennung des DNA-Doppelstranges in zwei Einzelstränge.

II: **Annealing:** Bei 60 °C findet die Primeranlagerung statt, damit anschließend die Taq-Polymerase ansetzen kann.

III: **Polymerisation (Elongation):** Bei 72 °C erfolgt die Synthese der komplementären Stränge durch die Taq-Polymerase.

1.1.4.2 Die DNA-Polymerase ist ein Enzym bzw. ein Protein. Die nicht hitzebeständige DNA-Polymerase denaturiert daher bei höheren Temperaturen. Wenn bei Durchführung einer PCR eine nicht hitzebeständige DNA-Polymerase verwendet wird, kann diese nicht richtig ablaufen und es können keine PCR-Produkte durch diese dann funktionslose Polymerase hergestellt werden.

1.1.4.3 *Greifen Sie zur Lösung der Aufgabe auf den Stammbaum und die bereits bekannten Genotypen zurück. Hassan besitzt den Genotyp Aa, Hakim weist den Genotyp aa auf und Aische könnte man AA oder Aa zuweisen. Da sich die Ergebnisse der Gelelektrophorese bei den drei Personen unterscheiden, kann man davon ausgehen, dass Aische den Genotyp AA besitzt.*

Person 1 ist Hakim, da er homozygot gesund (aa) ist und die Gelelektrophorese nur eine Bande bei 367 bp, was der intakten Sequenz entspricht, aufweist.

Person 2 ist Aische, weil bei dem Ergebnis der Gelelektrophorese nur eine Bande bei 317 bp zu erkennen ist. Aische ist als Person 2 homozygot krank (AA).

Laut Aufgabentext ist die Ursache für die Krankheit ein Verlust von 50 bp, der in diesem Fall zu erkennen ist.

Person 3 ist Hassan, sein Ergebnis der Gelelektrophorese zeigt zwei Banden, eine bei 367 bp und eine bei 317 bp, was bestätigt, dass er heterozygot krank (Aa) ist.

1.2.1 Wenn das Gen für das Matschigwerden der Tomaten transkribiert wird, entsteht eine mRNA. Um das Matschigwerden zu verhindern, wurde eine spezielle Antisense-RNA zugegeben. Die komplementären Basen von mRNA und Antisense-RNA verbinden sich über Wasserstoffbrücken. Dadurch ist keine Translation mehr möglich, da ein RNA-Doppelstrang vorliegt und die Ribosomen nicht an einen Doppelstrang binden können. Somit wird das Enzym für das Matschigwerden nicht hergestellt.

1.2.2 **Möglichkeit 1:** Einbau des Antisense-Gens in das Pflanzengenom und dadurch dauerhafte Transkription der entsprechenden Antisense-RNA

Möglichkeit 2: Verhinderung der Transkription des Gens, das die Information des bestimmten Enzyms enthält

Alternativ: Anfügen eines Poly-A-Endstücks am 3´-Ende der Antisense-RNA. Dadurch wird der Abbau der RNA verzögert.

1.3.1 Eine transgene Ziege wird hergestellt, indem das Gen für Antithrombin III durch eine Mikroinjektion in eine befruchtete Eizelle eines Spendertieres eingebracht wird. Das Fremdgen wird in das Genom der Zygote integriert und nach mehreren Zellteilungen wird der Embryo in die Gebärmutter einer Leihmutter übertragen. Das ausgewachsene transgene Tier produziert Antithrombin III in der Milch.

1.3.2

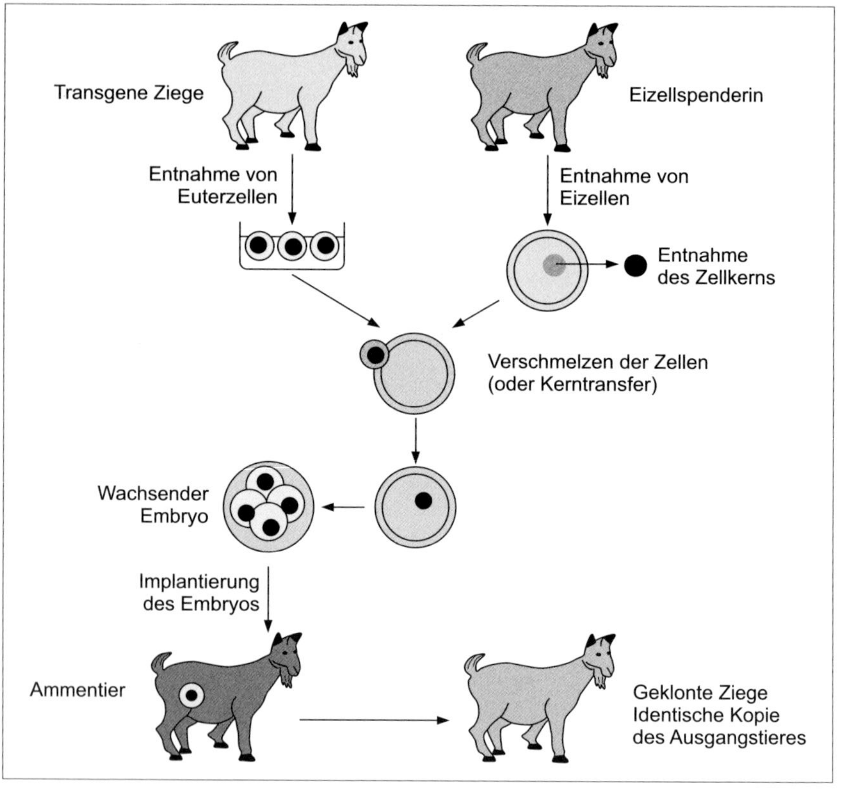

1.3.3 Eukaryotische Gene enthalten im Gegensatz zu prokaryotischen Genen Introns. Diese Introns werden beim Spleißen herausgeschnitten, sodass eine mRNA mit der für die einwandfreie Proteinfunktion entsprechenden Aminosäuresequenz entsteht.
Bakterien können eukaryotische Gene nicht spleißen, daher entstehen keine funktionstüchtigen Proteine.

1.3.4 Hemmhöfe entstehen, wenn Bakterien durch das in den Agar diffundierende Antibiotikum lysiert oder in ihrem Wachstum gehemmt werden.
Bei den Antibiotika b und e sind keine Hemmhöfe sichtbar, folglich sind diese Bakterien gegen das Antibiotikum resistent. Die Antibiotika b und e sind also nicht geeignet.
Hingegen ist das Antibiotikum c sehr gut geeignet, da sich hier der größte Hemmhof gebildet hat.

BE

∗2.1 Frösche durchlaufen bei ihrer Entwicklung eine sogenannte Metamorphose. Hierbei entsteht aus dem befruchteten Ei eine im Wasser lebende Kaulquappe, die sich dann in einen landlebenden Frosch umwandelt.
Entfernt man den Kaulquappen die Schilddrüse, entwickeln sie sich nicht zu Fröschen weiter.

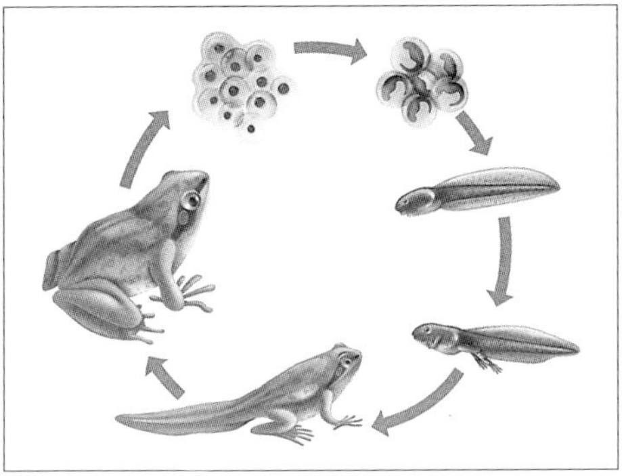

Abb. 1: Normaler Entwicklungszyklus beim Frosch

∗2.1.1 Nennen Sie ein Hormon der Schilddrüse und zwei seiner Aufgaben beim Menschen. 2

∗2.1.2 Stellen Sie die Regulation des Schilddrüsenhormons als Regelkreis dar. 3

∗2.1.3 Erklären Sie die Veränderungen bei den Kaulquappen im Experiment aus 2.1. 2

∗2.1.4 Begründen Sie, welche Veränderungen bei Kaulquappen eintreten, wenn ihnen künstlich Schilddrüsenhormone verabreicht werden. 2

∗2.1.5 Beim Menschen kann es einen erblich bedingten Mangel an Schilddrüsenhormon geben. Hierbei kommt es zu Entwicklungsstörungen bei den betroffenen Kindern. Nennen Sie drei weitere Symptome und eine Behandlungsmöglichkeit. 2

∗2.1.6 Die Basedowsche Krankheit beim Menschen ist mit einer starken Überfunktion der Schilddrüsentätigkeit verbunden.

∗2.1.6.1 Nennen Sie vier Symptome der Krankheit und geben Sie zwei Behandlungsmöglichkeiten an. 3

∗2.1.6.2 Begründen Sie anhand des Regelkreises aus 2.1.2, welche Konzentration des Hormons TSH im Falle der Basedowschen Krankheit zu erwarten ist. 2

∗ Aufgabe stellt Anforderungen, die ab dem Abitur 2024 nicht oder nur mehr eingeschränkt prüfungsrelevant sind.

∗2.2.1	Anhaltende körperliche Schmerzen stellen eine dauerhafte Stresssituation für den menschlichen Organismus dar, die einen langfristigen Anpassungseffekt erfordert. Stellen Sie mithilfe eines Ablaufschemas dar, wie sich der menschliche Organismus auf langfristige körperliche Stresssituationen einstellt.	3
∗2.2.2	Beschreiben Sie die Primärwirkung der lipophilen Steroidhormone an ihren Zielzellen.	2
∗2.2.3	Außer den Steroidhormonen existieren noch zwei weitere Stoffgruppen der Hormone. Nennen Sie diese und beschreiben Sie eine weitere Primärwirkung.	3
∗2.3	Hormone beeinflussen den Energieumsatz im menschlichen Körper.	
∗2.3.1	Definieren Sie die Begriffe Grund- und Leistungsumsatz.	2
∗2.3.2	Nennen Sie vier Faktoren, von denen der Grundumsatz abhängig ist.	2
∗2.3.3	Manche Menschen decken einen Teil ihres Gesamtenergiebedarfs durch die Kalorien, die in alkoholischen Getränken enthalten sind. Formulieren Sie die Reaktionsgleichung (Summengleichung) der alkoholischen Gärung mit Summenformeln und geben Sie die Energieausbeute pro Glucosemolekül an.	2
		30

Lösungen

2.1.1 *Es sind nur zwei Aufgaben des Hormons gefordert und es können auch andere Beispiele als hier aufgeführt beschrieben werden.*

Ein Hormon der Schilddrüse ist **Thyroxin**.
Zwei Aufgaben dieses Hormons sind z. B. Regulation des Grundumsatzes und Wachstum bei Kindern und Jugendlichen.

2.1.2 Der **Regelkreis** hält eine bestimmte Größe in unserem Körper konstant.

Der Hypothalamus (Führungsgröße) steuert die Hypophyse (Regler) über TRF (Sollwert, *thyreotropin releasing factor*), die Hypophyse wiederum steuert über TSH (Stellgröße, *Thyroxin stimulating hormone*) die Schilddrüse (Stellglied). Die Schilddrüse schüttet Thyroxin (T4) in das Blut aus. Der Thyroxinspiegel (Regelgröße) wird stetig über den Fühler als Istwert gemessen. Der Regler vergleicht Istwert mit Sollwert (genetisch vorprogrammiert) und korrigiert entsprechend die Stellgröße bzw. das Stellglied. Störgrößen sind u. a. Iodmangel, Stress.

Sollte der Regelkreis im Unterricht weniger ausführlich besprochen worden sein, ist auch eine weniger detaillierte Schilderung denkbar:
Der Hypothalamus steuert die Hypophyse über TRF, diese ihrerseits steuert die Schilddrüse über TSH und bewirkt dadurch die Ausschüttung von Thyroxin. Ist zu viel Thyroxin im Blut, wird über die negative Rückkopplung durch das Hypothalamus/Hypophyse-System die Ausschüttung von Thyroxin reduziert.

* Aufgabe stellt Anforderungen, die ab dem Abitur 2024 nicht oder nur mehr eingeschränkt prüfungsrelevant sind.

Selbstverständlich kann der entsprechende Regelkreis auch grafisch dargestellt werden:

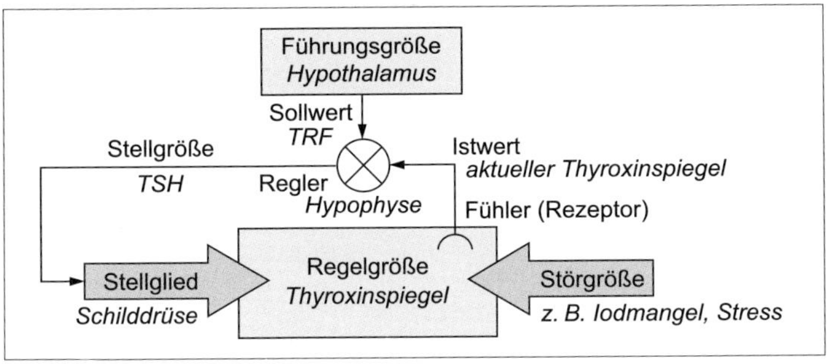

2.1.3 Wenn die Schilddrüse fehlt, wird kein Thyroxin gebildet. Dadurch werden z. B. der Stoffwechsel und das Wachstum gehemmt. Die Umwandlung von der Kaulquappe zum Frosch ist nicht möglich.

2.1.4 Durch künstliche Zufuhr von Thyroxin wird die Umwandlung von der Kaulquappe zum Frosch verfrüht ausgelöst. Es entwickeln sich in diesem Fall deutlich kleinere Frösche als normal.

2.1.5 Drei weitere **Symptome** bei Mangel an Schilddrüsenhormon sind z. B.:
- Müdigkeit (Abgeschlagenheit)
- Gewichtszunahme
- Antriebsarmut (Apathie)

Weitere Symptome, die Sie alternativ aufführen könnten, sind Frösteln, Verstopfung und ein verlangsamter Herzschlag.

Eine erfolgreiche **Behandlung** erfolgt durch die medikamentöse Gabe von Thyroxin.

2.1.6.1 Vier weitere **Symptome** der Basedowschen Krankheit sind z. B.:
- Ruhelosigkeit
- deutliche Gewichtsabnahme trotz Appetitsteigerung
- Schlaflosigkeit
- vermehrtes Schwitzen

Als Alternativen könnten Sie auch beschleunigte Herzfrequenz oder Herzrhythmusstörungen nennen.

Eine **Behandlungsmöglichkeit** ist die Gabe von schilddrüsenhemmenden Medikamenten. Eine andere Option ist eine Operation, bei der Schilddrüsengewebe entfernt wird.

2.1.6.2 Da der Thyroxingehalt erhöht ist, kommt es aufgrund der negativen Rückkopplung zur Hemmung des Hypothalamus/Hypophyse-Systems. Dies führt zu einer geringeren TSH-Ausschüttung, auch bedingt durch eine geringere TRF-Ausschüttung. Somit liegt eine niedrigere Konzentration des TSH-Hormons vor.

2.2.1 Ablaufschema für den **langfristigen Stress**:

Hypothalamus ⇒ CRH → Hypophyse ⇒ ACTH → Nebennierenrinde ⇒ Glucocorticoide (Cortisol) → z. B. Leber (Freisetzung von Glucose, Erhöhung des Glucose-Spiegels im Blut), Immunsystem (Unterdrückung und entzündungshemmende Wirkung), Fettgewebe (Freisetzung von Fettsäuren), Muskelgewebe (Proteinabbau)

Legende:

⇒ setzt frei; → wirkt ein

ACTH: Adrenocorticotropes Hormon CRH: Corticotropin-Releasing-Hormon

2.2.2 **Steroidhormone** sind lipophil und gelangen durch die Zellmembran ins Cytoplasma. Dort binden sie an einen spezifischen im Cytoplasma vorliegenden Rezeptor. Der entstandene Hormon-Rezeptor-Komplex wandert in den Zellkern und lagert sich an spezifische DNA-Abschnitte an. Die dadurch bewirkte Genaktivierung führt zur Bildung neuer Proteine.

2.2.3 Weitere Stoffgruppen der Hormone sind **Aminosäureabkömmlinge** (z. B. Thyroxin) und **Peptidhormone** (z. B. Insulin, Adrenalin).

Primärwirkung eines Peptidhormons:
Das sich im Blut befindende Hormon *(first messenger)* bindet an einen spezifischen Rezeptor in der Zellmembran der entsprechenden Zielzellen. Dieser Hormon-Rezeptor-Komplex aktiviert eine membranständige Adenylatcyclase, die ATP in cAMP *(second messenger)* umwandelt. Die erhöhte Konzentration an cAMP im Zellplasma reguliert die Aktivität von spezifischen Enzymen, sodass entsprechende Reaktionen katalysiert werden.

2.3.1 Der **Grundumsatz** ist diejenige Energiemenge, die in Ruhe für die Aufrechterhaltung lebensnotwendiger Körperfunktionen benötigt wird, z. B. Regulation der Körpertemperatur, Blutkreislauf, Atmung, Herzschlag, Gehirntätigkeit.

Gemessen wird der Grundumsatz am ruhenden Körper, nüchtern, ohne Nahrungsaufnahme und ohne Belastung am Morgen.

Der **Leistungsumsatz** ist diejenige Energiemenge, die über den Grundumsatz hinausgeht und für Aktivität (Bewegungen, Arbeit, Sport usw.) benötigt wird.

2.3.2 **Vier Faktoren:** Alter, Geschlecht, Körperbau, Hormonwirkungen

Alter: Mit zunehmendem Alter sinkt der Grundumsatz, da junge Menschen einen höheren Stoffwechselbedarf haben.
Geschlecht: Männer haben aufgrund des höheren Muskelanteils i. d. R. einen höheren Grundumsatz.
Körperbau: Je höher der Muskelanteil ist, desto höher ist der Grundumsatz.
Hormone, z. B. Thyroxin: Je mehr Thyroxin im Blut vorhanden ist, desto höher ist der Grundumsatz.

2.3.3 **Reaktionsgleichung alkoholische Gärung:**

$$C_6H_{12}O_6 \longrightarrow 2\ C_2H_5OH + 2\ CO_2$$

Die **Energieausbeute** beträgt 2 mol ATP pro mol Glucose.

BE

3.1 In einem Gartencenter wird ein „Ökosystem in der Flasche" (Flaschengarten) zum Verkauf angeboten (Abbildung 1). In einer großen Glasflasche befinden sich verschiedene Pflanzen in etwas Erde.
„Die Flasche ist luftdicht verschlossen und darf nicht mehr geöffnet werden, damit dieses Ökosystem selbstversorgend ist", so der Verkäufer.

Abb. 1: Flaschengarten

3.1.1 Nennen Sie vier abiotische Faktoren, die dieses System beeinflussen. 2

3.1.2 Begründen Sie,
a) ob es notwendig ist, das Gefäß verschlossen zu halten, damit das Ökosystem selbstversorgend ist.
b) ob die Pflanzen in der Flasche langfristig überleben können. 3

3.1.3 Geben Sie zwei Unterschiede zwischen dem Flaschengarten und einem natürlichen Ökosystem an. 2

3.2.1 Skizzieren Sie den Querschnitt eines Laubblattes (Größe der Skizze ca. ½ DIN-A4-Seite). Beschriften Sie Ihre Skizze. Geben Sie die Funktionen der einzelnen Blattbestandteile an. 4

3.2.2 Formulieren Sie die Reaktionsgleichung (Summengleichung) der Fotosynthese. Erläutern Sie einen Nachweis für die Herkunft des Sauerstoffs. 3

3.2.3 In Abbildung 2 wird der molekulare Mechanismus zum Öffnen und Schließen der Spaltöffnungen durch die Schließzellen vereinfacht dargestellt. Erklären Sie den Öffnungsmechanismus der Spaltöffnungen unter Berücksichtigung von Abbilung 2. 3

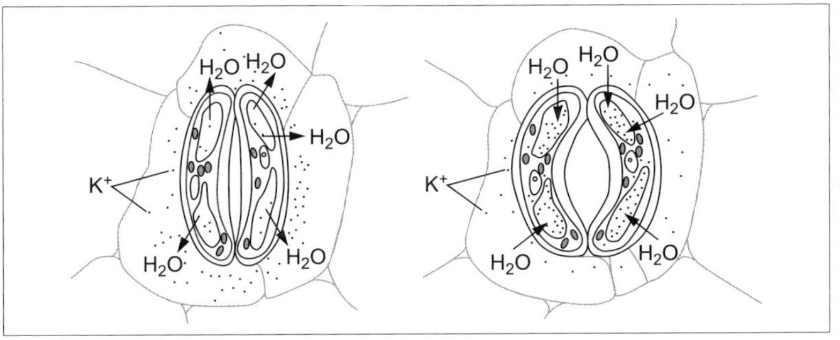

Abb. 2: Spaltöffnungen; a) geschlossener Zustand; b) geöffneter Zustand
Quelle: Campbell, N. & Reece, J. (2003). Biologie, Heidelberg: Spektrum Akademischer Verlag. S. 909, verändert.

3.3.1 Abbildung 3 liefert einen Überblick über Vorgänge bei der aeroben Dissimilation.
Übertragen Sie die Buchstaben A bis D sowie die Zahlen 1 bis 12 auf Ihr Lösungsblatt und ordnen Sie ihnen die entsprechenden Fachbegriffe zu (die stöchiometrischen Verhältnisse müssen nicht berücksichtigt werden). 4

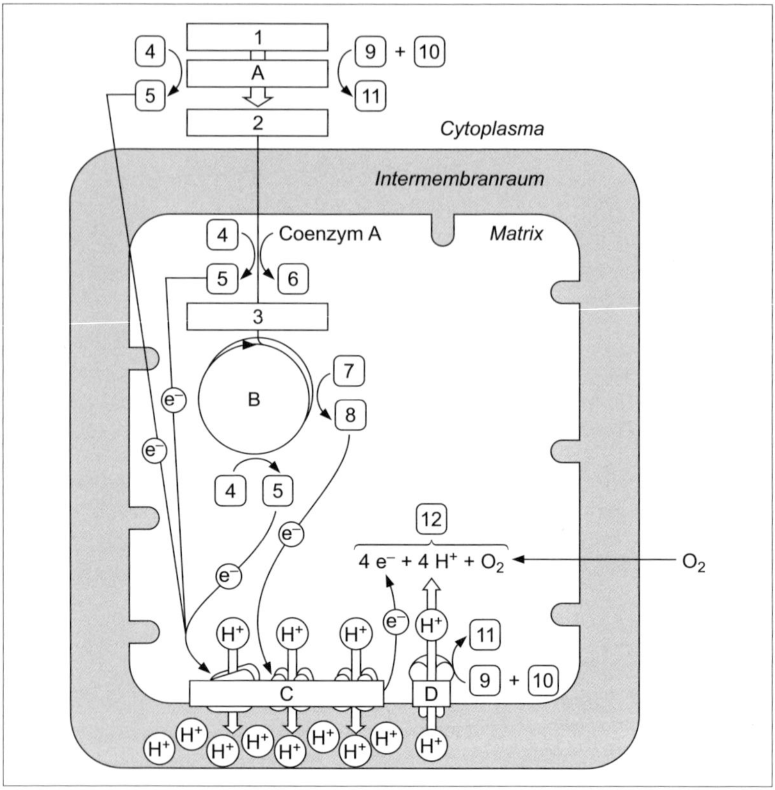

Abb. 3: Überblick aerobe Dissimilation.
Quelle: Scharf, K. & Sebald, F. (2007). Stoffwechselphysiologie, Hannover: Schroedel, verändert.

∗ 3.3.2 Benennen Sie die beiden Stoffwechselprozesse für die aerobe und anaerobe Energiegewinnung beim Menschen. Geben Sie die jeweiligen Reaktionsgleichungen (Summengleichungen) sowie die Energieausbeute (in Form von ATP) an. 3

* Aufgabe stellt Anforderungen, die ab dem Abitur 2024 nicht oder nur mehr eingeschränkt prüfungsrelevant sind.

3.4 Die Fellfarbe von Giraffen ist unterschiedlich. Dunklere Giraffenbullen sind weniger gesellig und bei der Suche nach einer Partnerin im Durchschnitt offensiver als hellere Giraffenbullen.
Sie sind zugleich stärker und benötigen den Schutz der Gruppe weniger. Indem sie diese Stärke durch die Fellfarbe signalisieren, sind zugleich die Chancen bei der Partnersuche besser. Das Fellmuster dagegen bleibt lebenslang gleich, unterscheidet sich aber individuell von Tier zu Tier.

Abb.4: Kämpfende Giraffen im Ithala-Wildreservat in der südafrikanischen Provinz KwaZulu-Natal; Quelle: Luca Galuzzi – www.galuzzi.it / Wikipedia, CC BY-SA 2.5

3.4.1 Erklären Sie, wie sich die dunklere Fellfarbe einiger Bullen nach der Evolutionstheorie von CHARLES DARWIN entwickelt haben könnte. 3

3.4.2 Die Halswirbelsäulen von Giraffe und Spitzmaus bestehen aus sieben Wirbeln. Bei der Spitzmaus sind die sieben einzelnen Halswirbel wenige Millimeter lang, während sie bei der Giraffe über 40 cm lang werden können. Dabei hat der Hals der Spitzmaus eine Länge von wenigen Zentimetern, der der Giraffe zwischen zwei und drei Metern.
Beurteilen Sie die Verwandtschaftsbeziehungen zwischen Spitzmaus und Giraffe aufgrund der genannten Ähnlichkeit unter Verwendung eines geeigneten Kriteriums. 3

30

Lösungen

3.1.1 Vier **abiotische Faktoren**, z. B.:
- Licht
- Temperatur
- Wasser
- Mineralstoffe

Alternativ könnten Sie auch CO_2-Konzentration und Luftfeuchtigkeit nennen.

3.1.2 a) Es ist notwendig, die Flasche verschlossen zu halten, damit der Wasserdampf nicht nach außen abgegeben wird, sondern am Glas kondensiert und wieder in die Pflanzenerde gelangt.

b) Die Pflanzen können in der Flasche überleben, da entstehendes CO_2 aus der Zellatmung wieder für die Fotosynthese zur Verfügung steht.

3.1.3 **Unterschied 1:** Ein natürliches Ökosystem steht im Gegensatz zum Flaschengarten mit anderen Ökosystemen im Austausch.

Unterschied 2: Die für ein natürliches Ökosystem charakteristischen Nahrungsbeziehungen sind im Flaschengarten nicht gegeben. Im Flaschengarten fehlen z. B. Konsumenten, die sich von den Produzenten ernähren.

3.2.1

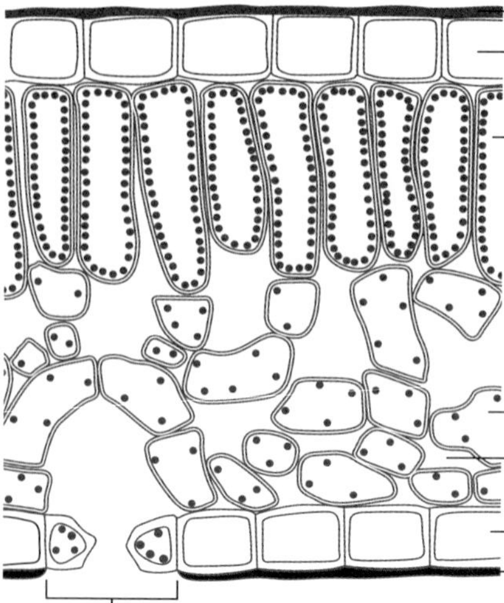

Funktionen der Blattbestandteile:
- obere Cuticula: Verdunstungsschutz
- obere Epidermis: Schutz- und Stabilitätsfunktion
- Palisadengewebe (mit vielen Chloroplasten): Fotosynthese
- Schwammgewebe: Gasaustausch
- untere Epidermis: Schutz
- untere Cuticula: Verdunstungsschutz
- Spaltöffnungsapparat: Regelung Gasaustausch zwischen Blatt und Umgebung

3.2.2 **Reaktionsgleichung der Fotosynthese:**

$$6\,CO_2 + 6\,H_2O \longrightarrow C_6H_{12}O_6 + 6\,O_2$$

Nachweis für die Herkunft des Sauerstoffs:
Um nachzuweisen, dass der Sauerstoff aus der Fotolyse des Wassers stammt, kann der folgende Nachweis erfolgen: Der im Wasser enthaltene Sauerstoff wird radioaktiv markiert (^{18}O), dieser zeigt sich wieder als freigesetzter Sauerstoff ($6\,^{18}O_2$). Der im Kohlenstoffdioxid enthaltene Sauerstoff wird ebenfalls radioaktiv markiert, der freigesetzte Sauerstoff ist jedoch nicht radioaktiv.

Aus Gründen der Stöchiometrie muss die obige Gleichung erweitert werden:

$$6\,CO_2 + 12\,H_2{}^{18}O \longrightarrow C_6H_{12}O_6 + 6\,^{18}O_2 + 6\,H_2O$$

3.2.3 Das Öffnen der Spaltöffnungen ist ein aktiver Prozess, bei dem der Innendruck in den Schließzellen steigen muss. Eine Kaliumionenpumpe sorgt für einen Einstrom von Kaliumionen in die Schließzellen. Wasser strömt osmotisch nach, dadurch steigt der Druck in den Schließzellen bzw. auf die Zellwände. Der unverdickte Teil der Zellwände der Schließzellen zieht die dem Spalt zugewandten verdickten Zellwände zurück. Dieses Auseinanderziehen öffnet den Spalt.

3.3.1

A:	Glykolyse	B:	Zitronensäurecyclus
C:	Elektronentransportkette	D:	ATP-Synthase
1:	Glucose	2:	Pyruvat (Brenztraubensäure)
3:	Acetyl-CoA	4:	NAD^+
5:	$NADH + H^+$	6:	CO_2
7:	FAD	8:	$FADH_2$
9:	ADP	10:	P_i
11:	ATP	12:	H_2O

3.3.2 **Aerobe Energiegewinnung:** Zellatmung

$$C_6H_{12}O_6 + 6\,O_2 \longrightarrow 6\,CO_2 + 6\,H_2O$$

38 mol ATP pro mol Glucose

Anaerobe Energiegewinnung: Milchsäuregärung

$$C_6H_{12}O_6 \longrightarrow 2\,C_3H_6O_3$$

2 mol ATP pro mol Glucose

3.4.1 Die Giraffen hatten mehr Nachkommen, als zur Arterhaltung nötig wären (Überproduktion). Zudem zeigten die Vorfahren der Giraffen bezüglich der Fellfarbe eine Variabilität, sodass es neben den Giraffenbullen mit heller Fellfarbe auch solche mit etwas dunklerem Fell gab. Die dunkleren Bullen waren stärker, suchten offensiver nach Weibchen und ihre Fellfarbe wirkte bei möglichen Partnerinnen und Konkurrenten als Signal. Sie waren daher in der direkten Konkurrenz mit den helleren Bullen im Vorteil (Selektion) und hatten eine höhere Wahrscheinlichkeit, sich fortzupflanzen und dabei ihre Merkmale zu vererben. Über viele Generationen hinweg konnte sich so eine dunklere Fellfarbe entwickeln.

3.4.2 Bei Giraffe und Spitzmaus kann eine Verwandtschaftsbeziehung festgestellt werden, da ihre Halswirbelsäulen mit jeweils sieben Wirbeln **homolog** sind. Ein Homologiekriterium, das hier zutrifft, ist das Kriterium der Lage.
Obwohl Giraffe und Spitzmaus in ihrem Phänotyp (Größe) unterschiedlich sind, befinden sich ihre Halswirbelsäulen an vergleichbarer Stelle ihres Grundbauplans.

Profil-/Neigungsfach Biologie (Baden-Württemberg): Abituraufgaben 2022
Aufgabe I: Human- und Molekulargenetik, Stoff- und Energiebereitstellung

BE

1.1 Das Lynch-Syndrom ist gekennzeichnet durch ein erblich bedingtes, familiär gehäuftes Auftreten von Krebs, insbesondere Dickdarmkrebs. Ursache der Erkrankung sind Mutationen in Genen, die für eine korrekte Reparatur von DNA-Replikationsfehlern unerlässlich sind.

1.1.1 Im Folgenden ist beispielhaft

a) ein intakter codogener Genabschnitt eines DNA-Reparaturgens aufgezeigt:

3' … CAC ACA TAT GCG … 5'

b) ein mutierter codogener Genabschnitt eines DNA-Reparaturgens aufgezeigt:

3' … CAC ACT TAT GCG … 5'

Ermitteln Sie unter Angabe der mRNA die durch die intakte und mutierte DNA codierte Aminosäuresequenz. 3

1.1.2 Nennen Sie die Mutationsart und erläutern Sie die Auswirkungen dieser Mutation auf das DNA-Reparatur-Protein. 2

1.1.3 Beschreiben Sie die Funktionsweise eines DNA-Reparatursystems. 2

1.1.4 Der Stammbaum in Abbildung 1 zeigt die Vererbung des Lynch-Syndroms.

1.1.4.1 Geben Sie anhand des Stammbaums an, wie das Lynch-Syndrom vererbt wird. Begründen Sie Ihre Aussage, indem Sie nicht mögliche Erbgänge ausschließen. 3

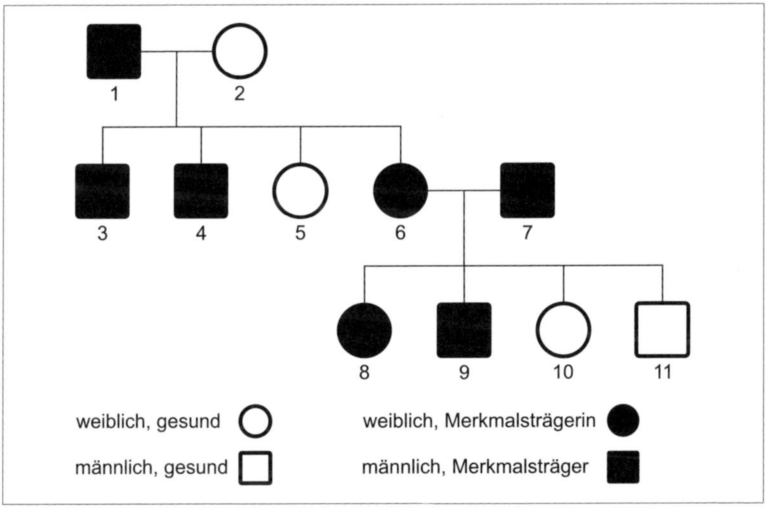

Abb. 1

1.1.4.2 Geben Sie für Personen 1, 2, 7 und 8 alle möglichen Genotypen an. 2

1.1.4.3 Eine gesunde Frau und ein vom Lynch-Syndrom betroffener Mann wünschen sich ein gemeinsames Kind. Ermitteln Sie mithilfe von Erbschemata (Kreuzungsschemata) die Wahrscheinlichkeit, dass ein gemeinsames Kind am Lynch-Syndrom erkranken wird. 3

1.1.5 An Krebs kann jeder Mensch erkranken. Die Wahrscheinlichkeit einer Krebserkrankung ist in der zweiten Lebenshälfte deutlich erhöht. Bei erblich bedingtem, familiär gehäuftem Auftreten von Krebs erkranken die Patienten jedoch schon in jungen Jahren.
Stellen Sie mithilfe der Abbildung 2 eine begründete Hypothese für den geschilderten Sachverhalt auf. 3

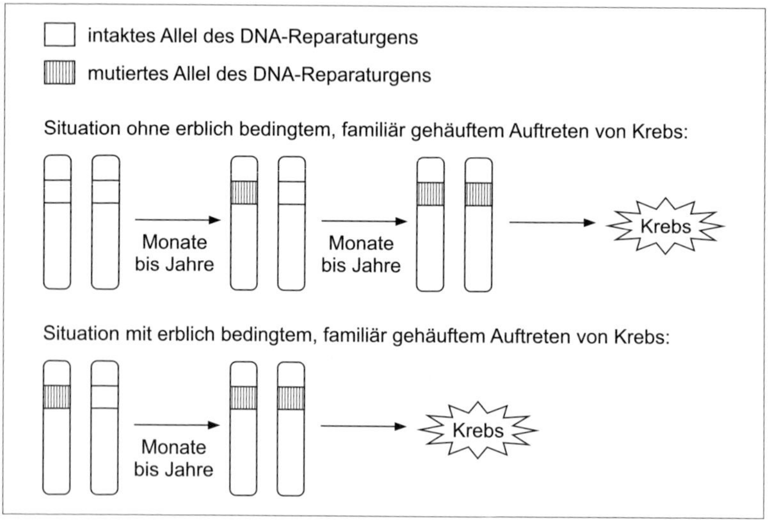

Abb. 2

Quelle: Purves/Sadava/Orians/Heller, Biologie, 7. Auflage, 2006 Elsevier GmbH, verändert.

1.1.6 Krebserkrankungen können sowohl durch erworbene somatische Mutationen als auch durch Keimbahnmutationen entstehen.
Vergleichen Sie die beiden Mutationsarten in tabellarischer Form anhand folgender zwei Kriterien: betroffene Zellen und Vererbung. 2

1.2 Von der Bakterienart *Escherichia coli (E. coli)* existieren verschiedene Stämme, die genetisch gut untersucht sind. Der Stamm CSH36 enthält ein F-Plasmid, auf dem sich Gene für den Lactoseabbau befinden (lac$^+$). Der Stamm L17 ist hingegen nicht in der Lage, Lactose abzubauen (lac$^-$), und besitzt kein Plasmid, dafür aber ein Gen auf dem Bakterienchromosom, das ihn resistent gegen das Antibiotikum Streptomycin macht.

1.2.1 Fertigen Sie von jeweils einem Bakterium der beiden Stämme eine beschriftete Skizze an, welche die genannten Informationen verdeutlicht. 2

1.2.2 Nennen und beschreiben Sie den Vorgang, der im Hinblick auf den Austausch von genetischem Material stattfindet, wenn man die beiden Bakterienstämme miteinander mischt. 3

1.2.3 MacConkey-Agar ist ein spezieller Nährboden. Er enthält neben anderen Nährstoffen auch Lactose (Milchzucker) als Energiequelle sowie einen Indikator, welcher den Lactose-Abbau anzeigt: Ein Bakterienstamm, der Lactose abbauen kann, wächst auf diesem Nährboden mit roten Kolonien. Findet kein Lactoseabbau statt, wachsen farblose Kolonien.

Auf drei MacConkey-Nährböden, die alle Streptomycin enthalten, werden folgende Proben ausgestrichen:

Nährboden A: Stamm CSH36
Nährboden B: Stamm L17
Nährboden C: Gemisch beider Stämme, das zuvor mehrere Stunden bei 30 °C bebrütet wurde

Erläutern Sie, welche Ergebnisse auf den Nährböden nach 24 Stunden im Brutschrank zu erwarten sind. 3

* 1.2.4 Auch Hefepilze können Lactose als Energiequelle nutzen. Dazu spalten sie die Lactose zunächst enzymatisch in Glucose und Galactose. Unter anaeroben Bedingungen wird die Glucose dann durch alkoholische Gärung zur ATP-Gewinnung abgebaut.
Zeichnen Sie die Strukturformel von Glucose und formulieren Sie die Summengleichung der alkoholischen Gärung. 2

30

---

* Aufgabe stellt Anforderungen, die ab dem Abitur 2024 nicht oder nur mehr eingeschränkt prüfungsrelevant sind.

Lösungen

1.1.1 *Als Hilfsmittel steht der genetische Code zur Verfügung:*

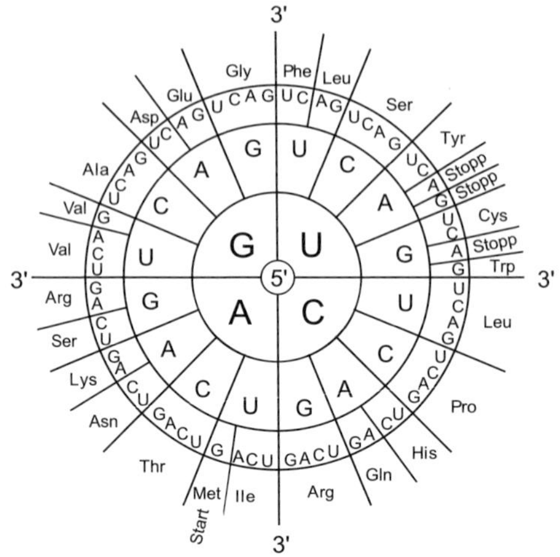

a) **Intakter codogener Genabschnitt:**

DNA	3' … CAC	ACA	TAT	GCG … 5'	
mRNA	5' … GUG	UGU	AUA	CGC … 3'	
AS-Sequenz	… Val –	Cys –	Ile –	Arg …	

b) **Mutierter codogener Genabschnitt:**

DNA	3' … CAC	ACT	TAT	GCG … 5'
mRNA	5' … GUG	UGA	AUA	CGC … 3'
AS-Sequenz	… Val – Stopp			

1.1.2 Hier liegt eine **Genmutation**, genauer eine **Punktmutation** (oder auch: **Nonsense-Mutation**), vor.
Durch das entstehende Stopp-Codon kann das Protein nicht mehr vollständig translatiert werden. Somit ist seine Funktion beeinträchtigt oder es ist sogar funktionslos.

1.1.3 Ein Beispiel für ein DNA-Reparatursystem ist die **Exzisionsreparatur**. Enzyme (Endonukleasen) erkennen Fehler in der Basensequenz der DNA und schneiden die fehlerhafte Base und einige benachbarte Basen aus. Die entstandene Lücke wird durch ein weiteres Enzym (DNA-Polymerase) ausgefüllt. Zuletzt wird der Strangbruch repariert (DNA-Ligase).

Alternativ: Korrekturlesen durch DNA-Polymerase (Stichworte: Erkennung der Fehlpaarungen, Entfernen des falsch eingebauten Nukleotids, Korrektur durch Einsetzen der richtigen Base).

1.1.4.1 Die Personen 6 und 7 sind Merkmalsträger und haben zwei gesunde Kinder 10 und 11. Daher kann der Erbgang **nicht** autosomal-rezessiv sein. Auch kann der Erbgang **nicht** X-chromosomal bedingt sein, da der kranke Vater 7 mit seiner kranken Frau 6 eine gesunde Tochter 10 hat.
Hier handelt es sich folglich um einen **autosomal-dominanten Erbgang**.

1.1.4.2 a: intaktes Allel
A: mutiertes Allel

Person 1: Aa **Person 2:** aa **Person 7:** Aa **Person 8:** Aa/AA

1.1.4.3 Die Frau ist gesund und homozygot (aa).

		Mutter	
		a	a
Vater	A	Aa	Aa
	A	Aa	Aa

Falls der Vater homozygoter Träger des veränderten Allels ist, wird das gemeinsame Kind mit einer **Wahrscheinlichkeit von 100 %** erkranken.

		Mutter	
		a	a
Vater	A	Aa	Aa
	a	aa	aa

Falls der Vater heterozygoter Träger des veränderten Allels ist, wird das gemeinsame Kind mit einer **Wahrscheinlichkeit von 50 %** erkranken.

1.1.5 Bei **nicht erblich bedingtem Auftreten von Krebs** liegen anfangs zwei intakte Allele eines DNA-Reparaturgens vor. Eines der beiden Allele kann nach Monaten bis Jahren mutieren. Das Genprodukt (DNA-Reparaturenzym) des zweiten, noch intakten Allels reicht aber aus, um aufgetretene Mutationen in der DNA (z. B. der Dickdarmzellen) zu reparieren. Mutiert nach einigen Jahren oder Monaten auch das zweite Allel, werden keine funktionierenden Reparaturenzyme mehr gebildet und in der DNA (z. B. der Dickdarmzellen) auftretende Mutationen können nicht mehr repariert werden. Die Folge hiervon ist die Entstehung von Krebs (z. B. Dickdarmkrebs) im höheren Alter.
Bei Personen, die ein **bereits mutiertes Allel erben**, führt eine folgende Mutation im anderen, bisher intakten DNA-Reparaturgen dazu, dass das Reparaturenzym nicht mehr hergestellt werden kann und somit die DNA der Zellen (z. B. des Dickdarms) nicht mehr repariert werden kann. Die Folge ist Krebs (z. B. Dickdarmkrebs) in jüngeren Jahren.

1.1.6

	Somatische Mutation	**Keimbahnmutation**
Betroffene Zellen	Körperzellen	Keimzellen (Eizelle / Spermienzelle)
Vererbung	wird nicht an die nächste Generation weitergegeben	kann an die nächste Generation weitergegeben werden

1.2.1

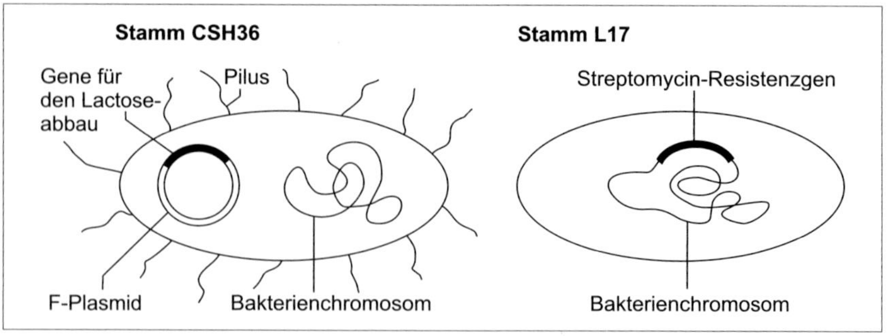

Pili sind in der Skizze bei Stamm CSH36 nicht verlangt.

1.2.2 Durch **Konjugation** erfolgt eine Übertragung von Erbinformation.
Die CSH36-Zellen fungieren als Spender (F^+-Zellen), die L17-Zellen als Empfänger (F^--Zellen). Eine CSH36-Zelle kann durch ihr F-Plasmid Pili ausbilden, die notwendig sind, um an eine L17-Zelle anzudocken. Anschließend wird zwischen beiden Zellen eine Plasmabrücke ausgebildet, durch die Kopien des F-Plasmids auf die Empfängerzelle übertragen werden. In der Empfängerzelle folgt der Ringschluss des Plasmids. Nun sind beide Zellen F^+-Zellen.

1.2.3 **Nährboden A:**
Da der Spenderstamm CSH36 keine Streptomycin-Resistenz besitzt, sterben alle Zellen ab. Es sind keine Kolonien zu sehen.

Nährboden B:
Die Zellen des Empfängerstamms L17 überleben dank ihrer Streptomycin-Resistenz und bilden farblose Kolonien, da sie keine Lactose abbauen können.

Nährboden C:
Durch Konjugation haben L17-Zellen das F-Plasmid erhalten und können somit die Lactose als zusätzliche Energiequelle nutzen. Es bilden sich rote Kolonien.

Bei Nährboden C können sich auch farblose Kolonien bilden. Dabei handelt es sich um L17-Zellen, die kein Plasmid aufgenommen haben. Die Zellen des Spenderstamms CSH36 sterben ab.

1.2.4 **Strukturformel von β-D-Glucose:**

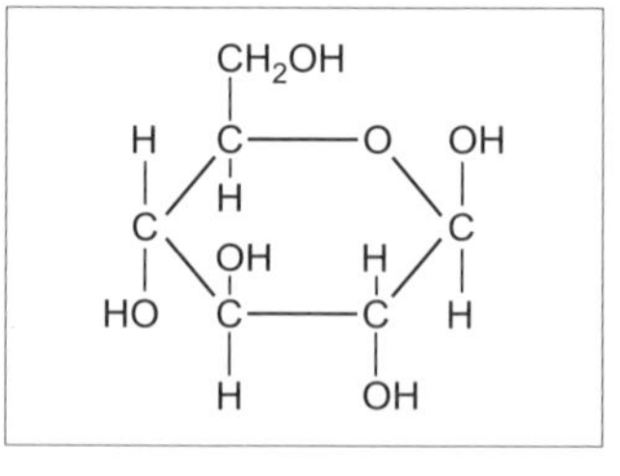

Auch die Darstellung der offenkettigen Strukturformel ist möglich (D-Glucose):

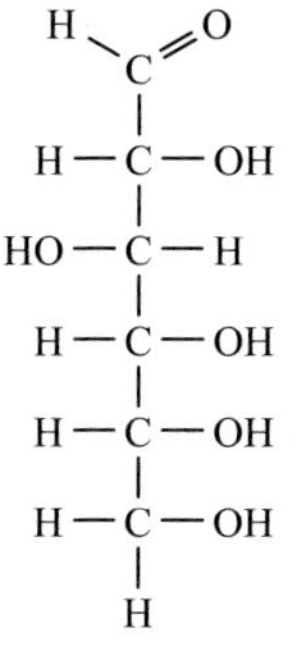

Summengleichung: $C_6H_{12}O_6 \longrightarrow 2\ C_2H_5OH + 2\ CO_2$

BE

2.1 Die Seewespe *(Chironex fleckerie)*, dargestellt in Abbildung 1, gilt als eines der giftigsten Lebewesen der Welt.
Berührt ein Mensch einen ihrer langen Tentakel, explodieren Nesselzellen, ihr Stilettdorn rammt sich in die Haut und das Gift der Seewespe gelangt in den Körper. Seine Wirkung beruht darauf, dass rote Blutkörperchen platzen und dadurch viel K^+ ins Blut freigesetzt wird (Hyperkaliämie). Dieses K^+ verteilt sich im Körper, wodurch auch seine Konzentration im Extrazellulärraum von Nerven- und Muskelzellen steigt.
Symptome bei einem Kontakt mit einer Seewespe sind starke Schmerzen an der Kontaktstelle und Bewusstlosigkeit, im schlimmsten Fall sogar Herzstillstand nach wenigen Minuten.

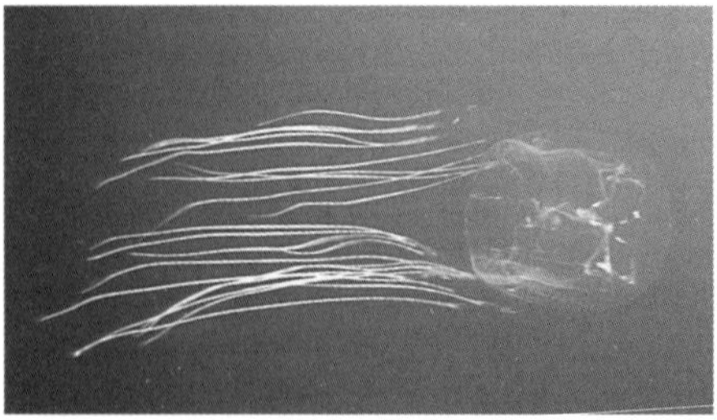

Abb. 1
Quelle: Guido Gautsch/Flickr, CC BY-SA 2.0

2.1.1 Erklären Sie die Entstehung des Ruhepotenzials bei Nervenzellen. 3

2.1.2 Erklären Sie, wie sich die durch das Gift der Seewespe erhöhte K^+-Konzentration im Extrazellulärraum der Nervenzellen auf ihr Ruhepotenzial auswirkt. 2

2.1.3 Die Abbildung 2 zeigt die Stärke des Na^+-Einstroms in der Depolarisationsphase eines Aktionspotenzials in Abhängigkeit vom Wert des Ruhepotenzials. Dazu wurde an einem Neuron jeweils ein bestimmtes Ruhepotenzial eingestellt, dann wurde das Neuron gereizt und die Stärke des darauffolgenden Na^+-Einstroms gemessen. Die Reizstärke war bei allen Versuchen konstant.

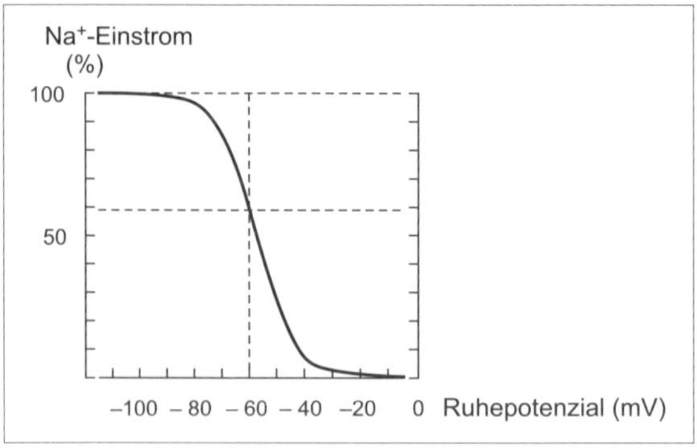

Abb. 2
Quelle: R. Schmidt, G. Thews, F. Lang: Physiologie des Menschen, 20. Auflage, S. 15, verändert.

2.1.3.1 Beschreiben Sie die Abhängigkeit des Na^+-Einstroms vom vorherrschenden Ruhepotenzial. 2

2.1.3.2 Erklären Sie das mögliche Auftreten von Atemlähmung und Herzstillstand beim Kontakt mit einer Seewespe. 2

2.2 Am Ende eines langen und anstrengenden Tages sind wir oft müde. Für diesen Zustand spielt unter anderem die Anreicherung der Substanz Adenosin im Gehirn eine Rolle.
Adenosin entsteht beim Abbau von ATP. Nervenzellen haben einen enormen ATP-Verbrauch. Das ATP-Molekül liefert Energie, indem es zu Adenosin abgebaut wird, das durch Adenosin-Transporter aus der Zelle in den extrazellulären Raum transportiert wird. Die freigesetzten Adenosin-Moleküle binden an Adenosinrezeptoren der Nervenzellen, was zur Reduzierung der Ausschüttung von Transmittern mit anregender Wirkung (Glutamat und Dopamin) in den synaptischen Spalt führt. Die Hemmung der Transmitter-Ausschüttung durch Adenosin macht demnach schläfrig.

* 2.2.1 Nennen Sie zwei ATP verbrauchende Prozesse im Gehirn. 2

2.2.2 Die Abbildung 3 zeigt die Abhängigkeit der Konzentration von Adenosin von der Tageszeit.

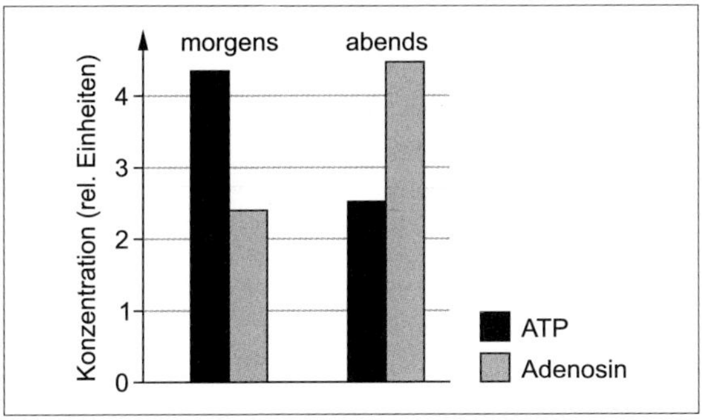

Abb. 3: Konzentrationen von ATP und Adenosin im Wachzustand

Quelle: Unterrichts-Materialien Biologie Sek. II, Raabe

2.2.2.1 Beschreiben und erklären Sie die Abbildung 3. 3

* 2.2.2.2 Erstellen Sie eine Hypothese, welchen Nutzen die Adenosin-Wirkung für das Gehirn haben könnte. 2

* Aufgabe stellt Anforderungen, die ab dem Abitur 2024 nicht oder nur mehr eingeschränkt prüfungsrelevant sind.

2.2.3 Die Abbildung 4 zeigt die Aktivität einer Synapse unter Adenosin-Einfluss. Diese Synapse nutzt als Transmitter Glutamat.

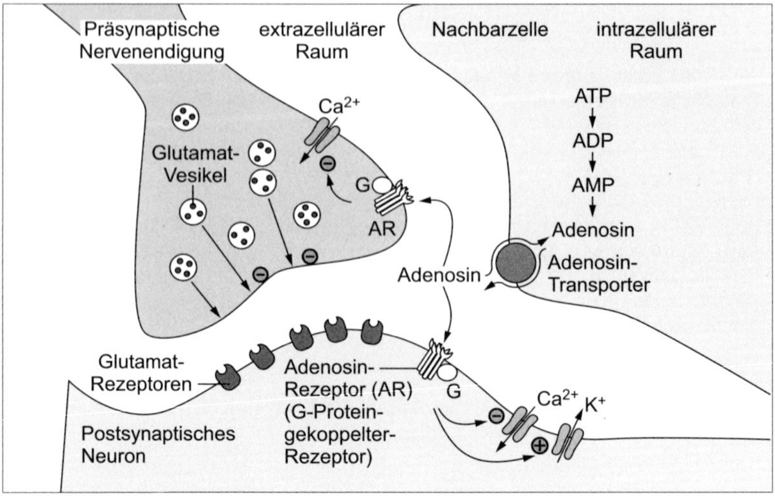

Abb. 4: Wirkung von Adenosin auf die Informationsübertragung im Zentralen Nervensystem.
G-Proteine wirken auf Ionenkanäle.
⊖: hemmend; ⊕: fördernd

Quelle: Unterricht Biologie Nr. 401, Friedrich-Verlag, verändert.

2.2.3.1 Erklären Sie die Signalweiterleitung an einer erregenden Synapse. 3

2.2.3.2 Erläutern Sie mithilfe der Abbildung 4 die Wirkung von Adenosin an der prä- und postsynaptischen Membran. 3

2.2.3.3 Viele Medikamente und Nervengifte wirken auf die Synapse. Beschreiben Sie einen weiteren Weg, wie die Informationsübertragung an der Synapse in Abbildung 4 unterbrochen werden könnte. 2

2.2.3.4 Kaffee enthält Koffein. Koffein blockiert die Adenosinrezeptoren der prä- und postsynaptischen Membran. Erstellen Sie unter Einbeziehung dieser Information eine Hypothese über die wachmachende Eigenschaft von Kaffee. 2

∗ 2.2.4 Neben Adenosin regelt das Hormon Melatonin den Tag-Nacht-Rhythmus. Melatonin gilt als „Schlafhormon“, da es eine schlaffördernde Wirkung hat. Es wird in der Epiphyse (Zirbeldrüse) im Zwischenhirn gebildet.
Bestimmte Nervenzellschichten im Auge registrieren Änderungen der Lichtintensität. Über Axone besteht eine Verbindung zur Epiphyse.
Im Dunkeln wird die Melatonin-Synthese angekurbelt, im Licht unterbleibt die Melatonin-Synthese.
Bildschirme digitaler Geräte sind größtenteils mit LED-Leuchtmitteln ausgestattet. Diese setzen vor allem Licht des blauen Spektrums (ca. 430–490 nm) frei.

∗ 2.2.4.1 Erklären Sie mithilfe der Abbildung 5 einen möglichen Zusammenhang zwischen abendlichem Medienkonsum mit digitalen Geräten und Schlafstörungen. 2

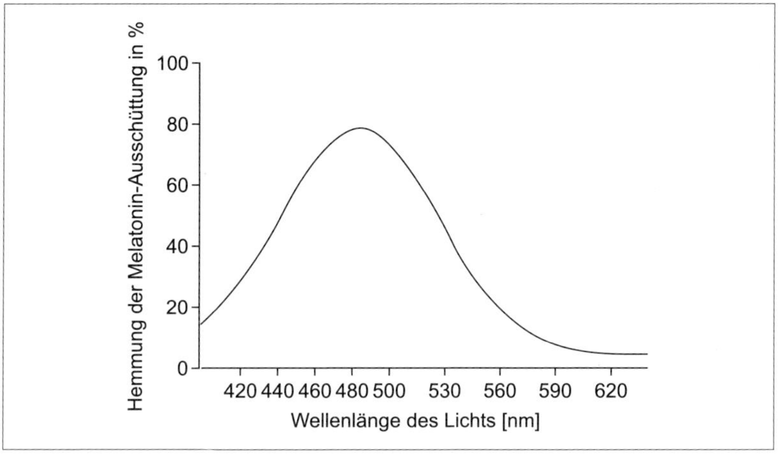

Abb. 5: Einfluss des Lichtspektrums auf die Melatoninfreisetzung

Quelle: Raymond P. Najjar; Christophe Chiquet; Petteri Teikari: PLoS ONE 9(1):e85837, DOI:10.1371/journal.pone.0085837, https://www.researchgate.net/figure/Non-visual-spectral-sensitivity-to-light-melatonin-suppression-A-Melatonin_fig5_259920054, CC BY 4.0, verändert.

∗ 2.2.4.2 Das Hormon Melatonin gehört aufgrund seiner chemischen Struktur zu den Aminosäureabkömmlingen. Diese sind in der Regel hydrophil. Beschreiben Sie die Primärwirkung hydrophiler Hormone. 2

30

* Aufgabe stellt Anforderungen, die ab dem Abitur 2024 nicht oder nur mehr eingeschränkt prüfungsrelevant sind.

Lösungen

2.1.1 Die Ursache für die Entstehung des Ruhepotenzials sind Konzentrationsunterschiede von Ionen zwischen Innenseite und Außenseite der Nervenzellmembran. Im extrazellulären Bereich befinden sich viele Na^+- und Cl^--Ionen, auf der cytoplasmatischen Seite viele K^+-Ionen und organische Anionen (A^-).
Die Ionenkanäle in der Membran sind für die Ionen unterschiedlich gut durchlässig. So können K^+-Ionen ihrem hohen Konzentrationsgradienten folgend nach außen diffundieren. Für Na^+- und Cl^--Ionen sowie die Anionen sind die Kanäle kaum durchlässig bzw. undurchlässig.
Durch die Diffusion von K^+-Ionen nach außen wird das Axoninnere negativ geladen und es ergibt sich ein Ruhepotenzial von etwa –70 mV.

2.1.2 Durch eine Zunahme der extrazellulären K^+-Konzentration verringert sich der Konzentrationsgradient dieser Ionen. Dadurch sinkt die Diffusionskraft für K^+-Ionen und weniger K^+-Ionen wandern nach außen. Das **Ruhepotenzial wird positiver**.

2.1.3.1 *Die Aufgabe bezieht sich auf die Abbildung 2.*

Der Na^+-Ionen-Einstrom sinkt mit steigendem Ruhepotenzial, d. h., **je positiver das Ruhepotenzial** ist, **desto geringer ist der Na^+-Einstrom** in der Depolarisationsphase eines Aktionspotenzials.
Bei einem Ruhepotenzial, das höher als ca. –30 mV liegt, kommt es zu keinem nennenswerten Na^+-Einstrom mehr.

2.1.3.2 Das Gift bewirkt ein Platzen der roten Blutkörperchen. Dadurch werden viele K^+-Ionen freigesetzt und gelangen in den Extrazellulärraum der Zellen (u. a. der Nerven- und Muskelzellen).
In der Folge wird das Ruhepotenzial positiver (weniger negativ). Beträgt das Ruhepotenzial –30 mV und mehr, können an beiden Zellen **keine Aktionspotenziale** mehr ausgelöst werden (siehe Abbildung 2), was zur Lähmung der betroffenen Muskulatur (u. a. Atem- und Herzmuskulatur) führt.

2.2.1 *Nur zwei ATP-verbrauchende Prozesse müssen genannt werden. Beispiele:*

- Aufrechterhaltung des Ruhepotenzials durch die Na^+/K^+-Pumpe
- Resynthese der Neurotransmitter im Endknöpfchen
- Rücktransport von Ca^{2+}-Ionen aus dem Endknöpfchen (Präsynapse) in den extrazellulären Raum

2.2.2.1 Im Diagramm in Abbildung 3 ist die Konzentration an Adenosin und ATP morgens und abends in relativen Einheiten dargestellt.
Am Morgen ist die ATP-Konzentration hoch, da im Schlaf die Gehirnaktivität erniedrigt ist. Daher liegt freies Adenosin nur in geringer Konzentration vor.
Am Abend nach einem Tag mit hoher Gehirnaktivität liegt viel Adenosin und wenig ATP vor, da durch die erhöhte Neuronenaktivität viel ATP benötigt wurde und beim Abbau von ATP Adenosin entsteht.

2.2.2.2 Die Anreicherung von Adenosin im Gehirn macht müde. Da bei hoher Gehirnaktivität viel Adenosin entsteht, könnte die Hemmung der Ausschüttung von Transmittern mit anregender Wirkung durch das Adenosin ein **Schutzmechanismus** vor zu hoher anhaltender Belastung des Gehirns sein.

Alternativ: Schutzmechanismus vor Energiemangel im Gehirn.

2.2.3.1 – Aktionspotenziale erreichen das Endknöpfchen.
- Spannungsgesteuerte Ca^{2+}-Kanäle öffnen sich, Ca^{2+}-Ionen strömen in das Zellinnere des Endknöpfchens (aufgrund des Ca^{2+}-Konzentrationsgradienten: außen hohe Konzentration, innen niedrigere).
- Dieser Ca^{2+}-Einstrom bewirkt eine Verschmelzung der transmittergefüllten Vesikel mit der präsynaptischen Membran. Infolgedessen werden die Neurotransmitter in den synaptischen Spalt abgegeben.
- Die Neurotransmitter diffundieren durch den synaptischen Spalt und binden an die spezifischen Rezeptoren der postsynaptischen Membran.
- Rezeptorabhängige Na^{+}-Kanäle öffnen sich, Na^{+}-Ionen strömen in das postsynaptische Neuron und führen zu einem erregenden postsynaptischen Potenzial (EPSP).

2.2.3.2 Durch Bindung von Adenosin an die Adenosin-Rezeptoren der prä- und der postsynaptischen Membran werden G-Proteine aktiviert. Diese bewirken an beiden Membranen die Blockade von Calciumionen-Kanälen. An der postsynaptischen Membran führen sie außerdem zu einer Aktivierung der Kaliumionen-Kanäle, wodurch es zu einem Kaliumionen-Ausstrom aus dem postsynaptischen Neuron kommt.
An der **präsynaptischen Endigung** wird infolgedessen die **Transmitterausschüttung** (Glutamat) **gehemmt**.
Die **postsynaptische Membran** wird durch den Kaliumionen-Ausstrom hyperpolarisiert. Es entsteht ein **inhibitorisches postsynaptisches Potenzial (IPSP)**.

2.2.3.3 Denkbar ist eine **Blockade der Glutamat-Rezeptoren** an der postsynaptischen Membran durch entsprechende Medikamente und Nervengifte. Dadurch bleiben die Ionen-Kanäle geschlossen und es kommt nicht zu einem erregenden postsynaptischen Potenzial (EPSP).

Alternativ z. B.:
- *Blockade der Vesikelverschmelzung mit der präsynaptischen Membran*
- *Blockade der Wiederaufnahme der gespaltenen Transmitter an der präsynaptischen Membran*

2.2.3.4 Als **Antagonist** des Adenosins blockiert Koffein die Adenosinrezeptoren, löst jedoch keine Signalkette aus. Somit wird die schlaffördernde Wirkung des Adenosins durch die Hemmung der Transmitter-Ausschüttung auf der präsynaptischen Seite unterdrückt. Der anregende Transmitter **Glutamat wird freigesetzt**. An der postsynaptischen Membran wird die Signalkette ebenfalls nicht ausgelöst. Es entsteht **kein IPSP**. Auch hier wird also die schlaffördernde Wirkung des Adenosins unterdrückt.

2.2.4.1 Das von den digitalen Geräten emittierte blaue Licht (430 nm – 490 nm) **hemmt die Melatonin-Ausschüttung** sehr stark (bis zu 80 %). Die Konzentration von Melatonin im Blut sinkt. Daher nimmt das Gefühl von Müdigkeit in den Abendstunden ab und man schläft schlechter ein.

2.2.4.2 Wasserlösliche Hormone können die Membran nicht durchdringen. Sie docken stattdessen an spezifische Rezeptoren der Zielzellen an und aktivieren eine Signalkaskade, bei der im Zellinneren z. B. der second messenger cAMP entsteht. Dieser wiederum aktiviert spezifische Enzyme.

BE

3.1 Im und um den Flathead Lake in Kanada leben verschiedenste Tier- und Pflanzenarten. Die kleinen „schwebenden" Lebewesen im Wasser bezeichnet man als Plankton. Phytoplankton („pflanzliches Plankton") ist in der Lage, Fotosynthese zu betreiben. Hierzu gehören einzellige Algen.
Zum Zooplankton („tierisches Plankton") zählen zum Beispiel Wasserflöhe, die sich u. a. von Phytoplankton ernähren. Wasserflöhe sind Nahrung für viele weitere Tiere, zum Beispiel Lachse. Die Lachse gehen tagsüber nah an der Wasseroberfläche auf Nahrungssuche und werden selbst wiederum von Seeadlern erbeutet.

3.1.1 Geben Sie die Nahrungskette der in 3.1 genannten Arten mit den entsprechenden Trophiestufen an. 2

3.1.2 Garnelen der Art *Mysis diluviana* wurden in den Flathead Lake und angrenzende Flüsse eingebracht, um den Lachsen als Nahrung zu dienen. So sollte die Zahl der Lachse im See für die örtlichen Sportangler erhöht werden.
Die Garnelen leben tagsüber in der Tiefe des Sees, während sie nachts in oberen Wasserschichten Nahrung suchen. Sie ernähren sich von allen Arten von Plankton, insbesondere von Wasserflöhen.

Abbildung 1 zeigt die Entwicklung der Häufigkeit in einem bestimmten Gebiet von Lachs, Seeadler und Garnele.

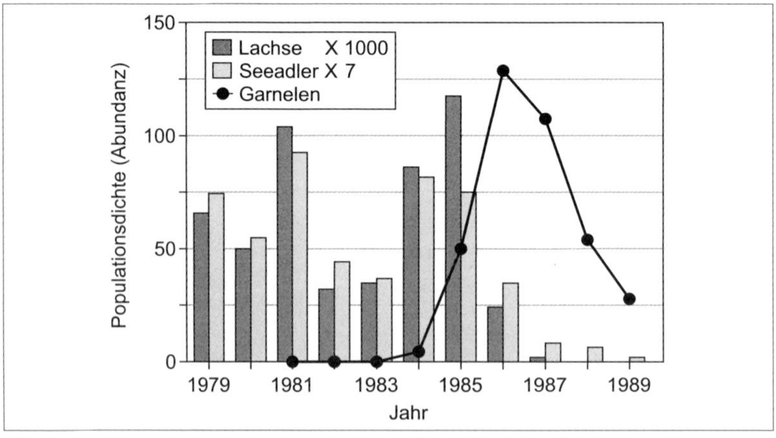

Abb. 1: Entwicklung der Populationsdichte im Flathead Lake, jährliche Individuenzahl: Garnelen pro m^2 Seefläche, Lachse und Seeadler entlang 4 km langer Flussstrecke

Quelle: PDN Biologie in der Schule/Neozoen, Neophyten, Heft 2, 60. Jg. 2011, verändert.

3.1.2.1 Beschreiben Sie das Diagramm ab 1983 ohne konkrete Zahlenwerte der Populationsdichten. 2

3.1.2.2 Begründen Sie den Rückgang der drei in Abbildung 1 gezeigten Arten ab 1986. 3

3.1.2.3 Erklären Sie mithilfe der Informationen aus dem Text, warum der gewünschte Effekt durch das Einbringen der Garnelen nicht eingetroffen ist. 2

3.1.3 Bewerten Sie den oben beschriebenen Eingriff des Menschen in das Ökosystem des Flathead Lake unter Nennung von zwei Argumenten. 2

3.1.4 Nennen Sie ein weiteres Beispiel für den Eingriff des Menschen in ein Ökosystem und drei der daraus resultierenden Folgen. 3

3.2 Mais hat den höchsten Kornertrag und die größte Blattmasseproduktion aller Getreidearten und wird daher weltweit angebaut. Ursprünglich stammt er aus einer heißen, sonnigen und trockenen Region Mexikos. Als Anpassung an diese Umweltbedingungen hat sich im Laufe der Evolution eine spezielle Blattanatomie entwickelt, die eine effiziente Fotosynthese ermöglicht.
Alle fotosynthetisch aktiven Zellen besitzen ein CO_2-Bindungsenzym (Rubisco), welches CO_2 in eine organische Verbindung einbaut und damit in weiteren Schritten den Glucose-Aufbau ermöglicht. Alle Pflanzen, die nur Rubisco enthalten, bezeichnet man als C3-Pflanzen, da das erste Produkt dieser CO_2-Fixierung drei C-Atome enthält.

Mais besitzt in den Bündelscheidenzellen Rubisco und in den Mesophyllzellen ein anderes CO_2-Bindungsenzym (PEP-Carboxylase) mit fast 100facher Bindungsstärke für CO_2. Dadurch kann CO_2 von den Mesophyllzellen viel effektiver aufgenommen, gespeichert und später in die Bündelscheidenzellen „gepumpt" werden. Mais und andere Pflanzen mit PEP-Carboxylase werden C4-Pflanzen genannt, da hierbei zunächst Verbindungen mit vier C-Atomen entstehen.

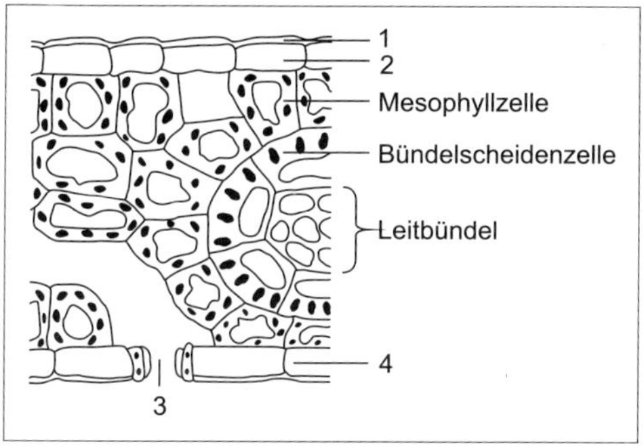

Abb. 2: Querschnitt durch ein Maisblatt

Quelle: Purves, W. K. et al., Biologie, 7. Auflage, Heidelberg 2006, Seite 187, Abb. 8. 16 b, verändert.

3.2.1 Die Fotosynthese bildet die Grundlage für die Biomasseproduktion. Formulieren Sie die Summengleichung der Fotosynthese und benennen Sie das Zellorganell, in dem dieser Prozess stattfindet. 2

3.2.2 Abbildung 2 zeigt schematisch den Querschnitt durch ein Maisblatt.
Ordnen Sie den Strukturen 1 bis 4 die entsprechenden Fachbegriffe zu. Geben Sie die jeweiligen Funktionen der Strukturen 1 bis 3 und der Mesophyllzellen an. 2

3.2.3 In einem Experiment wurden eine C3-Pflanze (Bohne) und eine C4-Pflanze (Mais) in einem Glasgefäß luftdicht eingeschlossen.
Die Versuchsansätze a) und b) wurden gleich behandelt, eine konstante Temperatur von 30 °C und 15 Stunden Belichtung (Starklicht) am Tag.

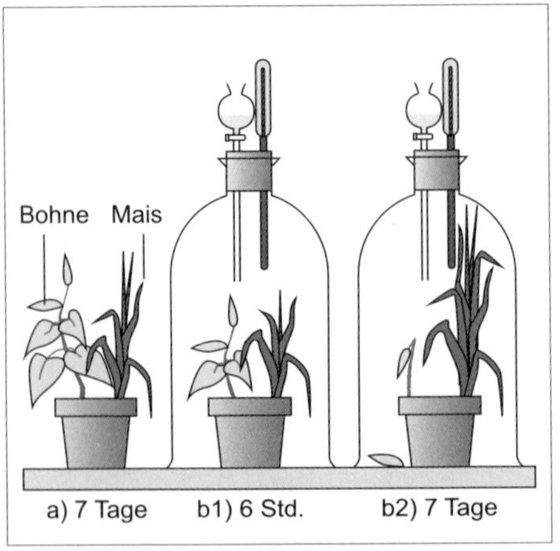

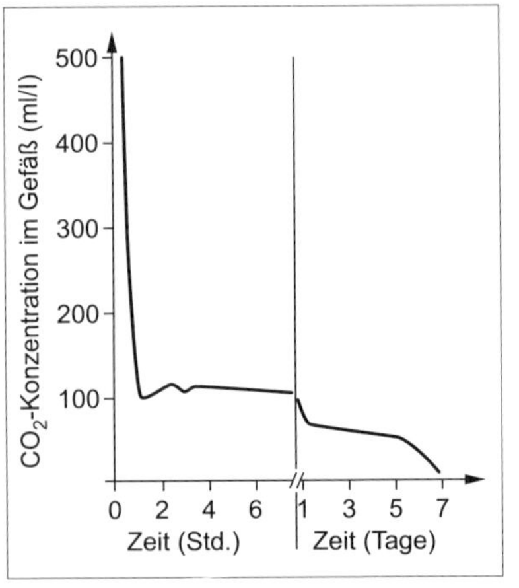

Abb. 3: Vergleichsexperiment

Abb. 4: CO_2-Konzentration im Gefäß

Quelle für die Abbildungen 3 und 4: nach: Kluge, Siegfried und Ströhla, Gerhard, Natura Biologie für Gymnasien Oberstufe, 1. Auflage, Stuttgart 2012, verändert.

3.2.3.1 Geben Sie die Funktion des Ansatzes a) aus Abbildung 3 an und beschreiben Sie die in den Abbildungen 3 und 4 dargestellten Versuchsergebnisse. 3

3.2.3.2 Erklären Sie die Versuchsergebnisse. 3

3.2.4 Das Temperaturoptimum von Mais beträgt 30 °C. Frost verträgt die Maispflanze nicht. Stellen Sie die Abhängigkeit der Fotosyntheserate der Maispflanze von der Temperatur in einem Diagramm dar und erklären Sie den Kurvenverlauf. 3

3.2.5 C4-Pflanzen wachsen an Standorten, an denen es tagsüber heiß und trocken ist, besser als C3-Pflanzen. Stellen Sie eine Hypothese für dieses Phänomen auf. 3

30

Lösungen

3.1.1 **Einzellige Algen bzw. Phytoplankton:** Produzenten
↓
Wasserflöhe bzw. Zooplankton: Konsumenten 1. Ordnung
↓
Lachse: Konsumenten 2. Ordnung
↓
Seeadler: Konsumenten 3. Ordnung

3.1.2.1 Das Diagramm stellt die Häufigkeit (Populationsdichte) von Garnelen, Lachsen und Seeadlern am Flathead Lake in den Jahren 1979 bis 1989 dar.
Zwischen 1983 und 1984 beginnt die **Garnelenpopulation** zuzunehmen und erreicht 1986 den höchsten Wert. Nach 1986 nimmt die Zahl der Garnelen kontinuierlich ab.
Die **Lachspopulation** nimmt von 1983 bis 1985 zu, erreicht 1985 ihr Maximum und fällt danach ab, bis die Lachse ab 1988 nicht mehr nachweisbar sind.
Die **Seeadlerpopulation** nimmt von 1983 bis 1984 zu und fällt von da an bis 1989 kontinuierlich ab. 1989 ist der Bestand nur noch minimal.

3.1.2.2 Garnelen und Lachse **konkurrieren** um das Plankton als Nahrungsquelle. Die Garnelen haben dabei durch ihr starkes Wachstum den Lachsen die Nahrungsgrundlage entzogen und so zu einem Aussterben der Fische geführt.
Da die Lachse eine **Nahrungsquelle** für die Seeadler darstellen, kann auch bei dieser Tierart ab 1986 ein starker Rückgang der Population festgestellt werden.
Bei den Garnelen ist ein Jahr später ebenfalls eine Abnahme der Population zu erkennen. Dieser Rückgang ist durch ihre anfänglich starke Vermehrung bedingt, die dazu führt, dass sich die Artgenossen gegenseitig **Konkurrenz** um ihre Nahrungsgrundlage machen.

3.1.2.3 Die Garnelen sollten als Futter für die Lachse dienen und so zu einer stärkeren Vermehrung der Fische beitragen. Beide Tierarten kommen jedoch zur gleichen Tageszeit in **unterschiedlichen Wasserschichten** vor: Die Lachse sind tagsüber nahe der Wasseroberfläche auf Nahrungssuche, während sich die Garnelen in der Tiefe des Sees aufhalten. Somit können die Lachse die Garnelen **nicht als Nahrungsquelle** nutzen.

3.1.3
- Ökosysteme sind sehr komplex und auch kleinere Eingriffe des Menschen können fatale Folgen haben. So wurde in diesem Fall statt einer Vermehrung der Lachse deren Aussterben erreicht.
- Aus ökologischer Sicht ist es nicht ratsam, neue Arten in ein bestehendes Ökosystem einzubringen. Dies führt zu einer Störung des natürlichen Gleichgewichts. Hier diente die Maßnahme dem zweifelhaften Ziel, die Fangquote der Sportangler zu verbessern.

3.1.4 z. B. **Brandrodung von Regenwäldern**
Als **Folgen** treten auf:
- Tötung von Organismen und somit Abnahme der Artenvielfalt
- Reduktion des Lebensraumes und somit Abnahme der Artenvielfalt

- Freisetzung von CO_2 und damit Beschleunigung des Klimawandels
- Reduzierung der CO_2-Bindung durch Pflanzen und damit Beschleunigung des Klimawandels
- Durch Starkregen wird die fruchtbare obere Bodenschicht abgeschwemmt (Bodenerosion) und es drohen Überschwemmungen, da das Regenwasser nicht mehr aufgenommen bzw. zurückgehalten werden kann.

Nur drei Angaben sind verlangt.

3.2.1 **Summengleichung:** $6\,CO_2 + 6\,H_2O \longrightarrow C_6H_{12}O_6 + 6\,O_2$
Zellorganell: Chloroplast

3.2.2 1 **Kutikula:** Verdunstungsschutz
2 **obere Epidermis:** Stabilität
3 **Spaltöffnung:** Regulation des Gasaustauschs und der Verdunstung
4 **untere Epidermis**
Mesophyllzellen: **CO_2-Fixierung**

3.2.3.1 **Abbildung 3:**
Ansatz a): Dieser Ansatz dient als **Kontrollexperiment**, um das Wachstum von Bohne und Mais ohne Luftabschluss mit dem Wachstum unter Luftabschluss zu vergleichen.

Alternativ: Ansatz a) aus Abbildung 3 dient als Kontrollexperiment, um aus den Versuchen b1) und b2) auf die Wirkung des Luftabschlusses schließen zu können.

Versuchsergebnis: 6 Stunden nach Versuchsbeginn sind die Bohnen- und die Maispflanze unter Luftabschluss noch annähernd gleich groß (b1). Nach 7 Versuchstagen unter Luftabschluss (b2) ist zu erkennen, dass die Maispflanze deutlich gewachsen ist, die Bohnenpflanze jedoch abstirbt bzw. abgestorben ist. Im Kontrollexperiment sind die beiden Pflanzen im Gegensatz dazu im Verlauf von 7 Tagen gleichmäßig gewachsen.

Abbildung 4:
Versuchsergebnis: Die CO_2-Konzentration fällt in der ersten Stunde von ca. 500 ml/l auf ca. 100 ml/l und bleibt dann einen Tag lang in etwa konstant. Im Laufe der Woche nimmt sie weiter ab bis nahezu null.

3.2.3.2 Während die Bohnenpflanze zur CO_2-Fixierung nur über das Enzym Rubisco verfügt, besitzt der Mais zusätzlich das Enzym **PEP-Carboxylase**, das fast die 100fache CO_2-Bindungsstärke von Rubisco aufweist. Die Maispflanze nimmt daher in der ersten Stunde nahezu die gesamte im Glas enthaltene CO_2-Menge auf und speichert diese. Dadurch ist die Maispflanze in der Folgezeit in der Lage, auf das gespeicherte CO_2 zurückzugreifen und Fotosynthese zu betreiben, während die Bohnenpflanze ohne ausreichendes CO_2 keine Biomasse durch Fotosynthese herstellen kann und abstirbt.

3.2.4

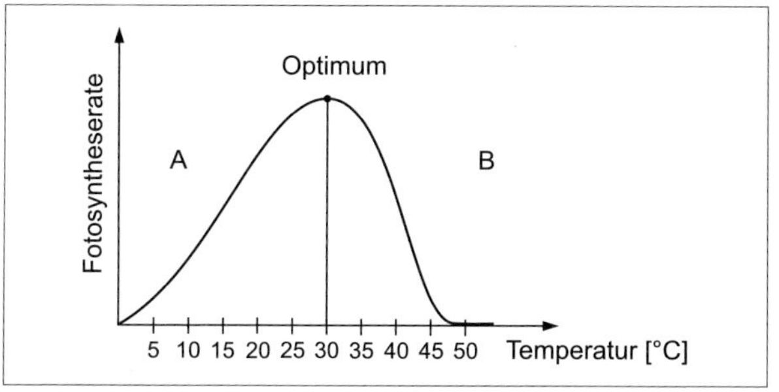

Es handelt sich hier um eine **Optimumskurve**.
Unterhalb des Optimumwertes gilt die **RGT-Regel** (Reaktionsgeschwindigkeit-Temperatur-Regel), die besagt, dass eine Erhöhung der Temperatur um 10 °C eine Verdopplung der Reaktionsgeschwindigkeit zur Folge hat.
Oberhalb des Optimumwertes führt eine **Denaturierung** der Enzyme zu einem raschen Abfall der Fotosyntheserate.

3.2.5 C4-Pflanzen können nachts, wenn es kühl ist, über die Spaltöffnungen CO_2 ohne großen Wasserverlust aufnehmen. Dieses CO_2 können sie dank der PEP-Carboxylase in Form einer C4-Verbindung speichern und es tagsüber unter Lichteinfluss in den Calvinzyklus einschleusen. Der Vorteil der C4-Pflanzen gegenüber den C3-Pflanzen liegt somit darin, dass sie während der tagsüber vorherrschenden großen Hitze und Trockenheit die Spaltöffnungen geschlossen und damit den Wasserverlust gering halten können, sodass eine höhere Fotosyntheserate möglich ist.

BE

1.1 Koriander *(Coriandrum sativum)* ist ein besonders in der asiatischen Küche beliebtes Würzkraut. Liegt bei einem Menschen allerdings ein bestimmter genetischer Defekt vor, so wird der Geschmack des Krautes wie der von Seife wahrgenommen und als abstoßend empfunden. Die veränderte Geschmackswahrnehmung betrifft ca. 17 % aller Mitteleuropäer. In anderen Regionen ist diese Geschmacksveränderung seltener, z. B. betrifft sie nur ca. 7 % der Menschen in Ostasien.
In Abbildung 1 ist der Stammbaum einer von diesem Defekt betroffenen Familie dargestellt:

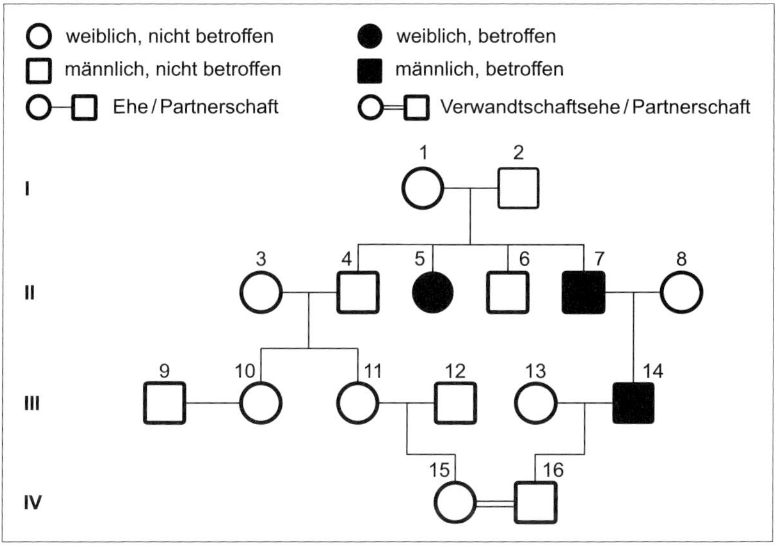

Abb. 1

1.1.1 Ermitteln Sie anhand des Stammbaums, wie die veränderte Geschmackswahrnehmung von Koriander vererbt wird, indem Sie nicht mögliche Erbgänge ausschließen. 3

1.1.2 Geben Sie für die Personen 7, 8, 14, 15, 16 im Stammbaum alle möglichen Genotypen an. 2

1.2 Für die Wahrnehmung des Koriander-Geschmacks sind nach aktuellen Untersuchungen eine Reihe von Geruchsrezeptor-Genen verantwortlich, darunter OR6A2. Dieses Gen codiert für einen Transmembranrezeptor, an den Aldehyd-Verbindungen, die den Geschmack des Krautes ausmachen, besonders gut binden.

Im Folgenden ist eine kurze DNA-Sequenz aus dem intakten Allel (A) und einem defekten Allel (B) gezeigt:

(A) Ausschnitt des nicht-codogenen DNA-Abschnittes des OR6A2-Gens (nicht mutiert):

5' … AAACACAAGTTAGGGCGC … 3'

(B) Ausschnitt des nicht-codogenen DNA-Abschnittes des OR6A2-Gens (mutiert):

5' … AAACACAAGTTAGGGTGC … 3'

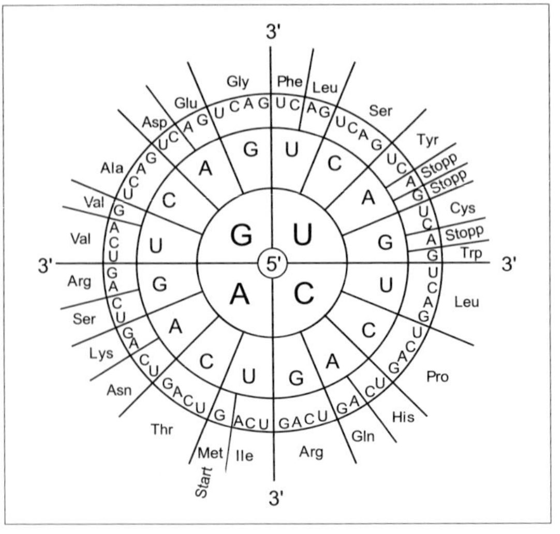

1.2.1 Ermitteln Sie für die beiden DNA-Sequenzen jeweils die mRNA- und die dazugehörige Aminosäuresequenz. 3

1.2.2 Mutationen können verschiedene Auswirkungen haben. Zeigen Sie für die DNA-Sequenz A aus Aufgabe 1.2, wie folgende Fälle auftreten können:

a) die Aminosäuresequenz des Proteins weist keinerlei Veränderung auf.
b) die Aminosäuresequenz des Proteins ist verkürzt.

Geben Sie dazu jeweils eine mutierte Sequenz des nicht-codogenen DNA-Strangs, die mRNA- sowie die Aminosäuresequenz an. 4

1.2.3 Erstellen Sie eine beschriftete Skizze, die zeigt, wie in eukaryotischen Zellen aus einer prä-mRNA eine reife mRNA entsteht. 2

1.3 Die Personen 7, 8 und 11 aus Abbildung 1 wurden auf das Vorhandensein der in Aufgabe 1.2 beschriebenen Mutation im OR6A2-Gen hin untersucht. Dazu wurde ihre DNA isoliert und ein Teil des Gens mittels PCR vervielfältigt. Der vervielfältigte DNA-Abschnitt hat eine Länge von 137 Basenpaaren (bp). Im Anschluss an die PCR wurden die vervielfältigten PCR-Abschnitte mit dem Restriktionsenzym HhaI mit der Erkennungssequenz 5'-GCGC-3' behandelt und danach mittels Gelelektrophorese analysiert.

1.3.1 Die Abbildung 2 zeigt das Ergebnis der Gelelektrophorese. Ordnen Sie die Personen 7, 8 und 11 aus Abbildung 1 den Proben A bis C der Abbildung 2 begründet unter Angabe der Genotypen zu. 4

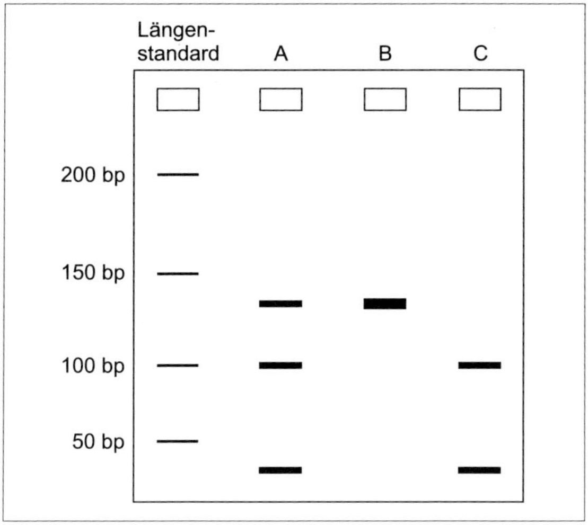

Abb. 2

1.3.2 Beim Ansetzen der PCR wurde dem Reagenzien-Gemisch versehentlich RNA-Polymerase anstatt DNA-Polymerase hinzugefügt. Begründen Sie die Folge für das Ergebnis der PCR. 2

1.4 Bei der Fotosynthese wird im Calvin-Zyklus CO_2 durch das Enzym RuBisCO gebunden. Statt CO_2 kann auch O_2 durch die RuBisCO gebunden werden. Dabei entsteht das giftige Nebenprodukt Glycolat, das von der Pflanze unter hohem Energieverbrauch abgebaut werden muss (Abbildung 3). Eine Forschergruppe aus den USA hat Pflanzen gentechnisch so verändert, dass sie durch einen neuen Stoffwechselweg das Glycolat mit wesentlich geringerem Energieverlust in Acetyl-CoA umwandeln können. In Feldversuchen hatten diese transgenen Pflanzen eine um 40 % erhöhte Biomasse.

1.4.1 Erläutern Sie zwei Ziele, die mit den in 1.4 beschriebenen gentechnisch veränderten Pflanzen erreicht werden könnten. 3

1.4.2 Begründen Sie anhand von Abbildung 3 mit zwei Angaben, warum die Entgiftung von Glycolat auf dem natürlichen Weg für die Pflanze mit einem hohen Energieaufwand verbunden ist. 2

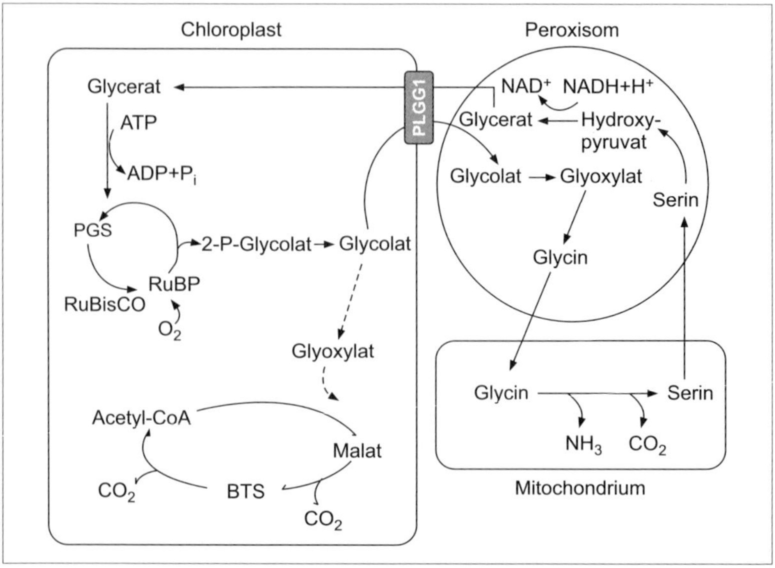

Abb. 3: BTS: Brenztraubensäure / Pyruvat, PGS: Phosphoglycerinsäure, RuBP: Ribulose-1,5-Bisphosphat, PLGG1: Glycolat-Transportprotein.
Die gestrichelten Pfeile entsprechen dem neuen Stoffwechselweg der transgenen Pflanzen.

Quelle: South et al.: Synthetic glycolate metabolism pathways stimulate crop growth an productivity in the field, Science 363, 45 (2019), CC BY 4.0 verändert.
https://www.science.org/doi/10.1126/science.aat9077

1.4.3 Der nach der gentechnischen Veränderung der Pflanze ablaufende alternative Stoffwechselweg zur Entgiftung des Glycolats führt zu Acetyl-CoA. Nennen Sie einen weiteren Stoffwechselprozess, in dem das Acetyl-CoA von der Pflanze abgebaut wird, und begründen Sie den Nutzen, den die Pflanze davon hat. 2

* 1.4.4 Die oben in 1.4 beschriebene gentechnische Veränderung der Pflanzen wurde mit *Agrobacterium tumefaciens* durchgeführt. Beschreiben Sie die Verfahrensschritte bei der Genübertragung mittels *Agrobacterium tumefaciens*. 3

30

* Aufgabe stellt Anforderungen, die ab dem Abitur 2024 nicht oder nur mehr eingeschränkt prüfungsrelevant sind.

Lösungen

1.1.1 *Bei einer Stammbaumanalyse empfiehlt es sich immer zunächst Folgendes zu prüfen: Lassen sich zwei kranke Eltern mit einem gesunden Kind finden oder gibt es zwei gesunde Eltern mit einem kranken Kind? Im ersten Fall muss der Erbgang des untersuchten Merkmals dominant sein, im zweiten Fall kann er nur rezessiv sein. Beachten Sie, dass Sie nicht mögliche Erbgänge ausschließen sollen.*

Da die phänotypisch gesunden Eltern 1 und 2 eine kranke Tochter 5 haben, muss das Merkmal **rezessiv** vererbt werden. Ein **dominanter** Erbgang kann ausgeschlossen werden, da sonst einer der beiden Elternteile selbst phänotypisch betroffen sein müsste. Diese Konstellation zeigt auch, dass der Erbgang **autosomal** sein muss. Wäre er **gonosomal**, müsste der Vater (Person 2) selbst erkrankt sein. Seine Tochter könnte bei einem gonosomal rezessiven Erbgang nur dann krank sein, wenn ihre beiden X-Chromosomen das defekte Allel tragen würden. Das heißt, sie müsste von beiden Elternteilen ein defektes Allel auf dem X-Chromosom erhalten haben, also auch von ihrem Vater. Dieser müsste in diesem Fall dann aber selbst phänotypisch betroffen sein, da er kein zweites X-Chromosom mit intaktem Allel haben kann. Da der Vater aber phänotypisch gesund ist, muss der Erbgang **autosomal rezessiv** sein.

1.1.2 **Legende:**
A: intaktes Allel
a: defektes Allel

Person 7: aa **Person 8:** Aa **Person 14:** aa **Person 15:** AA/Aa **Person 16**: Aa

1.2.1 *Beachten Sie, dass bei dieser Aufgabe der nicht-codogene Strang angegeben ist. Um die mRNA zu ermitteln, können Sie zuerst den codogenen Strang notieren. Alternativ wäre es aber auch möglich vom nicht-codogenen Strang direkt auf die mRNA zu schließen, indem Sie die Base Thymin (T) durch Uracil (U) ersetzen.*

(A) nicht mutiert

nicht-codogener Strang:	5' …	AAA	CAC	AAG	TTA	GGG	CGC	… 3'
codogener Strang:	3' …	TTT	GTG	TTC	AAT	CCC	GCG	… 5'
mRNA:	5' …	AAA	CAC	AAG	UUA	GGG	CGC	… 3'
AS-Sequenz:	…	Lys	His	Lys	Leu	Gly	Arg	…

(B) mutiert

nicht-codogener Strang:	5' …	AAA	CAC	AAG	TTA	GGG	TGC	… 3'
codogener Strang:	3' …	TTT	GTG	TTC	AAT	CCC	ACG	… 5'
mRNA:	5' …	AAA	CAC	AAG	UUA	GGG	UGC	… 3'
AS-Sequenz:	…	Lys	His	Lys	Leu	Gly	Cys	…

1.2.2 *Da der genetische Code degeneriert ist, gibt es zur Lösung dieser Aufgabe mehrere unterschiedliche Varianten. Die Degeneration des genetischen Codes bedeutet, dass viele Aminosäuren durch mehr als ein Basen-Triplett codiert werden. Wenn man im Fall a) die fünfte Aminosäure Glycin betrachtet, so könnte diese auch durch die mRNA-Sequenzen GGA, GGU oder GGC codiert werden. Im Fall b) könnte ein Stopp-Codon zu einer Verkürzung führen. Ferner kämen aber auch die Deletion eines oder mehrerer Tripletts als Lösungsvariante in Betracht. Bei dieser Aufgabe sind viele verschiedene Lösungen denkbar und im Folgenden sind nur mögliche Beispiele angegeben.*

a) Die Aminosäuresequenz des Proteins weist keinerlei Veränderung auf

nicht-codogener Strang:	5' …	AAA	CAC	AAG	TTA	GG**A**	CGC	… 3'
mRNA:	5' …	AAA	CAC	AAG	UUA	GG**A**	CGC	… 3'
AS-Sequenz:	…	Lys	His	Lys	Leu	Gly	Arg	…

b) Die Aminosäuresequenz des Proteins ist verkürzt

nicht-codogener Strang:	5' …	AAA	CAC	AAG	T**G**A	GGG	CGC	… 3'
mRNA:	5' …	AAA	CAC	AAG	U**G**A	GGG	CGC	… 3'
AS-Sequenz:	…	Lys	His	Lys	**Stopp**			

1.2.3

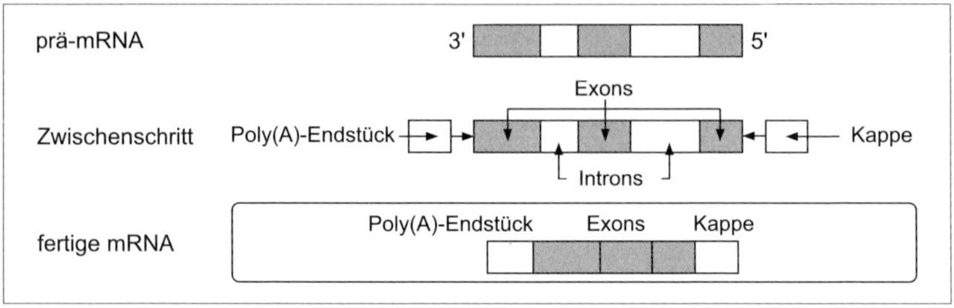

1.3.1 Aus der Lösung der Aufgabe 1.1.2 ist bekannt:

Person 7: aa   Person 8: Aa

Der in Aufgabe 1.3.1 noch zusätzlich erfragte Genotyp der Person 11 lässt sich anhand des Stammbaums nicht eindeutig bestimmen, möglich sind AA oder Aa.

Die Schnittsequenz des Restriktionsenzyms, mit dem die Mutation im OR6A2-Gen hin untersucht wird, befindet sich im intakten (nicht mutierten) DNA-Abschnitt, aber nicht im mutierten. Das bedeutet, dass der nicht mutierte DNA-Abschnitt durch das Restriktionsenzym geschnitten wird und man daher zwei Teilstücke erhält.
Personen, die **homozygot AA** sind, also in beiden Allelen des OR6A2-Gens keine Mutation tragen, müssen daher im Ergebnis der Gelelektrophorese **zwei Banden** aufweisen.
Personen, die **homozygot aa** sind, tragen in beiden ihrer Allele des OR6A2-Gens die Mutation, sie haben daher keine Schnittsequenz und es ist nur **eine Bande** zu sehen.
Das Ergebnis für eine Person mit einem **heterozygoten Genotyp Aa** muss aufgrund dieser Überlegungen **drei Banden** aufweisen: zwei, die durch den Schnitt des Allels A zu erklären sind und eine aufgrund des nicht geschnittenen Allels a.

Zuordnung:
- Spur B (eine Bande): Person 7 (aa)
- Spur A (drei Banden): Person 8 (Aa)
- Spur C (zwei Banden): Person 11 (AA)

1.3.2 Die PCR wird mit dem Enzym RNA-Polymerase **nicht funktionieren**. Erstens ist diese nicht hitzestabil und wird sofort bei der Polymerisationstemperatur von 72 °C denaturieren. Zweitens kann die RNA-Polymerase Desoxyribonukleotide nicht miteinander verbinden, sondern nur Ribonukleotide. Als drittes Argument könnte man anführen, dass der RNA-Polymerase ein Promotor fehlt, ohne den sie nicht an die Vorlage anbinden kann. Aus all diesen Gründen folgt, dass ein PCR-Produkt nicht zu erwarten ist.

Für die volle Punktzahl ist einer der oben genannten Gründe ausreichend.

1.4.1 **Zwei mögliche Ziele:**
Eine höhere Biomasse bedeutet einen höheren Ertrag. Man könnte durch die gentechnologische Veränderung somit
- die Nahrungsmittelproduktion für eine steigende Weltbevölkerung sichern.
- höhere Gewinne erzielen.

1.4.2 *Betrachten Sie zur Lösung der Aufgabe die Abbildung 3 ganz genau. Welche der gezeigten Abläufe kosten Energie? Es sind nur zwei Begründungen verlangt.*

Begründung:
- Die Pflanze verbraucht bei der Umwandlung von Glycerat zu PGS im natürlichen Abbauweg ATP.
- Das Glycolat (bzw. dessen Abbauprodukte) muss im natürlichen Abbauweg den Chloroplasten verlassen und das Peroxisom sowie das Mitochondrium passieren, bevor das entstandene Glycerat wieder in den Chloroplasten transportiert wird. Diese Transportvorgänge kosten Energie (ATP).
- Beim Abbauschritt von Hydroxypyruvat zu Glycerat werden Reduktionsäquivalente ($NADH + H^+$) verbraucht. Diese stehen daher der Endoxidation in der Atmungskette nicht mehr zur Verfügung, was einen Energieverlust (ATP-Verlust) bedeutet.

1.4.3 Der weitere Stoffwechselweg des Acetyl-CoA ist die Einschleusung in den Zitronensäurezyklus. Der Abbauweg des Acetyl-CoA über den Zitronensäurezyklus erzeugt ATP (GTP) und Reduktionsäquivalente ($NADH + H^+$ und $FADH_2$). Über die Endoxidation in der Atmungskette wird die dabei freiwerdende Energie über die ATPase zur Produktion von ATP genutzt.

1.4.4 Zuerst muss das in den Zielorganismus einzubringende Wunschgen isoliert und gewonnen werden. Nach Schnitt mit einem Restriktionsenzym entstehen klebrige Enden („sticky-ends“). Aus *Agrobacterium tumefaciens* wird das Ti-Plasmid isoliert und mit dem gleichen Restriktionsenzym geschnitten, um passende klebrige Enden zu erhalten. Es folgt der Einbau des Wunschgens ins geöffnete Ti-Plasmid und das Schließen des Zucker-Phosphat-Rückgrats der DNA mithilfe des Enzyms Ligase. Nach erfolgreichem Einbau wird *Agrobacterium tumefaciens* mit dem gentechnisch veränderten Plasmid transformiert. Im letzten Schritt infizieren die gentechnisch veränderten Bakterien die Zellen der zu verändernden Pflanze und bringen so das Wunschgen in den Zielorganismus.

Profil-/Neigungsfach Biologie (Baden-Württemberg): Abituraufgaben 2023
Aufgabe II: Nervenphysiologie, Steuerungs- und Regelungsvorgänge

BE

2.1 Die *Myasthenia gravis* ist eine neurologische Erkrankung, bei der die Erregungsübertragung von der Nervenzelle auf die Muskeln an der motorischen Endplatte gestört ist. Je nach Ausprägung sind nur einzelne Muskeln oder größere Bereiche des Körpers betroffen.
Das Krankheitsbild ist gekennzeichnet durch belastungsabhängige Muskelschwäche bzw. Lähmung der betroffenen Muskeln. In Abbildung 1 ist ein häufiges frühes Symptom gezeigt: hängende Augenlider.

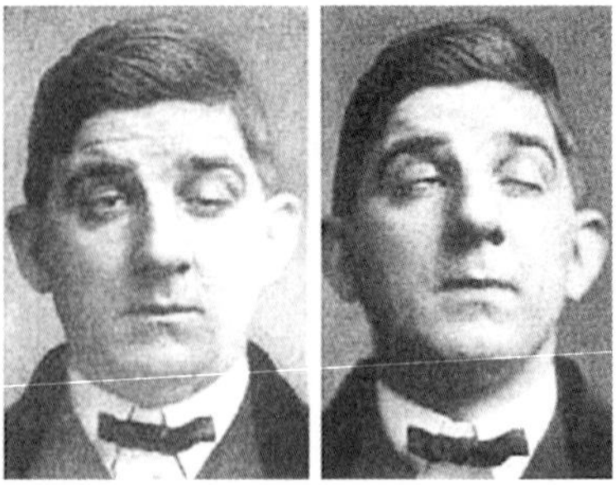

Abb. 1: Hängende Augenlider bei *Myasthenia gravis*

2.1.1 Die Abbildung 2 zeigt eine Nervenzelle.

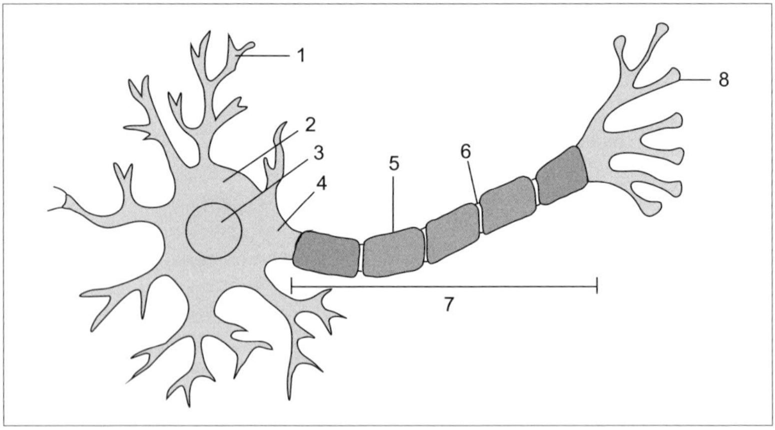

Abb. 2: Nervenzelle

Übernehmen Sie die Ziffern 1–8 auf Ihr Lösungsblatt und ordnen Sie ihnen die entsprechenden Fachbegriffe zu. 2

2.1.2 Beschreiben Sie die Erregungsweiterleitung an der Struktur 7 der Abbildung 2 unter Nennung der beteiligten Ionen. 2

2.1.3 Bei der Informationsübertragung im Nervensystem wird die Reizstärke unterschiedlich codiert.
Erläutern Sie die Art der Codierung, die an den in Abbildung 3 mit den Buchstaben A, B und C gekennzeichneten Stellen jeweils auftritt. 3

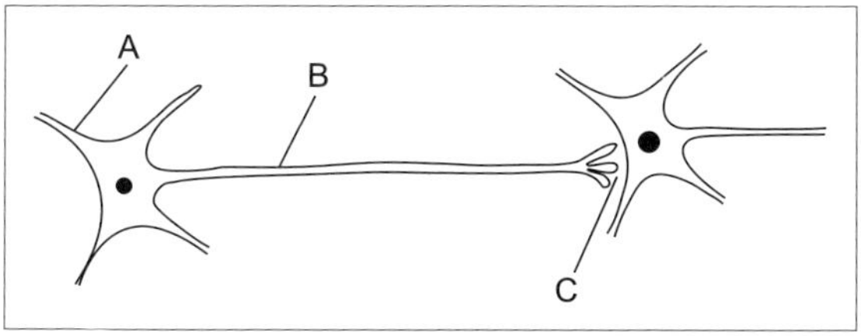

Abb. 3: Schema zweier hintereinander geschalteter Nervenzellen

2.1.4 Die Erregungsweiterleitung an den Stellen B und C der Abbildung 3 ist nur in eine Richtung möglich. Geben Sie hierfür jeweils eine Begründung. 2

2.1.5 Bei der häufigsten Form der *Myasthenia gravis* blockieren körpereigene Antikörper den Acetylcholinrezeptor an der postsynaptischen Membran von Muskelzellen. Übertragen Sie die folgenden Diagramme auf Ihr Lösungsblatt. Skizzieren Sie die zu erwartenden Kurvenverläufe bei ankommenden Aktionspotenzialen in der Präsynapse in die Diagramme auf Ihrem Lösungsblatt und begründen Sie die Kurvenverläufe. 4

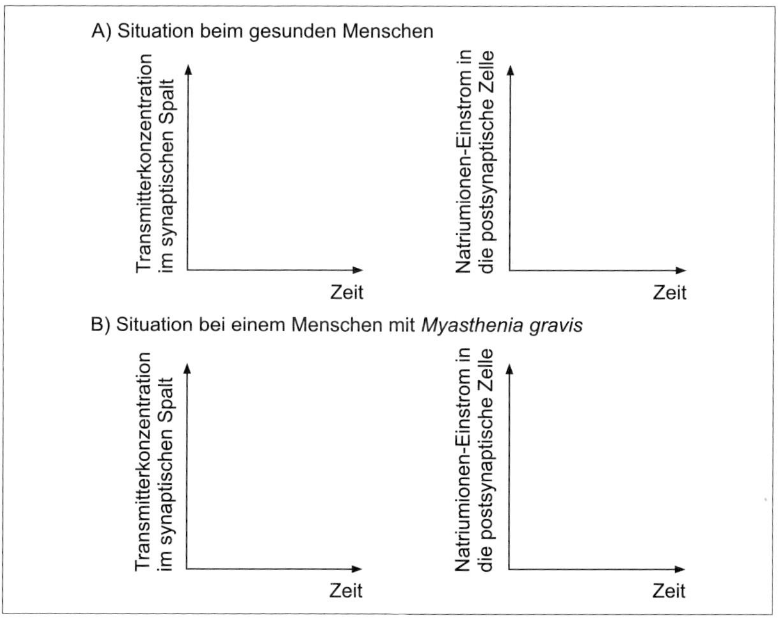

2.1.6 Erläutern Sie einen möglichen Ansatzpunkt zur Therapie der bei *Myasthenia gravis* auftretenden Symptome. 2

2.2 Menschen haben in Extremsituationen wie z. B. unmittelbar nach einem Unfall mit schweren Verletzungen oder bei einer Geburt durch die Bindung sogenannter Endorphine an Opiatrezeptoren ein reduziertes Schmerzempfinden. Die Abbildung 4 zeigt die Wirkung der Endorphine auf die Schmerzweiterleitung, bei der sowohl erregende als auch hemmende Synapsen eine Rolle spielen.

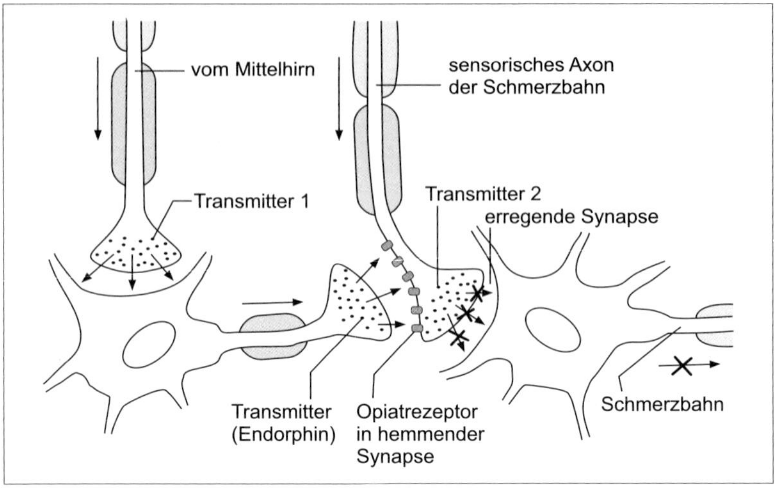

Abb. 4: Wirkung von Endorphinen auf die Schmerzweiterleitung

Quelle: Peter Blaurock: Neurobiologie - Suchtmittel und deren physiologische Wirkung, Biologie-Skript 11/12

2.2.1 Nennen Sie zwei Unterschiede und zwei Gemeinsamkeiten von hemmenden und erregenden Synapsen. 3

2.2.2 Beschreiben Sie mithilfe der Abbildung 4, wie es zu der reduzierten Schmerzempfindung bei verletzten Personen kommt. 4

* 2.3 Neben neurologischen Erkrankungen kann auch das Hormonsystem von Störungen betroffen sein. Ein Beispiel hierfür ist die *Thyreoiditis de Quervain*, eine selten auftretende entzündliche Erkrankung der Schilddrüse.
Zu Beginn der Erkrankung führt die Entzündung zur vermehrten, unkontrollierten Ausschüttung von bereits gebildetem und in der Schilddrüse gespeichertem Thyroxin ins Blut. In der Regel kommt es innerhalb von zwölf Monaten auch ohne den Einsatz von Medikamenten zu einer vollständigen und spontanen Ausheilung.

* 2.3.1 Erklären Sie den in der Abbildung 5 gezeigten Kurvenverlauf der TSH-Konzentration während der Dauer einer *Thyreoiditis de Quervain*. 2

* Aufgabe stellt Anforderungen, die ab dem Abitur 2024 nicht oder nur mehr eingeschränkt prüfungsrelevant sind.

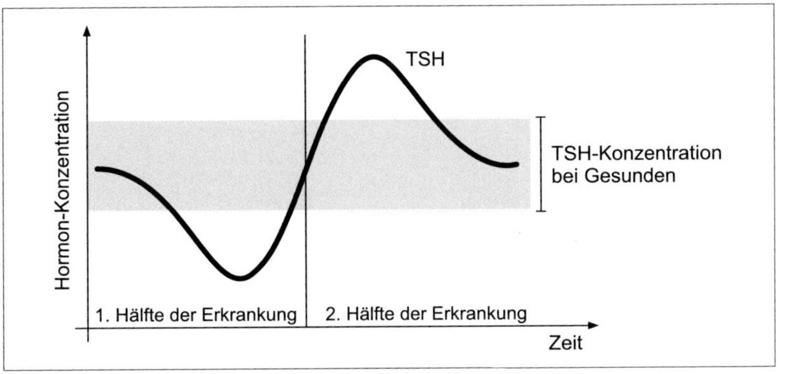

Abb. 5: Verlauf der TSH-Konzentration bei *Thyreoiditis de Quervain.*

Quelle: Christian2003/Wikipedia, CC BY-SA 3.0

∗2.3.2 Übertragen Sie das Diagramm der Abbildung 5 auf Ihr Lösungsblatt. Zeichnen Sie den Verlauf der Thyroxin-Konzentration bei *Thyreoiditis de Quervain* in das Diagramm ein. 2

∗2.3.3 TSH ist ein hydrophiles Peptidhormon. Im Gegensatz dazu ist Thyroxin ein lipophiles Aminosäurederivat. Vergleichen Sie tabellarisch die Primärwirkungen der beiden Hormone an ihren Zielzellen anhand von vier Aspekten. 4

30

* Aufgabe stellt Anforderungen, die ab dem Abitur 2024 nicht oder nur mehr eingeschränkt prüfungsrelevant sind.

Lösungen

2.1.1 1: Dendriten | 2: Zellkörper
3: Zellkern | 4: Axonhügel
5: Schwannsche Zelle | 6: Ranvierscher Schnürring
7: Axon | 8: synaptisches Endknöpfchen

2.1.2 Die Struktur 7 der Abbildung 2 zeigt den myelinisierten und damit durch Schwannsche Zellen isolierten Abschnitt eines **Axons**. Aktionspotenziale (APs) finden daher nur an den Ranvierschen Schnürringen statt. Bei einem ausreichend hohen, den Schwellenwert überschreitenden Potenzial am Axonhügel findet dort ein Aktionspotenzial statt, was einer Potenzialumkehr gegenüber der Umgebung entspricht. Die dadurch im Inneren des Axons entstehenden positiven Ladungen ziehen benachbarte negative Ladungen an, was einen Ionenstrom auslöst (Ausgleichströme). Erreicht die dadurch entstehende positive Ladung am nächsten Schnürring den für ein AP nötigen Schwellenwert, entsteht auch dort eine Potenzialumkehr und damit ein weiteres Aktionspotenzial. Dieses hat damit den durch die Schwannsche Zelle isolierten Bereich übersprungen. Die **Erregungsleitung** wird daher insgesamt als **springend (saltatorisch)** bezeichnet.

2.1.3 **A:** Am Dendriten/Zellkörper findet ein postsynaptisches Potenzial statt. Dessen Höhe (Amplitude) ist abhängig von der Reizstärke. Daher spricht man von einer Amplitudencodierung.

B: Die Codierung der Reizstärke erfolgt in Form der Anzahl der APs pro Sekunde, d. h. durch die Frequenz (Frequenzcodierung). Je höher die Frequenz der APs, desto stärker der Reiz.

Die Erregungsweiterleitung über das Axon läuft in Form von Aktionspotenzialen. Diese folgen dem „Alles-oder-Nichts"-Gesetz und laufen entweder ganz oder gar nicht ab und wenn, dann immer mit gleicher Amplitude.

C: An der Synapse wird die Reizstärke durch die Menge an ausgeschüttetem Transmitter codiert. Je stärker der Reiz, desto größer die Menge an ausgeschüttetem Transmitter. Man spricht auch hier, wie bei A, von einer Amplitudencodierung.

2.1.4 **B:** Nach einem AP ist die Nervenzellmembran am Axon für kurze Zeit refraktär, das bedeutet, dass die spannungsgesteuerten Na^+-Ionenkanäle in der Nervenzellmembran für diese Zeit nicht erregbar sind. Aufgrund dieser **Refraktärzeit** können die APs nur in Richtung synaptische Endknöpfchen weitergeleitet werden, aber nicht in die Richtung, aus der sie gekommen sind.

C: Es gibt nur auf der präsynaptischen Seite mit Transmitter gefüllte **Vesikel**. Die darin enthaltenen Transmitter docken nach Diffusion durch den synaptischen Spalt an Rezeptoren auf der postsynaptischen Membran an und führen dort zu einem postsynaptischen Potenzial. Die Weiterleitung der Erregung kann daher nur in eine Richtung erfolgen.

2.1.5 **A) Situation beim gesunden Menschen**

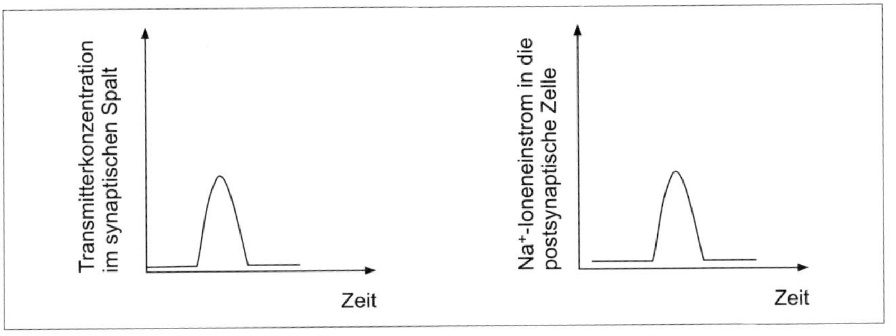

Begründung:

Transmitterkonzentration im synaptischen Spalt

Bei einem gesunden Menschen werden nach eintreffenden Aktionspotenzialen in Vesikeln gespeicherte Acetylcholinmoleküle in den synaptischen Spalt entlassen. Dies führt zu einem starken Anstieg der Acetylcholinkonzentration im synaptischen Spalt (Kurvenanstieg). Durch das Enzym Acetylcholinesterase werden die im Spalt befindlichen Transmitter wieder abgebaut, die Kurve sinkt wieder.

Natriumionen-Einstrom in die postsynaptische Zelle

Transmitter, die im synaptischen Spalt vorhanden sind, diffundieren zur postsynaptischen Membran und docken dort an die Liganden gesteuerten Rezeptoren an, was zu einem Na^+-Ioneneinstrom führt (Kurvenanstieg). Nach Abbau des Acetylcholins durch das Enzym Acetylcholinesterase schließen sich die Liganden gesteuerten Na^+-Kanäle wieder und der Na^+-Ioneneinstrom verringert sich wieder (Kurvenabfall).

B) Situation bei einem Menschen mit *Myasthenia gravis*

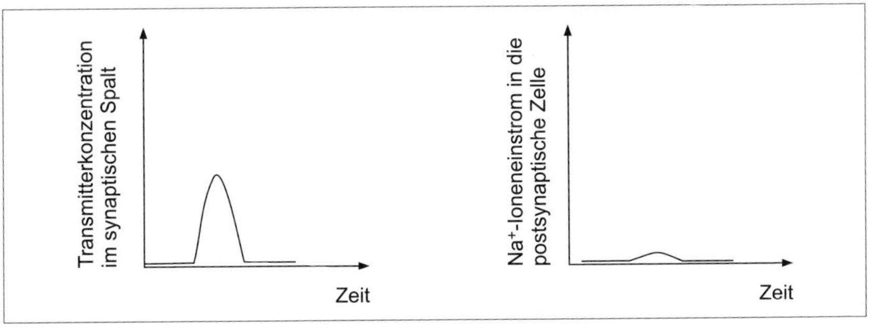

Begründung:

Transmitterkonzentration im synaptischen Spalt

Die Situation gleicht der bei einem gesunden Menschen, da die körpereigenen Antikörper den Acetylcholinrezeptor an der postsynaptischen Membran von Muskelzellen blockieren, aber keinen Einfluss auf die Vorgänge an der präsynaptischen Membran haben.

Natriumionen-Einstrom in die postsynaptische Zelle
Körpereigene Antikörper blockieren den Acetylcholinrezeptor an der postsynaptischen Membran von Muskelzellen. Durch die Blockade können weniger Transmittermoleküle an die Liganden gesteuerten Na^+-Kanäle andocken. Dies führt zu einem geringeren Na^+-Ioneneinstrom und damit zu einem deutlich flacheren Kurvenverlauf im Vergleich zu dem bei gesunden Personen.

2.1.6 Um die Anzahl der Transmittermoleküle, in diesem Fall Acetylcholin, im synaptischen Spalt zu erhöhen, könnte man das **Enzym Acetylcholinesterase** durch einen Hemmstoff **blockieren**. Dadurch würde der Abbau des Acetylcholins im synaptischen Spalt verhindert werden und sich die Transmitterkonzentration bzw. die Verweildauer des Acetylcholins im synaptischen Spalt erhöhen. Dadurch könnten mehr Transmittermoleküle an noch freie Rezeptoren binden, wodurch wieder EPSPs und damit Erregungsweiterleitung möglich würde.

Ein alternativer Therapieansatz könnte in der Gabe von immununterdrückenden Medikamenten liegen. Wenn die Produktion von körpereigenen Antikörpern gedrosselt wird, wären weniger Acetylcholinrezeptoren durch sie blockiert und es könnten mehr Acetylcholinmoleküle an die Rezeptoren binden. Dadurch würde sich der Na^+-Ioneneinstrom erhöhen, EPSPs entstehen und die Erregungsweiterleitung wäre wieder möglich.

2.2.1 **Gemeinsamkeiten:**
- Erregungsübertragung über Transmitter, die in Vesikeln auf der präsynaptischen Seite gespeichert werden
- Diffusion der Transmitter über den synaptischen Spalt

Weitere mögliche Gemeinsamkeiten sind:
- *Rezeptoren auf der postsynaptischen Membran, an die die Transmitter binden*
- *Codierung der Reizstärke über die Menge der ausgeschütteten Transmitter (Amplitudenmodulation)*

Unterschiede:
- EPSP (Natriumioneneinstrom → Depolarisation) bei erregender bzw. IPSP (Chloridioneneinstrom → Hyperpolarisation) bei hemmender Synapse
- Verschiedene Arten von Transmittern und Rezeptoren bei erregenden und hemmenden Synapsen

2.2.2 Die **reduzierte Schmerzempfindung** bei verletzen Personen kann wie folgt beschrieben werden: Von einem Neuron, das Signale vom Mittelhirn erhält, wird ein Transmitter 1 abgegeben, der an der Synapse eines zweiten, nachgeschalteten Neurons zur Ausschüttung von Endorphinen führen. Diese aktivieren hemmende Synapsen in der Schmerzbahn, welche die Weiterleitung von Schmerzsignalen unterdrücken. Die Endorphine binden dazu an Opiatrezeptoren in der postsynaptischen Membran des sensorischen Neurons, sodass der Transmitter 2 der erregenden Synapse des sensorischen Neurons der Schmerzbahn nicht mehr ausgeschüttet wird. Ohne die Erregungsweiterleitung durch den Transmitter 2 wird die Schmerzbahn unterbrochen: Es kommt zu einer Reduzierung des empfundenen Schmerzes.

2.3.1 Zu Beginn der Erkrankung führt die Entzündung zu einer vermehrten, unkontrollierten Ausschüttung von bereits gebildetem und in der Schilddrüse gespeichertem Thyroxin ins Blut. Der Thyroxingehalt im Blut wird über den Mechanismus der negativen Rückkopplung reguliert. Viel **Thyroxin** im Blut signalisiert dem Hypothalamus die Freisetzung von TSH-RH zu stoppen, woraufhin auch die durch TSH-RH stimulierte Hypophyse kein TSH mehr ausschüttet: der **TSH-Gehalt** in der ersten Hälfte der Erkrankung sinkt unter den Normbereich. Der erhöhte Thyroxinspiegel im Blut sinkt wieder, somit kommt es in der Regel innerhalb von zwölf Monaten zu einer vollständigen und spontanen Ausheilung. Das Thyroxin wird im Organismus abgebaut und die ausgeschüttete Menge aufgrund der Genesung verringert. Als Folge produziert der Hypothalamus wieder vermehrt TSH-RH und die Hypophyse unter diesem Einfluss TSH. Der TSH-Wert steigt für eine Zeit über den Normwert an, da die Thyroxinspeicher der Schilddrüse aufgrund der starken Ausschüttung zu Beginn der Erkrankung leer sind. Nach vollständiger Abheilung der Erkrankung bewegt sich der TSH-Spiegel dann wieder im Normbereich.

2.3.2 *Entscheidend für die Lösung ist, dass Sie verstanden haben, dass die beiden Kurven entgegengesetzt verlaufen müssen. Aufgrund der Regulation des Thyroxin-Spiegels im Blut durch negative Rückkopplung muss die TSH-Konzentration gering sein, wenn die Thyroxin-Konzentration hoch ist. Je mehr Thyroxin im Blut, desto stärker wirkt die negative Rückkopplung auf den Hypothalamus, der in Folge dessen weniger TSH-RH ausschüttet. Dies führt zu einer geringeren Ausschüttung von TSH durch die Hypophyse. Fällt die Thyroxin-Konzentration in der zweiten Hälfte der Erkrankung, geht infolgedessen auch die Stärke der negativen Rückkopplung zurück und der Hypothalamus schüttet mehr TSH-RH aus. Das wiederum regt die Hypophyse an, wieder mehr TSH zu produzieren. Die TSH-Konzentration steigt.*

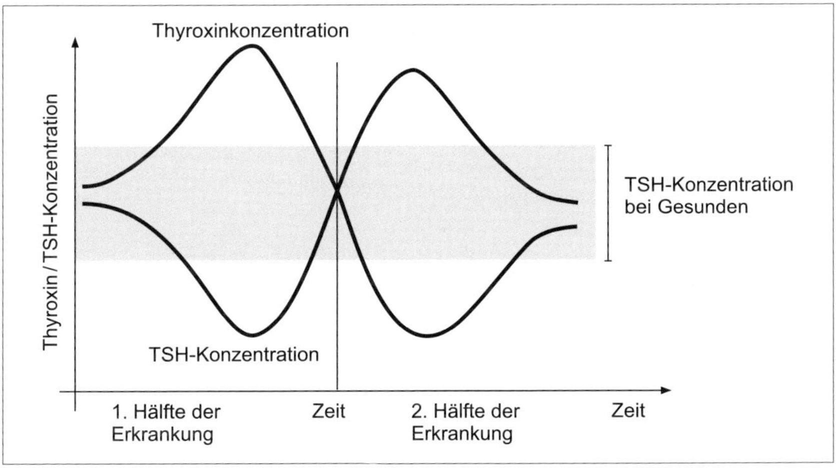

2.3.3 *Der grundsätzliche Unterschied der Primärwirkung von Vertretern dieser beiden Hormonklassen ist, dass die lipophilen Hormone die Zellmembran durchdringen können, während die hydrophilen Hormone dazu nicht in der Lage sind. Man spricht daher bei der Wirkungsweise von hydrophilen Hormonen vom second-messenger Prinzip, das durch cAMP vermittelt wird. Lipophile Hormone führen dagegen zu einer Genaktivierung. In der Aufgabenstellung ist eine Tabelle gefordert, finden Sie dabei geeignete Kategorien. In der folgenden Gegenüberstellung sind sechs anstatt der vier in der Aufgabe verlangten vergleichenden Aspekte aufgenommen.*

Kategorie	**Thyroxin (lipophiles Hormon)**	**TSH (hydrophiles Hormon)**
Interaktion mit Membran der Zielzelle	löst sich durch die Zellmembran der Zielzelle	dockt an einen extrazellulären Membranrezeptor der Zielzelle an
Beteiligung von cAMP	nein	ja
Transkription eines Gens	ja	nein
Aktivierung einer bereits vorhandenen Enzymvorstufe	nein	ja
Reaktions-geschwindigkeit	langsam	schnell
Wirkdauer	lang	kurz

BE

3.1 Der Ausdauersport wird in Hinblick auf die Trainingsmethoden und Versuche der Leistungssteigerung immer professioneller. Ist das Ziel die Verbesserung der Leistung beim Marathonlauf (42,95 km), kann ein Test der maximalen Sauerstoffaufnahme in Millilitern pro Kilogramm Körpergewicht und Minute (VO_2max) Hinweise auf die eigene aerobe Fitness geben. Hierzu können zum Beispiel die Atemgase analysiert werden. Abbildung 1 zeigt den Testaufbau schematisch. Zur Erhöhung der maximalen Sauerstoffaufnahmekapazität gibt es entsprechende Trainingsmethoden.

Abb.1: Schematische Darstellung eines Tests zur Bestimmung der maximalen Sauerstoffaufnahmekapazität pro Minute (VO_2max).

Quelle: VO2 Max Test in New York, https://www.fitnescity.com/ vo2-max-test-in-nyc

	Aerobe Fitness						
Alter	Geschlecht	sehr schlecht	schlecht	angemessen	gut	sehr gut	überragend
13–19	Frauen	<25	25–31	32–35	36–39	40–42	>42
13–19	Männer	<35	35–38	39–45	46–51	52–56	>56
20–29	Frauen	<24	24–29	30–33	34–37	38–41	>41
20–29	Männer	<33	33–36	37–42	43–46	47–52	>52

Tabelle 1: Einteilung der aeroben Fitness nach maximaler Sauerstoffaufnahmekapazität in ml pro kg Körpergewicht und Minute (VO_2max), Alter und Geschlecht

Quelle: VO_2max: Was ist das und wie kannst du sie verbessern? RunnersFinest vom 04.04.2022, https://runnersfinest.de/vo2max-erklaerung-und-verbesserung

3.1.1 Beschreiben Sie den in der Tabelle dargestellten Zusammenhang zwischen VO_2max-Werten und der aeroben Fitness.
Ein laut Tabelle 1 gut trainierter 25-jähriger Mann hat einen höheren VO_2max-Wert als eine gleichaltrige gut trainierte Frau. Geben Sie hierfür eine Begründung. 2

3.1.2 Erklären Sie, warum Läuferinnen und Läufer mit hoher maximaler Sauerstoffaufnahmekapazität gute Ergebnisse bei Marathonläufen erzielen. 2

3.1.3 Erstellen Sie eine Bilanz der Energieträger und Reduktionsäquivalente/Coenzyme des aeroben Abbaus eines Glucosemoleküls. Übertragen Sie dazu die Tabelle 2 auf Ihr Lösungsblatt und füllen Sie sie aus. 2

Teilschritt	ATP bzw. GTP	Reduktionsäquivalente/Coenzyme
Oxidative Decarboxyliering		
		$6\ NADH + 6\ H^+$ $2\ FADH_2$

Tabelle 2

3.1.4 Ein Sportler möchte mithilfe eines Trainingsprogramms seine Ausdauerleistungsfähigkeit trainieren und speziell die maximale Sauerstoffaufnahmekapazität (VO_2max) steigern.
Nennen Sie zwei mögliche Anpassungen des Körpers, die die Ausdauerleistung verbessern. Erklären Sie deren Nutzen für die Ausdauerleistung. 2

*3.1.5 Läufer und Läuferinnen eines Marathons betreiben den Großteil der Zeit aeroben Glucoseabbau. Beendet die Läuferin oder der Läufer das Rennen mit einem Zielsprint, kann der Glucoseabbau kurz vor der Ziellinie zeitweise anaerob erfolgen.
Formulieren Sie die Summengleichungen der aeroben und der anaeroben Energiegewinnung und geben Sie jeweils die ATP-Ausbeute an. 3

3.2 Sowohl weibliche als auch männliche afrikanische Elefanten besitzen Stoßzähne. Mit den Stoßzähnen schälen die Tiere die Rinde von Affenbrotbäumen und gelangen dadurch an die im Stamm gespeicherte Flüssigkeit (Abbildung 2). Affenbrotbäume bieten Nistmöglichkeiten für Webervögel und Sperlingspapageien. Die Früchte der Affenbrotbäume sind Nahrungsquelle für verschiedene Tierarten.

Abb. 2: Elefant im Affenbrotbaum
Quelle: Tanzania-Experience

In Trockenzeiten dienen die Stoßzähne der Elefanten auch zum Graben nach Grundwasser. Durch das Graben von Wasserlöchern versorgen Elefanten nicht nur sich, sondern auch andere Tiere mit Wasser.

3.2.1 Erklären Sie die Entstehung der langen Stoßzähne bei Elefanten mit der Theorie von JEAN-BAPTISTE DE LAMARCK sowie der Theorie von CHARLES DARWIN. 4

* Aufgabe stellt Anforderungen, die ab dem Abitur 2024 nicht oder nur mehr eingeschränkt prüfungsrelevant sind.

3.2.2 In Mosambik herrschte von 1977 bis 1992 ein blutiger Bürgerkrieg. Die Kriegsparteien finanzierten ihre Waffen mit der Jagd nach Elefanten-Elfenbein. Während im Jahre 1972 noch 18,5 % der weiblichen Tiere keine Stoßzähne besaßen, wurden während des Bürgerkriegs immer mehr weibliche Tiere ohne Stoßzähne geboren. Nach dem Bürgerkrieg besaßen 50,9 % der weiblichen Elefanten keine Stoßzähne.

3.2.2.1 Erklären Sie die in 3.2.2 beschriebene Entwicklung. 2

3.2.2.2 Die genetische Ursache für das Fehlen von Stoßzähnen ist vermutlich die Mutation eines Gens, welches auf dem X-Chromosom lokalisiert ist. Das mutierte Allel ist dominant. Weibliche Tiere mit heterozygotem Genotyp bilden somit keine Stoßzähne aus. Fehlt das intakte Allel, wirkt sich die Mutation tödlich aus und führt zum Absterben des Embryos im Mutterleib.
Eine stoßzahnlose Elefantenkuh bringt nach einer Tragzeit von 22 Monaten ein weibliches Kalb zur Welt. Leiten Sie mithilfe eines Erbschemas ab, mit welcher Wahrscheinlichkeit das neugeborene weibliche Kalb keine Stoßzähne entwickeln wird. 3

3.2.2.3 Erklären Sie anhand von zwei Beispielen, welchen Einfluss die zunehmende Zahl an stoßzahnlosen Elefanten auf das Ökosystem der Savanne haben könnte. 3

3.3 Es existieren viele Millionen Jahre alte versteinerte Knochen von ausgestorbenen Vorfahren der Elefanten. Außerdem hat man Kunstgegenstände aus Mammutelfenbein gefunden, deren Alter auf ca. 32 000–40 000 Jahre datiert wird. Abbildung 3 zeigt die Schnitzerei eines Wildpferds aus Mammutelfenbein.

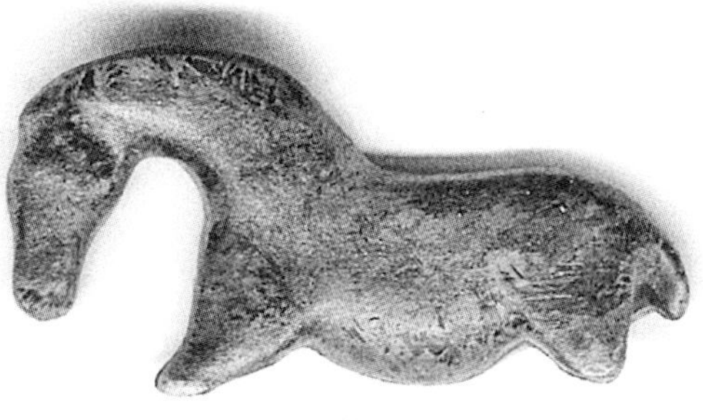

Abb. 3: Schnitzerei eines Wildpferds aus Mammutelfenbein - Fundort: Vogelherdhöhlen auf der Schwäbischen Alb

Beschreiben Sie eine geeignete Methode, um entweder das Alter der Versteinerungen oder das der Kunstgegenstände aus Mammutelfenbein zu bestimmen. 3

3.4 Der Schnabel von Sperlingspapageien ist wie bei allen Vögeln in Ober- und Unterschnabel unterteilt. Die knöcherne Grundlage sind der Ober- und Unterkiefer, die mit Hornsubstanz aus Keratin überzogen sind (Abbildung 4). Der Riesenkalmar, eine Tintenfischart, gehört zur Gruppe der Kopffüßer (Cephalopoda) und somit zu den wirbellosen Tieren. Sie haben kein Skelett, der Körper ist in Kopf, Eingeweidesack und Fuß eingeteilt. Der Riesenkalmar, ernährt sich u. a. von Krustentieren, die er mithilfe seines papageienartigen Schnabels (Abbildung 5) frisst. Dieser besteht u. a. aus Chitin und ist fast das einzige Hartteil des Tieres.

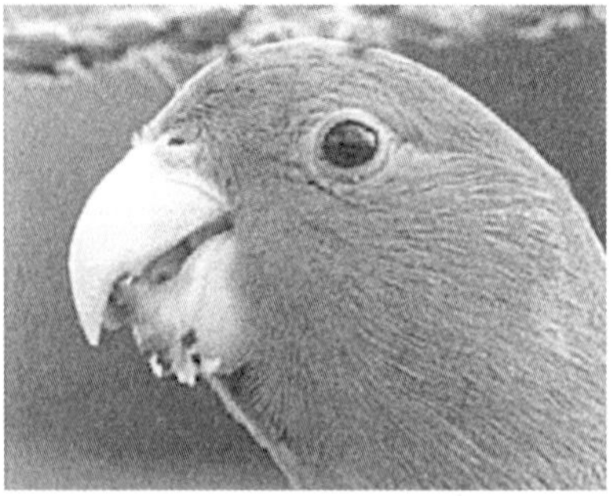

Abb. 4: Schnabel eines Sperlingspapageis

Quelle: Wagner Machado Carlos Lemes/Wikipedia CC BY 2.0

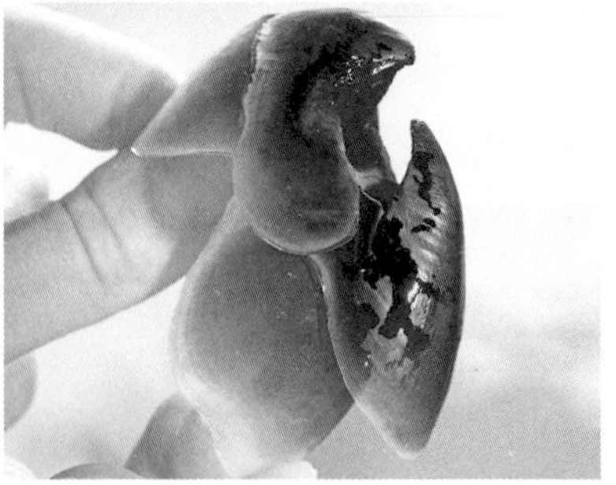

Abb. 5: Schnabel eines Kalmars

Quelle: Nature Picture Library/Alamy Stock Foto

3.4.1 Die evolutionäre Entwicklung von Merkmalen kann analog oder homolog verlaufen. Definieren Sie die Begriffe Analogie und Homologie. 2

3.5.3 Begründen Sie, ob es sich bei den Schnäbeln von Kalmar und Papagei um homologe oder analoge Organe handelt. 2

30

Lösungen

3.1.1 **VO_2max** gibt die maximale Sauerstoffaufnahme in Millilitern pro Kilogramm Körpergewicht und Minute an. Aus den Werten der Tabelle kann entnommen werden, dass die **aerobe Fitness** umso größer ist, je höher die VO_2max-Werte sind.
Männer verfügen im Durchschnitt über mehr **Muskelmasse** als Frauen. Da Muskelgewebe eine hohe Sauerstoffaufnahmekapazität aufweist, wird nachvollziehbar, weshalb ein gut trainierter 25-jähriger Mann einen höheren VO_2max-Wert hat als eine gleichaltrige gut trainierte Frau. Eine weitere Begründung liegt im größeren Herzvolumen, das Männer im Vergleich zu Frauen aufweisen.

3.1.2 Der Marathonlauf ist eine extreme Ausdauersportart. Von den Muskeln wird dabei über einen langen Zeitraum eine hohe Leistung abverlangt. Um ein gutes Ergebnis zu erzielen, ist daher von Bedeutung, dass die Glucose effizient abgebaut wird. Der **aerobe Glucoseabbau** bringt pro Mol Glucose 19-mal mehr ATP als der anaerobe Abbau. Damit steht den Muskeln eine höhere ATP-Menge zur Verfügung. Läufer*innen profitieren daher davon, wenn sie pro Kilogramm Körpergewicht und Minute eine große Menge Sauerstoff aufnehmen können, also eine **hohe maximale Sauerstoffaufnahmekapazität** haben. Der Übergang zum anaeroben Stoffwechsel erfolgt dann deutlich später als bei einer Person mit niedrigerer VO_2max.

3.1.3

Teilschritt	ATP bzw. GTP	Reduktionsäquivalente/Coenzyme
Glykolyse	2 ATP	2 NADH + 2 H^+
Oxidative Decarboxylierung		2 NADH + 2 H^+
Zitronensäurezyklus	2 ATP bzw. 2 GTP	6 NADH + 6 H^+ 2 $FADH_2$
Atmungskette/ Endoxidation	34 ATP	

3.1.4 Um die Ausdauerleistung zu verbessern, muss die **VO_2max gesteigert** werden. Dies bewirkt entsprechendes Training. Dabei wird die **Atemtiefe** gesteigert, die **Bronchien** weiten sich, das **Herzvolumen** nimmt zu, die **Anzahl roter Blutkörperchen** wird erhöht und neue **Blutgefäße** bilden sich in der Muskulatur (Kapillarisierung). Die Folge ist eine verstärkte O_2-Aufnahme bzw. der effektivere Transport von O_2-reichem Blut in den Gefäßen, um möglichst lange den **aeorben Glucoseabbau** aufrecht zu erhalten, der **mehr ATP-Moleküle** pro Molekül Glucose liefert als der anaerobe Abbau. Parallel dazu steigt die **Mitochondrienzahl** in den Muskelzellen, um mit dem reicheren Sauerstoffangebot **vermehrt ATP bilden** zu können, das die Muskelzellen für ihre Arbeit benötigen.

Laut Aufgabenstellung müssen Sie nur zwei Anpassungen nennen und deren Nutzen erklären.

3.1.5 *Beim anaeroben Glucoseabbau kann lediglich die Glykolyse ablaufen. Die weiteren Schritte des aeroben Abbaus (oxidative Decarboxylierung, Zitronensäurezyklus und Endoxidation (Atmungskette)) finden nicht statt, weil kein Sauerstoff zur Verfügung steht. Daher werden beim anaeroben Abbau lediglich die zwei Moleküle ATP gewonnen, die beim Abbau der Glucose zum Pyruvat entstehen.*

Aerober Glucoseabbau:
$C_6H_{12}O_6 + 6\,O_2 \rightarrow 6\,CO_2 + 6\,H_2O$
Ausbeute der aeroben Energiegewinnung: 38 mol ATP pro 1 mol Glucose

Anaerober Glucoseabbau:
$C_6H_{12}O_6 \rightarrow 2\,C_3H_6O_3$
Ausbeute der anaeroben Energiegewinnung: 2 mol ATP pro 1 mol Glucose

3.2.1 **Theorie nach LAMARCK**
Nach LAMARCK wohnt Lebewesen, in diesem Beispiel den Elefanten, ein **innerer Drang zur Optimierung** inne. Der **ständige Gebrauch** eines Organs im täglichen Leben kräftigt dieses. Durch das ständige Bemühen und Graben der Elefanten nach Wasser werden die Stoßzähne im Lauf des Lebens etwas länger. Diese **erworbene Eigenschaft** der längeren Stoßzähne wird nach LAMARCK an die Nachkommen **vererbt**. Diese entwickeln dann ihrerseits wieder durch Graben nach Wasser in ihrem Leben etwas längere Stoßzähne. So werden nach LAMARCKS Vorstellung die Stoßzähne der Elefanten von Generation zu Generation immer länger.

Theorie nach DARWIN
Nach der Theorie von DARWIN erzeugt eine Art mehr Nachkommen als zum Erhalt der Art nötig sind. In diesem Beispiel ist also eine **Überproduktion** von Elefanten gegeben. Die Individuen der Elefantenpopulation unterscheiden sich in ihren Merkmalen, so auch im Merkmal Länge der Stoßzähne **(Variabilität)**. Einige Elefanten haben längere und einige kürzere Stoßzähne. Da unter den Elefanten einer Population eine **Konkurrenz** um Ressourcen, wie Wasser, herrscht, haben die Individuen mit langen Stoßzähnen einen Vorteil. Sie sind besser an den Umweltfaktor Wasserknappheit **angepasst**, weil sie effektiver nach Wasser graben können. Träger vorteilhafter Merkmale, in diesem Fall Elefanten mit längeren Stoßzähnen, **überleben mit höherer Wahrscheinlichkeit** (survival of the fittest) und haben besonders viele **Nachkommen**. Aus diesem Grund verändert sich das Merkmal „Länge der Stoßzähne" im Laufe vieler Generationen.

3.2.2.1 In den Jahren 1977 bis 1992 wurden viele Elefanten getötet, um deren Elfenbein zu verkaufen. Elefanten mit Stoßzähnen wurden daher bevorzugt gejagt. Das Merkmal Stoßzähne wurde damit zu einem **Selektionsfaktor**. Weibliche Tiere, die aufgrund z. B. einer Mutation ohne Stoßzähne geboren wurden, hatten einen deutlichen Überlebensvorteil. Daher konnten sie ihre Gene mit größerer Wahrscheinlichkeit in die nächste Generation einbringen als Tiere mit Stoßzähnen. Im Lauf der Zeit wurden so immer mehr weibliche stoßzahnlose Tiere geboren.

3.2.2.2

$X^A X^a$ x $X^a Y$

♀: ohne Stoßzähne ♂: mit Stoßzähnen

A: mutiertes Allel (dominant)
a: Wildtyp-Allel (rezessiv)

männliche Keimzellen

weibliche Keimzellen

	X^a	Y
X^A	$X^A X^a$ ♀: ohne Stoßzähne	$X^A Y$ Embryo stirbt ab
X^a	$X^a X^a$ ♀: mit Stoßzähnen	$X^a Y$ ♂: mit Stoßzähnen

Wie man im Schema erkennen kann, beträgt die Wahrscheinlichkeit für eine stoßzahnlose Elefantenkuh, dass ihr weibliches Kalb keine Stoßzähne entwickelt **50 %**.

3.2.2.3 Stoßzahnlose Elefanten können nicht mehr die Rinde von Affenbrotbäumen abschälen und damit die im Stamm gespeicherte Flüssigkeit freisetzen. Auch können sie ohne Stoßzähne nicht mehr in der Wüste nach Grundwasser graben. Beides führt dazu, dass damit Lebensraum und lebenspendende Wasserquellen für andere Organismen verloren gehen und es dadurch zum Rückgang von Populationen und der Verschiebung des ökologischen Gleichgewichts kommt.

Auch denkbare Erklärung:
Das Abschälen der Rinde schadet den Affenbrotbäumen, die möglicherweise durch diese Behandlung absterben. Ohne Elefanten, die den Affenbrotbäumen zusetzen, nimmt der Bestand der Affenbrotbäume zu. Das führt zu einer Erhöhung der Anzahl an Nistmöglichkeiten für Sperlingspapageien und Webervögeln und damit zu einer Vergrößerung ihrer Bestände. Auch die Tierarten, die sich von den Früchten der Affenbrotbäume ernähren, profitieren.

3.3 *Abhängig vom Alter eines Fossils existieren verschiedene Datierungsmethoden, die alle auf unterschiedlichen radioaktiven Zerfallsreihen beruhen. Kennt man die Halbwertszeit einer radioaktiven Substanz kann man über die Menge an gemessener Strahlung rückrechnen, wie lange der Zerfall bereits andauert und damit auf das Alter eines Fossils schließen. Für das Mammutelfenbein aus der Aufgabe bietet sich hier die Radiokarbonmethode an, für die Versteinerungen – da deutlich älter – die K-Ar-Methode. Da die Radiokarbonmethode die in der Biologie deutlich gängigere und bekanntere Methode ist, soll sie hier näher erläutert werden.*

Um das Alter von Kunstgegenständen aus Mammutelfenbein zu bestimmen, bietet sich die **Radiokarbonmethode** an. Dabei wird der Anteil des radioaktiven, instabilen Kohlenstoffs in organischen Materialien gemessen. Radioaktiver Kohlenstoff ^{14}C in der Atmosphäre wird von fotosynthetisch aktiven Pflanzen assimiliert, von welchen sich heterotrophe Organismen ernähren (Einbau des ^{14}C-Isotops in den Organismus). Solange Lebewesen Stoffwechsel betreiben, bleibt der ^{14}C-Anteil konstant. Nach dem Tod erfolgt kein Stoffwechsel mehr und der Anteil des Kohlenstoffisotops verringert sich durch radioaktiven Zerfall. Durch Messung der Strahlung kann das Alter eines Fossils bestimmt werden. Das Kohlenstoff-Isotop ^{14}C hat eine Halbwertszeit von etwa

5 730 Jahren. Nach 5 730 Jahren ist also nur noch die Hälfte der ursprünglichen Menge der ^{14}C-Isotope vorhanden.

3.4.1 **Homologie** bedeutet „Formverwandtschaft". Einander im Bau und in der Lage im Gefügesystem eines Organismus entsprechenden Organe oder Strukturen bezeichnet man als homolog. Dabei gründet sich die Vergleichbarkeit der Organe oder Strukturen auf Verwandtschaft und damit auf einer ähnlichen genetischen Ausstattung bzw. gleichen Herkunft.
Analogie bedeutet „Anpassungsähnlichkeit". Sie ist bedingt durch die gleiche Funktion eines Organs oder einer Struktur und entwickelt sich in Anpassung unter demselben Selektionsdruck völlig unabhängig von einer genetischer Verwandtschaft.

3.4.2 *Kalmar und Papagei gehören zwei völlig unterschiedlichen Tiergruppen an. Während der Kalmar als Cephalopode (Kopffüßer) zu den knochenlosen Weichtieren gehört, ist der Papagei ein Wirbeltiervertreter, mit Kopf, Wirbelsäule und zwei Extremitätenpaaren. Der Grundbauplan beider Tiere ist damit komplett verschieden. Die Aufgabe hier bezieht sich auf die Schnäbel.*

Der Schnabel eines Kalmars ist aus Chitin aufgebaut, während der Papageienschnabel eine knöcherne Grundlage aufweist, die mit Hornsubstanz aus Keratin überzogen ist. Daraus folgt, dass die Schnäbel von Papagei und Kalmar **analoge Strukturen** sein müssen, die in **konvergenter Entwicklung** unter dem gleichen Selektionsdruck entstanden sind. Beide dienen dem Knacken von harten Schalen, entweder von Samen und Nüssen (Papagei) oder von Muscheln und Krebstieren (Kalmar).

Profil- / Neigungsfach Biologie (Baden-Württemberg):
Abituraufgaben 2024

Um Ihnen die Prüfung 2024 schnellstmöglich zur Verfügung stellen zu können, bringen wir sie in digitaler Form heraus.

Sobald die Original-Prüfungsaufgaben 2024 freigegeben sind, können sie als PDF auf der Plattform **MySTARK** heruntergeladen werden (Zugangscode siehe Umschlaginnenseite).

Aktuelle Prüfung

www.stark-verlag.de/mystark